Grimorio de la Bruja de Endor en 100 Hechizos

Nora Roy

El Grimorio de la Bruja de Endor en 100 Hechizos

Nora Roy

Published by BR, 2024.

While every precaution has been taken in the preparation of this book, the publisher assumes no responsibility for errors or omissions, or for damages resulting from the use of the information contained herein.

EL GRIMORIO DE LA BRUJA DE ENDOR EN 100 HECHIZOS

First edition. October 22, 2024.

Copyright © 2024 Nora Roy.

ISBN: 979-8227832153

Written by Nora Roy.

Tabla de Contenido

Introducción 1
¿Quién fue la bruja de Endor? 3
¿Por qué es tan famosa? 5
Espíritus susurrantes de Endor 7
Llamada del nigromante 11
Sombra del Rey Caído 15
Invocación eterna de Endor 19
Visiones espectrales de Endor 23
Atando a las almas perdidas 27
Ecos de los antiguos muertos 31
Comunión fantasmal 35
Invocando al espectro de los reyes 40
Tejido de sombras de Endor 45
Descenso del alma a la oscuridad 49
Invocación espiritual de Endor 53
Canto espectral de la bruja 57
Velo de sombras de Endor 61
La invocación del Sabio al inframundo 65
Abrazo necrótico de Endor 69
Grito del mensajero fantasmal 73
Invoca la Sombra Ancestral 77
Caldero de adivinación de Endor 81
Cadenas de enlace espectral 85
Renacimiento del fantasma 89
Portal de Endor al Inframundo 93
Fantasmas del Reino Olvidado 97
Sellos tocados por el espíritu de Endor 101
Ecos fantasmas de los muertos 105
Ritual de perforación del Velo de Endor 109
Susurros de ultratumba 113
Maleficio del invocador de sombra 117

Conjuro ancestral de Endor	121
Lamentos lúgubres de Endor	125
Círculo de enlace espectral	129
La maldición de los olvidados de Endor	134
Ecos desvanecidos de Endor	138
Paseo espiritual del nigromante	142
Hechizo de Sueño Eterno de Endor	147
El embrujo de los perdidos	152
Grilletes de alma de Endor	157
Invocando al Vidente de la Muerte	162
Toque fantasma de Endor	167
Espíritus del Reino de las Sombras	172
La llamada de Endor al más allá	177
Voz del Rey Muerto	182
Canto inquietante de Endor	187
Faro del alma del inframundo	192
Corona fantasma de Endor	196
La llamada de los espíritus abandonados	201
Atadura de Endor a los difuntos	206
Visión del Vidente Espectral	211
Aparición fantasmal de Endor	216
Conjurando a los muertos olvidados	221
Lamento de las almas perdidas de Endor	226
Fuego de alma de Endor	231
Susurros de la Reina Fantasma	236
Ritual de resurrección de Endor	241
Nave de los Difuntos	247
Invocación Oscurecida de Endor	252
Invoca al Eterno Renacido	258
Las sombras del más allá de Endor	263
Invocación de Invocador de Espectros	268
Tormento fantasma de Endor	273
La corona espectral de la bruja	278

La memoria ancestral de Endor 283
Invocando al Rey de las Sombras 289
Almas eclipsadas de Endor 294
Luz fantasmal de la bruja.......................300
Espectro aterrador de Endor 306
La voluntad del fantasma 312
Canto del Velo de Endor 318
La espada tocada por el espíritu de la bruja....324
Hechizo del Doliente silencioso de Endor 329
Conjuro del Perforador del Velo.................334
La voz del Inframundo de Endor 339
Susurros de las Profundidades Olvidadas 344
La noche de los fantasmas de Endor 349
Vías espectrales de Endor 355
Mira fantasma de Endor 361
El rito de caminar espiritualmente de la bruja .366
El conjuro de los perdidos de Endor 371
Sombras de los ancestros 376
Invocación del Ocaso de Endor 381
Maldición vinculante del espectro 386
Hechizo Canto Espectral de Endor 391
El ritual de invocación de la bruja 395
Consejo sombrío de Endor 400
Cadenas de almas de Endor 405
El regreso del fantasma 410
El susurro de la bruja a los perdidos 414
Círculo fantasmal de Endor 418
La invocación de las sombras 422
Renacido maldito de Endor 426
Comando de la Reina Fantasma 430
Invocación de la sombra de Endor 434
Llamando al espectro de los reyes...............438
Velo Negro de Endor 442

La invocación oscurecida de la bruja 446
Heraldo fantasma de Endor 450
El lamento del Rey Espíritu 454
Grimorio necrótico de Endor 458
Hechizo de aprobación para el éxito en Magic.....................462
Conclusión..464

Introducción

La nigromancia, particularmente tal como se practica en el reino místico de Endor, abarca el arte de comunicarse y aprovechar las energías de los muertos. Es una práctica profunda y antigua que aprovecha la sabiduría y las experiencias de aquellos que han fallecido, lo que permite a los practicantes conectarse con el mundo espiritual de manera significativa. La nigromancia de Endor combina el folclore, la perspicacia espiritual y los elementos rituales, creando un poderoso marco para explorar los misterios de la vida.

En esencia, la nigromancia de Endor trata de comprender los ciclos de la vida y la muerte, reconociendo que la sabiduría de los difuntos puede guiar a los vivos. Esta práctica ofrece información valiosa sobre el crecimiento personal, la toma de decisiones y la curación. Al invocar los espíritus de los antepasados o de los líderes poderosos, los practicantes pueden obtener perspectivas que iluminen sus desafíos y aspiraciones actuales.

Además, la nigromancia en Endor sirve como una herramienta para la curación emocional y espiritual. Permite a las personas enfrentar problemas no resueltos, buscar un cierre y honrar los legados de quienes los precedieron. Ya sea para orientarse, protegerse o comprender los aspectos más profundos de la existencia, los hechizos de Endor proporcionan una forma estructurada de interactuar con las fuerzas invisibles que dan forma a nuestras vidas.

En última instancia, la nigromancia de Endor no se trata solo de invocar espíritus; Se trata de construir un puente entre reinos, fomentar un sentido de conexión con el pasado y usar esa conexión para empoderar el presente. A través de estas prácticas, podemos explorar nuestros propios caminos con claridad, propósito y una mayor comprensión del mundo que nos rodea.

¿Quién fue la bruja de Endor?

Endor, un nombre lleno de misterio y reverencia, tiene sus raíces en la tradición antigua y las tradiciones espirituales. A menudo asociado con la brujería y la nigromancia, Endor no es simplemente una figura, sino un símbolo de la profunda conexión entre el mundo de los vivos y el espiritual. Los cuentos que rodean a Endor hablan de una bruja poderosa, una vidente sabia y una guía para aquellos que buscan la sabiduría del más allá.

Históricamente, Endor se menciona en varios textos, sobre todo en los relatos bíblicos, donde la bruja de Endor convocó al espíritu del profeta Samuel para el rey Saúl. Este momento crucial ilustró el poder de la comunicación entre los reinos, mostrando las complejidades de la vida, la muerte y el conocimiento divino. Las acciones de la bruja eran tanto veneradas como temidas, demostrando la naturaleza dual de la nigromancia: su capacidad para proporcionar información y su potencial para alterar el orden natural.

En el folclore, Endor a menudo se representa como un lugar místico, rico en las energías de los difuntos. Sirve como nexo para aquellos que buscan conectarse con espíritus ancestrales y obtener sabiduría del pasado. La Bruja de Endor se convirtió en emblemática de las artes nigrománticas, encarnando el delicado equilibrio de poder y responsabilidad inherente a tales prácticas.

Más allá de su importancia histórica, Endor representa un arquetipo más amplio: la mujer sabia o curandera que tiende un puente entre los reinos físico y espiritual. Este arquetipo resuena en todas las culturas, reflejando el deseo humano universal de buscar la guía y la comprensión de aquellos que han fallecido.

El legado de Endor no se limita a los textos antiguos; Continúa inspirando a los practicantes modernos de la brujería y la nigromancia. Los hechizos y rituales asociados con su nombre sirven como caminos para la exploración, permitiendo a las personas conectarse con su propia herencia y la sabiduría de aquellos que vinieron antes.

En esencia, Endor encarna la búsqueda atemporal de conocimiento y conexión que trasciende generaciones. Nos recuerda que el pasado no se pierde; Vive a través de nuestros recuerdos, tradiciones y las prácticas espirituales que abrazamos. Al honrar a Endor y las enseñanzas que representa, podemos cultivar una comprensión más profunda de nosotros mismos y de nuestro lugar dentro del continuo de la vida y la muerte.

¿Por qué es tan famosa?

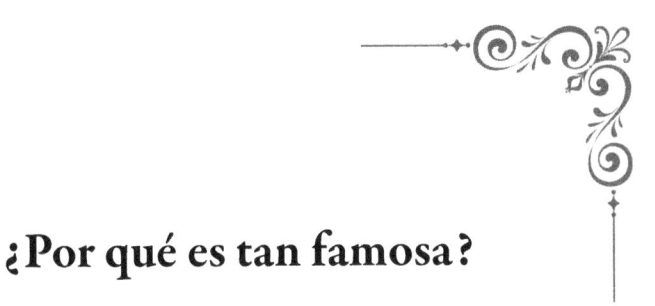

Endor es famoso principalmente por la figura de la Bruja de Endor, un personaje mencionado en los textos bíblicos. Esta prominencia surge de su papel fundamental en una narrativa dramática que destaca los temas de la muerte, la comunicación divina y las complejidades de la desesperación humana.

Razones clave de su fama:

Relato bíblico:

La Bruja de Endor aparece en el Primer Libro de Samuel, donde es convocada por el rey Saúl para convocar al espíritu del profeta Samuel. Este momento encapsula la tensión entre la fe, la autoridad y la búsqueda del conocimiento más allá de la muerte, lo que la convierte en una figura memorable en contextos religiosos y literarios.

Prácticas nigrománticas:

Endor representa la intersección de la brujería y la nigromancia, llamando la atención sobre las prácticas de comunicación con el difunto. Su historia invita a discusiones sobre la moralidad, el poder y los límites del mundo conocido, lo que la convierte en un tema de fascinación tanto en los estudios religiosos como en los ocultistas.

Símbolo de la Sabiduría:

La Bruja de Endor simboliza el arquetipo de la mujer sabia o curandera. Su capacidad para navegar por el reino espiritual la posiciona como una fuente de orientación y conocimiento, lo que la convierte en una figura poderosa en varias narrativas culturales en torno a la brujería.

Resurgimiento cultural:

En los tiempos modernos, Endor ha sido reinterpretado en la literatura, el cine y la cultura popular, a menudo retratado como una figura incomprendida que desafía las normas sociales. Este resurgimiento continúa despertando interés en su historia y en los temas más amplios del empoderamiento femenino y la exploración espiritual.

Su mejor resultado:

El resultado más significativo de la narración de Endor es la profunda lección sobre la naturaleza del conocimiento, la pérdida y la búsqueda de la comprensión. Al convocar con éxito a Samuel, la Bruja de Endor le proporciona a Saul una visión crítica de su destino, demostrando el potencial de conectarse con el pasado para informar el presente.

Este momento sirve como un recordatorio de las complejidades de la vida y la muerte, ilustrando que la sabiduría a menudo proviene de fuentes inesperadas. Destaca el deseo humano de orientación en tiempos de incertidumbre y los extremos a los que pueden llegar las personas para buscar respuestas. El legado de Endor, por lo tanto, radica no solo en su historia, sino también en las preguntas perdurables que plantea sobre la relación entre los vivos y los muertos, el conocimiento y la creencia, y el poder de lo invisible.

Antes de empezar cada ritual debe decir el conjuro principal en los ingredientes y después empezar el hechizo descrito en el rendimiento.

Espíritus susurrantes de Endor

Propósito:
Para convocar a los espíritus de los difuntos para obtener perspicacia, recibir conocimiento oculto o comunicarse con aquellos que han cruzado a la otra vida. Este hechizo está diseñado para abrir un camino entre los vivos y los muertos, permitiéndote escuchar sus susurros y recibir su guía.

Ingredientes:

Vela negra: representa la puerta de entrada al reino de los espíritus.

Salvia blanca o incienso: purifica la zona e invita a los espíritus en paz.

Espejo plateado o superficie reflectante: actúa como un portal al mundo de los espíritus.

Tierra de cementerio: un vínculo con la tierra y los enterrados debajo de ella.

Un objeto personal del difunto (opcional): mejora la conexión si se está en comunión con un espíritu específico.

Pequeño cuenco de sal – Para protegerse de los espíritus no deseados y sellar el ritual.

Cristal de cuarzo – Para amplificar la comunicación espiritual.

Ofrenda de vino o miel: un regalo a los espíritus por su cooperación.

Conjuro:

"Por el poder de la Bruja de Endor,
Llamo a los espíritus de la noche sombría.
A través del velo, salen, levántate,
Di las verdades más allá de todo disimulo.
Susurra suavemente, guía mi mano,
Les doy la bienvenida a esta tierra mortal.
El pacto de Endor, decreto ahora,
Los espíritus vienen y me hablan".

Rendimiento:

Preparación:

Elija un lugar tranquilo y tranquilo para realizar el ritual, preferiblemente al anochecer o a medianoche, cuando el velo entre los mundos es más delgado.

Limpia el espacio quemando salvia blanca o incienso. A medida que el humo se eleva, visualízalo limpiando las energías negativas y purificando el área para la comunicación con los espíritus.

Colocación del altar:

Coloca la vela negra en el centro de tu altar o espacio de trabajo. Esta vela representa el portal al reino de los espíritus.

Coloca el espejo plateado directamente detrás de la vela, mirando hacia ti. Este espejo actúa como una puerta reflectante, un puente entre los reinos.

Rodea la vela y el espejo con tierra de cementerio. Este suelo une el ritual a la tierra, potenciando la conexión con el difunto.

Coloca el cuenco de sal en el borde de tu altar como un límite protector. Téngalo a mano en caso de que necesite desterrar espíritus no deseados.

Invocación:

Enciende la vela negra mientras recitas el Conjuro en voz alta, concentrándote en las palabras a medida que resuenan con poder.

A medida que la llama parpadea, sostenga el cristal de cuarzo en su mano dominante. Cierra los ojos y visualiza una puerta brillante que se abre en el espejo, una luz suave que emerge de ella.

Si estás llamando a un espíritu específico, sostén el objeto personal del difunto y visualiza su esencia fluyendo a través del portal.

A la escucha de los espíritus:

Una vez que se haya visualizado el portal, siéntese en silencio y escuche. Los espíritus pueden comunicarse de diferentes maneras: a través de susurros, visiones o sentimientos. Abre tu mente para recibir su guía.

Si llega algún mensaje, escríbalo inmediatamente, ya que las comunicaciones con los espíritus pueden ser fugaces.

Ofrenda:

Una vez que el espíritu se haya comunicado o revelado la visión necesaria, vierta la ofrenda de vino o miel en un tazón pequeño como gesto de gratitud.

Di: "Os doy gracias, espíritus, por vuestra sabiduría. Regresa ahora a las sombras, en paz".

Cierre del portal:

Para terminar el hechizo, espolvorea el tazón de sal en un círculo alrededor de la vela. Mientras lo haces, visualiza el cierre de la puerta. Di: "Por el poder de Endor, sello este camino".

Apaga la vela negra y envuelve el espejo en un paño negro para asegurarte de que el portal permanezca cerrado.

Seguimiento:

Después del ritual, conéctate comiendo algo o sentándote en silencio durante unos minutos. Deseche la ofrenda respetuosamente vertiéndola afuera en la tierra.

Notas:

Este hechizo se realiza mejor durante una luna menguante, cuando la energía es óptima para liberar y comunicarse con los muertos.

Sé consciente y respetuoso con los espíritus que convocas. Si algún espíritu se siente hostil, cierra inmediatamente el portal y usa la sal para protegerte.

Llamada del nigromante

Propósito:
Invocar el espíritu de un alma difunta para que se comunique, guíe o ayude. Este hechizo canaliza la energía de la muerte para invocar un espíritu del más allá, vinculándolo temporalmente al reino físico para la comunión.

Ingredientes:

Piedra de obsidiana negra: para conectar a tierra y proteger durante el trabajo espiritual.

Hueso o efigie de hueso: símbolo de la muerte y el más allá.

Vela de color rojo sangre: representa la fuerza vital y la atadura al mundo físico.

Tierra de cementerio: conecta al lanzador con el reino de los espíritus.

Un elemento de importancia para el difunto (opcional): fortalece la conexión con un espíritu específico.

Carboncillo y pergamino: para escribir el nombre del espíritu o simbolizar la invocación.

Un puñado de solanácea o cicuta seca: para mejorar la energía nigromántica.

Sal negra o hierbas protectoras: para protegerse de los espíritus malévolos.

Conjuro:
"A través del velo de la muerte, clamo,

Espíritu atado por la gran esclavitud de la vida.
Por tierra y hueso, ven a mí,
Escucha mi voz, y yo te haré libre.
Por el antiguo rito del Nigromante,
Levántate de las sombras a la luz".

Rendimiento:

Preparación:

Busca un lugar apartado, preferiblemente cerca de un cementerio o en algún lugar relacionado con los muertos. La noche o la hora de la medianoche es ideal, cuando la barrera entre los vivos y los muertos es delgada.

Limpia el área con sal negra o hierbas protectoras. Dibuja un círculo en el suelo con la sal para protegerte, asegurándote de que tú y tu altar estén dentro de los límites.

Colocación del altar:

Coloca el hueso (o efigie) en el centro de tu altar como punto focal para la invocación.

Enciende la vela de color rojo sangre, colocándola junto al hueso como un faro para el espíritu que deseas llamar.

Rodea el altar con un anillo de tierra de cementerio, invocando la energía de los muertos.

Coloca la piedra de obsidiana negra cerca de la vela para protegerla y conectarla a tierra durante la invocación.

Escribir el nombre del espíritu:

Toma un pedazo de pergamino y escribe el nombre del espíritu fallecido que deseas invocar. Si no conoces a un espíritu específico, dibuja un sigilo o símbolo para llamar a cualquier entidad dispuesta que se alinee con tu intención.

Quema el pergamino sobre la vela, dejando que el humo se eleve como una ofrenda al reino de los espíritus. Mientras arde, recita el Conjuro lenta y deliberadamente, concentrándote en el espíritu que estás llamando.

Ofrenda e Invocación:

Coloca la solanácea o la cicuta seca en la base de la vela como ofrenda. Esto mejora la energía nigromántica, creando una atracción más fuerte para los espíritus.

Mientras sostienes la piedra de obsidiana, visualiza al espíritu cruzando el velo y saliendo. Es posible que sientas una presencia fría, escuches un susurro o sientas un cambio en la energía que te rodea. Permite que el espíritu se manifieste, ya sea en signos físicos o a través de la comunicación intuitiva.

Comunión:

Háblale directamente al espíritu, ya sea en voz alta o dentro de tu mente. Pida el conocimiento, la orientación o la protección que busca. Sé claro en tus intenciones, pero respetuoso en tus palabras.

Si el espíritu proporciona información, anótela inmediatamente. La comunicación nigromántica puede ser fugaz, así que toma nota de cualquier sensación, palabra o imagen que recibas.

Destierro y cierre:

Cuando la comunión sea completa, agradezca al espíritu por su presencia y cooperación. Luego, di: "Por mi voluntad, te libero. Regresa ahora al mundo del más allá".

Apaga la vela roja como la sangre y espolvorea más sal negra sobre la tierra del cementerio para sellar el círculo y asegurarte de que el espíritu haya regresado.

Retira el hueso o la efigie del altar, lo que indica el final de la invocación.

Seguimiento:

Después del hechizo, conéctate a tierra colocando los pies descalzos en la tierra o sosteniendo la piedra de obsidiana mientras te concentras en tu respiración.

Deseche la tierra del cementerio y cualquier resto del ritual de manera respetuosa. Preferiblemente, devuélvelos a la tierra.

Si sientes alguna presencia persistente o malestar, realiza un ritual de limpieza simple, como quemar salvia o tomar un baño de sal.

Notas:

Este hechizo solo debe usarse con la intención adecuada y el respeto por los muertos. La magia nigromántica es potente y requiere una mente clara y enfocada.

Asegúrate de estar protegido en todo momento durante el ritual, especialmente si no estás seguro del espíritu que estás invocando.

Sombra del Rey Caído

Propósito:
Invocar el espíritu de un rey o gobernante fallecido hace mucho tiempo para que lo guíe, lo proteja o lo comprenda sobre el liderazgo, la guerra o las decisiones difíciles. La sombra del rey, ligada al poder ancestral, puede proporcionar sabiduría desde más allá de la tumba.

Ingredientes:

Objeto en forma de corona (puede ser simbólico, como una pequeña figura de corona o anillo): representa la autoridad y el poder del rey.

Vela dorada o roja: significa la sangre real y el poder del trono.

Pedazo de pergamino: para inscribir el nombre del rey o gobernante caído.

Mezcla de hierbas reales: incluye romero (para el recuerdo), hojas de laurel (para la victoria) e incienso (para la conexión espiritual).

Una copa llena de vino: como ofrenda a la sombra, que representa la lealtad y el honor.

Resina de sangre de dragón: para fortalecer la conexión y la presencia de un poder ancestral.

Obsidiana negra o piedra de ónix: para protegerse contra los espíritus negativos y fundamentar la invocación.

Conjuro:
"Por corona y trono, por fuerza y reino,

Convoco al rey una vez muerto.
A través del oscuro velo de la muerte, fluye su sabiduría,
Sombra de poder, levántate y muéstralo.
Concédeme fuerza, y guía mi mano,
¡Oh rey caído, a mis órdenes!"
Rendimiento:
Preparación:
Realiza el ritual por la noche, idealmente en luna nueva, cuando invocar espíritus es más potente. Elija un espacio tranquilo y sin molestias, preferiblemente cerca de un lugar de energía ancestral o donde se sienta conectado con la realeza o la historia.

Limpia el espacio quemando resina de sangre de dragón. A medida que el humo se eleva, visualízalo purificando el área y despejando el camino para el espíritu del rey caído.

Colocación del altar:

Coloca la vela dorada o roja en el centro de tu altar, lo que significa el poder y el linaje del rey. Esta vela actuará como el faro para el espíritu.

Coloca el objeto en forma de corona al lado de la vela para simbolizar la autoridad del rey al que estás invocando.

Rodea la vela con la mezcla de hierbas reales (romero, hojas de laurel e incienso) para invocar la victoria, el recuerdo y el poder espiritual.

Coloque la copa de vino frente a la vela como ofrenda, reconociendo el gobierno y el honor del rey.

Invocación del Rey Caído:

Enciende la vela dorada o roja y sostén la piedra de obsidiana negra u ónix en tu mano para protegerla y conectarla a tierra.

En el pergamino, escribe el nombre del rey o gobernante que deseas invocar. Si se desconoce el nombre, inscribe un símbolo de la realeza, como una corona, una espada o un trono.

Quema el pergamino en la llama de la vela mientras recitas el Conjuro. Concéntrate en la imagen del rey que se levanta del velo sombrío de la muerte, regresando para ofrecerte su guía.

A medida que el pergamino arde, permite que el humo lleve tu llamada al reino de los espíritus, visualizando la sombra del rey caído apareciendo ante ti.

Comulgando con la Sombra:

Sostén la copa de vino y ofrécela a la sombra, diciendo: "Oh rey caído, acepta esta ofrenda como tributo a tu reino y poder. Concédeme la sabiduría que busco".

Concéntrate en la energía que te rodea. Es posible que sienta un cambio repentino de temperatura, escuche un susurro o sienta una presencia poderosa. Abre tu mente para recibir la sabiduría del rey, ya sea a través de palabras, visiones o señales sutiles.

Pida orientación en asuntos de liderazgo, toma de decisiones, protección o cualquier asunto urgente en su vida. Sé respetuoso y claro en tus preguntas, recordando que estás invocando a un ser de gran autoridad.

Cerrando y honrando la sombra:

Una vez que sientas que la comunicación se ha completado, agradécele al rey caído por su guía y presencia. Di: «Por la corona y por la espada te libero. Vuelve ahora a tu descanso en paz".

Vierte unas gotas del vino en el suelo o en un pequeño cuenco como ofrenda para sellar el ritual.

Apaga la vela dorada o roja y espolvorea las hierbas reales sobre las cenizas del pergamino quemado para devolver simbólicamente el espíritu del rey al más allá.

Seguimiento:

Siéntate en silencio durante unos minutos, sosteniendo la piedra de obsidiana para estabilizar tu energía.

Deja la copa de vino en tu altar durante la noche como señal de respeto continuo por el rey caído, luego échala en la tierra al día siguiente.

Realiza un ritual de limpieza si sientes alguna energía o presencia persistente.

Notas:

Este hechizo se realiza mejor durante la luna nueva o al anochecer, cuando la conexión con el mundo espiritual es más fuerte.

Muestra siempre un gran respeto cuando invoques el espíritu de un rey o gobernante. Estos espíritus pueden ser poderosos y exigir el reconocimiento de su autoridad pasada.

Mantén tu intención clara y enfocada. La sombra de un rey es llamada para guía, no para control, y debe ser abordada con reverencia.

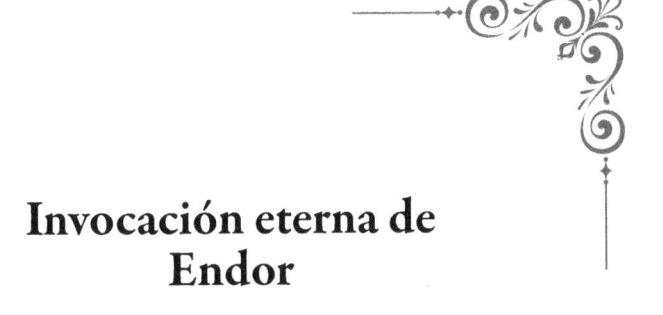

Invocación eterna de Endor

Propósito:
Convocar y atar a un espíritu del más allá para que continúe con su guía, protección o asistencia durante un período de tiempo más largo. Este ritual asegura una conexión estable entre el lanzador y el espíritu invocado, formando un vínculo duradero.

Ingredientes:

Anillo de hierro: representa la fuerza y la durabilidad para atar el espíritu con el tiempo.

Velas blancas y negras: simbolizan el equilibrio entre la vida y la muerte.

Un mechón de pelo o un trozo de tela del lanzador: una ficha personal para establecer una conexión entre el lanzador y el espíritu.

Tierra de cementerio o tierra de un lugar de poder: representa el reino espiritual y la fuente de energía para el hechizo.

Cordón o hilo de plata: se utiliza para representar el vínculo eterno entre el espíritu y el lanzador.

Cristal de cuarzo: para amplificar la energía espiritual y la comunicación.

Un frasco de agua lunar - Agua cargada bajo la luna llena, utilizada para abrir la puerta de entrada entre los reinos.

Incienso hecho de mirra e incienso – Para purificar el espacio y llamar al espíritu con respeto.

Conjuro:

"A través del velo te llamo,
Atado en el poder eternamente.
El pacto de Endor, forjado en llamas,
Por mi voluntad, pronuncio tu nombre.
Ven ahora, espíritu de poder,
Guía y guardia, tanto de día como de noche".

Rendimiento:

Preparación:

Realiza este ritual a medianoche durante la luna llena, cuando la energía para la invocación y la vinculación a largo plazo está en su punto máximo.

Limpia tu espacio ritual quemando la mirra y el incienso de incienso, permitiendo que el humo llene el aire y purifique el ambiente. Este paso te ayudará a asegurarte de que solo el espíritu que invoques saldrá.

Colocación del altar:

Coloca las velas blancas y negras en lados opuestos de tu altar, representando la vida y la muerte, y el equilibrio entre reinos.

En el centro, coloca el anillo de hierro, que actuará como ancla para el espíritu, atándolo a tu mundo.

Rodea el anillo de hierro con un pequeño círculo de tierra de cementerio, creando una conexión simbólica con la tierra de los muertos.

Ofrenda personal:

Toma tu mechón de cabello o pedazo de tela y colócalo dentro del círculo, directamente encima del anillo de hierro. Esta ficha personal establece el vínculo entre tú y el espíritu, asegurando su lealtad y conexión con tu energía.

Espolvorea unas gotas de agua lunar sobre la ofrenda para cargarla con energía lunar, lo que mejora la comunicación espiritual y la longevidad.

Invocando al Espíritu:

Enciende las velas blancas y negras, enfocándote en el equilibrio entre los mundos. Sostenga el cristal de cuarzo en su mano y cierre los ojos, visualizando que el velo entre la vida y la muerte se adelgaza, creando una puerta de entrada para que pase el espíritu.

Mientras las velas arden, sostenga el cordón de plata y comience a cantar el Conjuro: "A través del velo te llamo, atado con poder eternamente", mientras envuelve lentamente el cordón alrededor del anillo de hierro. Esto simboliza la atadura del espíritu a ti.

Continúa cantando el Conjuro mientras visualizas al espíritu entrando por la puerta. Puede aparecer en el ojo de tu mente como una sombra, una figura o una sensación de presencia. Diga su nombre, si lo conoce, o simplemente llame a un espíritu dispuesto y protector para que se una a usted.

Atar el espíritu:

A medida que llegue el espíritu, espolvorea una pequeña cantidad de tierra de cementerio alrededor del anillo de hierro para sellar el vínculo. Visualiza la energía del espíritu atada al anillo y a tu ficha personal, vinculándolos a ambos a través del cordón plateado.

Sostén el cristal de cuarzo sobre el anillo y di: "Por mi voluntad, este vínculo está establecido. Guíame, guárdame, espíritu de la noche". Visualiza al espíritu aceptando el pacto, asegurándote de que permanecerá contigo durante el tiempo que sea necesario.

Cerrando el Ritual:

Vierte el agua lunar restante sobre el anillo de hierro y la tierra circundante, solidificando la conexión entre tú y el espíritu. Di: "El pacto eterno de Endor está sellado. Espíritu, camina a mi lado siempre".

Apague las velas, pero deje el anillo de hierro en el altar durante la noche, permitiendo que absorba las energías de la luna y la presencia del espíritu.

Seguimiento:

El anillo de hierro ahora contiene la energía del espíritu y sirve como punto focal para invocarlo cuando sea necesario. Lleva el anillo o llévalo contigo como un talismán, sabiendo que el espíritu está obligado a protegerte y guiarte.

Mantén el cristal de cuarzo cerca también, ya que fortalece tu conexión con el espíritu, lo que facilita la comunicación durante futuros rituales o meditaciones.

Mantenimiento del vínculo:

El vínculo con el espíritu puede necesitar un fortalecimiento periódico. En las lunas llenas, enciende las velas blancas y negras y repite el Conjuro para reafirmar tu conexión.

Si sientes que la presencia del espíritu se desvanece o deseas liberarla, simplemente desata el cordón de plata del anillo de hierro y di: "Por mi voluntad, te libero".

Notas:

Este hechizo debe realizarse con una intención clara. Los espíritus atados a través de este ritual son poderosos aliados, pero deben ser tratados con respeto y honor.

Evite usar este hechizo con fines frívolos; Invocar un espíritu para un vínculo a largo plazo requiere un compromiso serio.

Si sientes alguna molestia o malestar durante el ritual, detente y realiza una limpieza. Confía siempre en tus instintos cuando trates con el mundo de los espíritus.

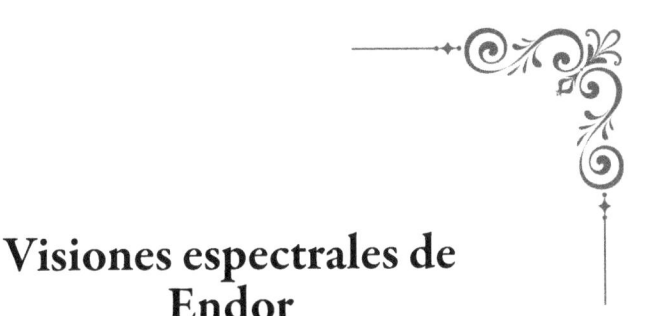

Visiones espectrales de Endor

Propósito:
Para convocar espíritus y abrir tu tercer ojo para recibir visiones, conocimientos ocultos y mensajes del más allá. Este hechizo aprovecha el reino de los espíritus para proporcionar orientación y previsión, revelando lo que de otro modo estaría oculto a la vista ordinaria.

Ingredientes:

Espejo de plata: un portal para que los espíritus revelen sus visiones.

Vela violeta o índigo – Representa la apertura del tercer ojo y la visión espiritual.

Una ramita de artemisa: conocida por mejorar las habilidades psíquicas y el trabajo con los sueños.

Piedra de obsidiana negra: para protegerse durante la invocación y la adivinación.

Un frasco de agua consagrada – Para purificar el espacio y uno mismo.

Incienso de sándalo o incienso – Para abrir las puertas espirituales e invitar a los espíritus.

Aceite de lavanda: para ungir el tercer ojo y mejorar la receptividad psíquica.

Un pedazo de tela negra: para cubrir el espejo y terminar la visión de manera segura.

Conjuro:
"Espíritus de Endor, venid a mí,
Revela lo que está oculto, déjame ver.
A través del velo, más allá de la noche,
Concédeme visiones bañadas en luz.
Por la llamada de Endor, te convoco,
Verdades espectrales, ahora háblame".

Rendimiento:

Preparación:

Realiza este ritual en un espacio tranquilo y oscuro donde no te molesten. Lo ideal es que el espacio esté tenuemente iluminado, utilizando solo la luz de las velas para crear una atmósfera propicia para las visiones espirituales.

Quema el sándalo o el incienso de incienso para limpiar el espacio y aumentar la conciencia espiritual. Permite que el humo lleve tu intención al reino espiritual, señalando tu apertura para recibir visiones.

Colocación del altar:

Coloca el espejo plateado en el centro de tu altar o área de trabajo. Este espejo actuará como una herramienta de adivinación, reflejando las visiones de los espíritus.

Enciende la vela violeta o índigo y colócala junto al espejo, representando la iluminación del conocimiento oculto y la apertura del tercer ojo.

Rodea el espejo con artemisa para mejorar tus habilidades psíquicas y ayudar en visiones claras y precisas.

Unción del Tercer Ojo:

Antes de comenzar la invocación, unge tu tercer ojo (el espacio entre las cejas) con aceite de lavanda, usándolo para despertar tu visión interior. Mientras haces esto, concéntrate en tu intención de ver más allá del ámbito ordinario y aprovechar el mundo espiritual.

Invocación de los Espíritus:

Siéntate cómodamente frente al espejo, sosteniendo la piedra de obsidiana negra en una mano para protegerte. Mírate en el espejo y comienza a cantar el Conjuro:

"Espíritus de Endor, venid a mí, revelad lo que está oculto, dejadme ver."

Repite el Conjuro lenta y rítmicamente, enfocando tu mirada en la superficie del espejo. Mientras cantas, visualiza el velo entre los mundos que se adelgaza y el espejo que se transforma en un portal a través del cual los espíritus pueden revelar sus visiones.

Recepción de la Visión Espectral:

Una vez que sientas la presencia de espíritus o notes un cambio en la atmósfera, calma tu mente y continúa mirándote en el espejo. Permita que su mente permanezca abierta y receptiva, observando cualquier imagen, forma o movimiento que pueda aparecer en la superficie del espejo. Estas visiones pueden venir en forma de símbolos, escenas o incluso mensajes directos.

Si los espíritus deciden revelarte algo, toma nota de cualquier detalle. Pueden ser crípticos, que requieren interpretación, o claros y directos. Confía en tu intuición en la interpretación de los símbolos o imágenes presentadas.

Cerrando la Visión:

Cuando sientan que la visión ha terminado o si desean concluir el ritual, digan: "Espíritus de Endor, les agradezco su sabiduría. Vuelve ahora al velo de donde viniste".

Coloca la tela negra sobre el espejo para cerrar el portal y asegurarte de que no queden energías persistentes.

Apaga la vela violeta o índigo para simbolizar el final de la conexión y vuelve al presente.

Seguimiento:

Una vez que se complete el ritual, conéctate a tierra tocando la tierra, comiendo algo nutritivo o sosteniendo la piedra de obsidiana negra para devolver tu energía al reino físico.

Mantenga un diario a mano para anotar los detalles de cualquier visión o mensaje recibido. Es posible que algunas ideas no estén claras de inmediato, pero podrían revelar su significado más adelante.

Limpia tu espejo con agua consagrada después de cada uso para asegurarte de que siga siendo un portal despejado para futuras observaciones.

Mantenimiento de la conexión:

Para mantener un canal claro con el mundo espiritual para las visiones, repite este ritual durante momentos de necesidad o cuando sientas una fuerte atracción para buscar orientación desde el más allá.

Para visiones más vívidas, repita el ritual durante la luna llena o el eclipse, cuando el mundo de los espíritus es más accesible.

Si recibes visiones frecuentes, considera colocar artemisa debajo de la almohada por la noche para mejorar los mensajes de los sueños.

Notas:

Este hechizo está diseñado para aquellos con un profundo respeto por el mundo de los espíritus. Acércate siempre a los espíritus con reverencia y gratitud.

Si en algún momento durante el ritual te sientes abrumado o te encuentras con visiones perturbadoras, cierra inmediatamente el portal cubriendo el espejo y limpiando tu espacio con agua consagrada.

Sé paciente con los espíritus; No todos los mensajes o visiones pueden ser claros al principio. Algunos pueden venir como sueños simbólicos o revelaciones retrasadas.

Atando a las almas perdidas

Propósito:
Atar y contener espíritus inquietos o malévolos (almas perdidas) que puedan estar causando perturbación o vagando sin rumbo. Este hechizo crea una barrera protectora, manteniendo a las almas en su lugar y evitando que causen daño mientras les ofrece un camino hacia la paz o el descanso.

Ingredientes:

Cordón o cinta negra: simboliza la unión y la contención.

Sal o sal negra: se utiliza para crear una barrera protectora y sellar contra las energías negativas.

Un pequeño frasco o recipiente: para contener el alma atada.

Clavo de hueso o hierro: una herramienta tradicional para atar espíritus.

Vela blanca: representa la paz y la luz que guía a las almas perdidas.

Romero seco y salvia – Para purificación y protección.

Una ramita de tejo o saúco – Para representar el puente entre la vida y la muerte.

Carboncillo y pergamino: para inscribir el nombre del espíritu o crear un sello para atar lo desconocido.

Conjuro:
"Alma perdida que vaga, escucha mi llamado,
Te ato ahora dentro de esta esclavitud.

A través del hierro y el hueso, por la sal y la luz,
Te sello aquí, atado por la noche.
Inquieto, ya no vagará,
Dentro de este círculo, encuentra tu hogar".

Rendimiento:

Preparación:

Este hechizo se realiza mejor por la noche, durante la oscuridad de la luna o en una noche en la que se sienten perturbaciones espirituales (como Samhain o durante un eclipse).

Limpia la zona quemando romero y salvia, utilizando el humo para purificar el espacio y crear un ambiente protegido. Deja que el humo permanezca en el aire para formar una barrera contra las energías negativas.

Creando el círculo:

Comience creando un círculo de sal alrededor de su área de trabajo o altar. Este círculo actuará como un límite protector entre ustedes y las almas perdidas que están tratando de unir.

Coloca el frasco o recipiente pequeño en el centro de tu altar. Esta vasija servirá como recipiente para contener los espíritus atados.

Rodea el frasco con el cordón o cinta negra, enrollándolo en una espiral suelta para simbolizar la energía vinculante.

Inscribir el nombre del Espíritu:

Si conoces el nombre del espíritu que deseas atar, escríbelo en un pedazo de pergamino con carbón. Si el espíritu es desconocido, dibuja un sello vinculante en el pergamino para representar el alma perdida. Enfoca tu intención en atrapar el espíritu dentro del símbolo.

Coloca el pergamino dentro del frasco, seguido del hueso o el clavo de hierro para fortalecer el poder vinculante del hechizo.

Invocación y enlace:

Enciende la vela blanca para guiar el alma hacia la paz y el descanso, al mismo tiempo que actúa como un faro para que el alma perdida sea atraída hacia el frasco.

Comienza a cantar el Conjuro:

"Alma perdida que vagas, escucha mi llamado, te ato ahora dentro de esta esclavitud".

Sostenga la ramita de tejo o saúco sobre la vasija y visualice al espíritu inquieto siendo atraído hacia la vasija. El espíritu es atraído a la jarra, contenido y sostenido por el poder vinculante del hechizo.

A medida que continúas con el Conjuro, envuelve lentamente el cordón negro alrededor del frasco, atando simbólicamente el alma perdida que lleva dentro.

Sellado de la encuadernación:

Una vez que el espíritu esté completamente atado, espolvorea una pequeña cantidad de sal dentro del frasco para purificar y proteger contra cualquier energía negativa persistente.

Selle el frasco herméticamente y diga:

"Atada por el poder de la sal y el hierro, alma perdida, ya no levanta el vuelo".

Visualiza al espíritu ahora atrapado e incapaz de vagar libremente, contenido por tu voluntad.

Cerrando el Ritual:

Coloque el frasco sellado en un lugar seguro y tranquilo donde no se abra ni se rompa. Si el objetivo es eventualmente liberar el espíritu en paz, puedes enterrar la vasija en tierra sagrada o cerca de un árbol sagrado para ti, como el tejo o el saúco.

Apaga la vela blanca, finalizando el proceso de invocación y vinculación. Deja la vela como una ofrenda al espíritu, lo que significa que, mientras está atada, el alma eventualmente puede encontrar descanso y paz.

Seguimento:

Límpiate a ti mismo y a la zona con humo de salvia o romero para eliminar cualquier energía espiritual o apegos persistentes.

Lávate las manos con agua consagrada o salada para romper cualquier vínculo energético entre tú y el espíritu atado.

Si la atadura fue exitosa y el espíritu fue malévolo, es posible que desee realizar un simple hechizo de protección después para asegurarse de que no haya más perturbaciones.

Liberando el Alma:

Si deseas liberar el espíritu en un momento posterior, puedes hacerlo enterrando el frasco en tierra sagrada o rompiendo el sello en un ritual controlado. Para liberar el alma, di: "Por mi voluntad, te libero. Vete en paz, no me hagas daño".

Después de liberar el espíritu, realice un ritual de purificación y asegúrese de que no queden rastros del espíritu adherido a su espacio.

Notas:

Atar a las almas perdidas debe hacerse con cuidado y respeto. Algunos espíritus simplemente se confunden o se pierden y pueden no ser inherentemente dañinos.

Si el espíritu es malévolo o particularmente poderoso, asegúrate de tomar medidas de protección adicionales, como pedir ayuda a deidades o guías.

Nunca realices este hechizo por malicia. Su objetivo es proporcionar paz y protección, no castigar ni dañar.

Ecos de los antiguos muertos

P ropósito:
Para invocar y comunicarse con los espíritus de los antepasados antiguos, las almas olvidadas o los seres sabios del pasado distante. Este hechizo aprovecha los ecos de los antiguos muertos para obtener sabiduría, orientación o conocimiento olvidado.

Ingredientes:

Reliquia de hueso o piedra: símbolo del pasado antiguo, como un pequeño hueso, fósil o piedra con significado histórico.

Polvo de cementerio o tierra de un sitio sagrado – Para conectarse con los muertos antiguos.

Cuenco de cobre o bronce: metales vinculados a la antigüedad y a la conexión espiritual.

Lavanda y tomillo secos: para invocar espíritus de sabiduría y protección.

Velas negras y moradas: negras para representar el velo de la muerte, moradas para la sabiduría espiritual.

Colgante de cristal o vidrio: para amplificar la energía espiritual y servir como foco para las voces de los muertos.

Un frasco de agua de río o de lluvia: el agua como conducto entre los mundos de los vivos y los muertos.

Incienso de mirra – Para purificar el espacio e invocar a los espíritus.

Conjuro:

"Antiguos muertos de hace mucho tiempo,
Háblame, tu sabiduría se muestra.
De la tierra al aire, al fuego, al mar,
Ecos de la antigüedad, venid a mí.
Por hueso y piedra, se levantan los antiguos,
Susurra ahora a través de cielos invisibles.
Rendimiento:
Preparación:
Realiza este hechizo por la noche, preferiblemente durante la luna menguante, cuando la conexión con los muertos es más fuerte.

Limpia el espacio quemando incienso de mirra para purificar el área y crear un espacio sagrado para comunicarte con los antiguos muertos.

Colocación del altar:
Coloca la reliquia de hueso o piedra en el centro de tu altar, sirviendo como punto de conexión con los espíritus antiguos. Esta reliquia simboliza el conocimiento antiguo que será invocado.

Rodea la reliquia con polvo de cementerio o tierra de un lugar sagrado, creando una conexión con la tierra de los muertos y el paso del tiempo.

Coloca el cuenco de cobre o bronce frente a la reliquia. Llénalo con el agua del río o de la lluvia, que representa el flujo del tiempo y el vínculo entre los mundos de los vivos y los muertos.

Encendido de las velas:
Enciende las velas negras y moradas, colocándolas a ambos lados de tu altar. La vela negra representa el velo entre los vivos y los muertos, mientras que la vela púrpura invoca la sabiduría y la guía de los espíritus antiguos.

Al encender las velas, concéntrate en tu intención de invocar las voces de los antiguos muertos en busca de sabiduría y guía.

Llamando a los Antiguos Muertos:

Coloque la lavanda y el tomillo secos en el agua en el recipiente de cobre o bronce. Estas hierbas ayudarán a invocar espíritus de sabiduría y paz.

Sostén el colgante de cristal o vidrio sobre el cuenco y comienza a cantar el Conjuro:

"Antiguos muertos de hace mucho tiempo, háblame, tu sabiduría se muestra".

Mientras cantas, concéntrate en el agua del recipiente. Visualiza las ondas del tiempo fluyendo hacia atrás, abriendo el portal al pasado distante. Imagina las voces de los antiguos muertos surgiendo del agua como ecos a través del tiempo.

Recibiendo los ecos:

Continúa cantando el Conjuro mientras miras el agua. Escucha atentamente cualquier susurro o sentimiento que pueda surgir. Los espíritus de los antiguos muertos pueden comunicarse de maneras sutiles, a través de imágenes, sonidos o incluso sensaciones. Confía en tu intuición para interpretar estos ecos.

Si los espíritus eligen comunicarse, pídeles su sabiduría o guía. Puedes hablar en voz alta o en silencio en tu mente, dirigiendo tus preguntas hacia el agua en el tazón.

Sellado de la conexión:

Una vez que hayas recibido los mensajes o la guía que buscas, agradece a los espíritus por su sabiduría y presencia. Di: «Antiguos muertos, te honro. Volved a la paz, de donde seáis".

Vierte una pequeña cantidad de tierra de cementerio en el agua como ofrenda y sella el portal al pasado.

Cerrando el Ritual:

Apaga las velas, pero deja que el agua permanezca en tu altar hasta la mañana. Por la mañana, deshazte del agua vertiéndola sobre la tierra, simbolizando el regreso de los antiguos espíritus a su lugar de descanso.

Lleva contigo el colgante de cristal o cristal como talismán, manteniendo abierta la conexión con los antiguos muertos para futuras orientaciones.

Seguimiento:

Después de completar el ritual, límpiate con agua de río o consagrada para eliminar cualquier energía espiritual persistente.

Tómate unos momentos para conectarte a tierra tocando la tierra o sosteniendo una piedra. Esto te ayudará a regresar completamente al momento presente después de conectarte con los antiguos muertos.

Si sientes la necesidad, realiza un pequeño hechizo de protección para asegurarte de que ningún espíritu errante permanezca unido a ti o a tu espacio.

Mantenimiento de la conexión:

Para mantener una fuerte conexión con los antiguos muertos, considera repetir este ritual durante la luna oscura o en días importantes como Samhain, cuando el velo entre los mundos es más delgado.

Si los ecos que escuchas no son claros, es posible que desees fortalecer el vínculo colocando el hueso o la reliquia de piedra debajo de tu almohada por la noche, invitando a los espíritus a comunicarse contigo a través de sueños.

Notas:

Comunicarse con los antiguos muertos requiere un profundo respeto por los espíritus del pasado. Acércate siempre con reverencia y gratitud.

Los ecos de los antiguos muertos no siempre son inmediatos u obvios. Pueden comunicarse a través de signos sutiles o sueños, por lo que permanecen abiertos a recibir sus mensajes en diferentes formas.

Asegúrate de que los espíritus que invoques sean sabios y benévolos. Use lavanda y tomillo para protección y paz, ya que estas hierbas fomentan la interacción espiritual positiva.

Comunión fantasmal

Propósito:
Para establecer una conexión temporal con fantasmas o entidades espirituales, permitiendo la comunicación a través de visiones, susurros u otras manifestaciones espirituales. Este hechizo sirve como un puente hacia el reino fantasmal, donde la comunión con los espíritus puede revelar verdades ocultas, orientación o recuerdos pasados.

Ingredientes:

Cáliz o cuenco de plata: representa la naturaleza reflexiva del mundo espiritual.

Velas blancas y azules: blancas para protección y pureza, azules para la comunicación espiritual.

Un pedazo de cuarzo o piedra lunar - Para mejorar la receptividad psíquica y ayudar en la comunicación con los espíritus.

Un pequeño espejo: se utiliza como herramienta de adivinación para ayudar a percibir las visiones fantasmales.

Pipa fantasma (pipa india) hierba: conocida por su conexión con los espíritus y el reino etéreo.

Una campana o carillón – Para llamar y despertar a los espíritus.

Incienso de artemisa: para abrir la mente a las visiones y mejorar las habilidades psíquicas.

Agua consagrada o rocío – Para purificar el espejo y crear un vínculo entre los mundos.

Conjuro:

"Espíritus invisibles, escuchad mi llamado,
A través del velo, deja que caigan las sombras.
Fantasmas cercanos, revélame,
Las verdades ocultas, para que yo las vea.
Con la luz y la niebla, te convoco,
Comulga conmigo y háblame".

Rendimiento:

Preparación:

Este hechizo debe realizarse en un espacio tranquilo y poco iluminado, idealmente al crepúsculo o durante la hora de las brujas (medianoche), cuando el velo entre los mundos es más delgado.

Limpia el área quemando incienso de artemisa, permitiendo que el humo llene la habitación. Esto crea una atmósfera propicia para la comunicación espiritual y abre los canales psíquicos.

Colocación del altar:

Coloca el cáliz o cuenco de plata en el centro de tu altar, representando la naturaleza reflexiva del reino espiritual.

Coloca las velas blancas y azules a ambos lados del cáliz. Enciéndelos para crear un ambiente protector pero abierto para los espíritus.

Coloca el cuarzo o la piedra lunar junto al cáliz para amplificar tu conexión con el reino espiritual.

Preparación del espejo:

Limpia el pequeño espejo rociando unas gotas de agua consagrada o rocío sobre su superficie. Esto purifica el espejo y lo transforma en un portal espiritual para visiones fantasmales.

Sostén el espejo a la luz de las velas, permitiendo que las llamas se reflejen en su superficie. A medida que la luz baila en el espejo, visualiza el velo entre los mundos que se separan, creando un espacio para que aparezcan los fantasmas.

Tocando la campana:

Toque la campana o el timbre tres veces. Cada anillo sirve como una llamada a los espíritus, despertándolos de su sueño e invitándolos a comulgar contigo.

Al tocar el timbre, diga:

"Espíritus invisibles, escuchad mi llamado, a través del velo, dejad caer las sombras".

Invocación de fantasmas:

Tómate un momento para concentrarte en tu intención de comunicarte con los fantasmas. Visualiza a los espíritus como sombras o neblina que se arremolinan alrededor de la habitación.

Comienza a cantar el Conjuro:

"Fantasmas cercanos, revélame las verdades ocultas, para que yo vea".

Mientras cantas, mírate en el espejo, concentrándote en su superficie. Permita que su mente permanezca abierta y receptiva, observando cualquier movimiento, sombra o figura que pueda aparecer en el reflejo. Estos fantasmas pueden comunicarse a través de visiones, símbolos o impresiones sutiles.

Comulgando con los Espíritus:

Una vez que los fantasmas comiencen a aparecer o se sienta su presencia, en silencio o en voz alta, haga cualquier pregunta o busque la orientación que desee. Los espíritus pueden comunicarse a través de visiones en el espejo o a través de sensaciones, sonidos o susurros que percibes a tu alrededor.

Si la comunicación no es clara, toque suavemente el espejo o vuelva a tocar el timbre para aclarar su conexión.

Sellar la Comunión:

Después de recibir los mensajes o la guía que buscas, agradece a los fantasmas por su presencia. Decir:

"Fantasmas, te honro, regresa ahora a la niebla y al mar".

Cubre suavemente el espejo con un paño oscuro para cerrar el portal y evitar que los espíritus persistentes permanezcan en tu espacio.

Cerrando el Ritual:

Apaga las velas blancas y azules, señalando el final de la comunión. Deja que las velas se consuman por sí solas si deseas extender la energía protectora.

Deje que el incienso de artemisa continúe ardiendo como ofrenda final a los espíritus, asegurándose de que se vayan en paz.

Seguimiento:

Una vez que se complete el ritual, conéctate a tierra colocando el cuarzo o la piedra lunar en tu mano, concentrándote en tu conexión con el mundo físico.

Lávate la cara o las manos con agua consagrada para limpiar cualquier energía espiritual persistente de la comunión.

Coloque el espejo en un lugar seguro y tranquilo, idealmente cubierto, hasta que desee volver a usarlo para futuras comunicaciones.

Mantenimiento de la conexión:

Para mantener un canal abierto con el mundo de los espíritus, considera repetir este ritual durante momentos espirituales significativos, como la luna llena o Samhain, cuando es más probable que los espíritus se comuniquen.

Mantenga el cuarzo o la piedra lunar cerca como un talismán para recordarle la conexión forjada durante la comunión fantasmal. También se puede utilizar para mejorar el trabajo de los sueños, ya que los espíritus pueden seguir comunicándose a través de los sueños.

Notas:

Ten cuidado al abrir un portal al mundo de los espíritus. Realiza siempre este ritual con respeto a los fantasmas y asegúrate de que tus velas protectoras permanezcan encendidas durante todo el proceso.

Si en algún momento te sientes abrumado o incómodo, cubre inmediatamente el espejo y toca el timbre tres veces para romper la conexión.

Los espíritus no siempre se comunican a través de visiones o palabras claras. Esté abierto a signos sutiles, sentimientos o imágenes simbólicas, y confíe en su intuición para interpretar sus mensajes.

Invocando al espectro de los reyes

Propósito:
Para invocar el espíritu de un rey o figura histórica significativa de estatura real, buscando su sabiduría, consejo o perspicacia. Este hechizo tiene como objetivo establecer una conexión con una poderosa presencia espectral, aprovechando su conocimiento histórico y cualidades de liderazgo.

Ingredientes:

Artefacto o representación real: símbolo de la realeza, como una corona, un cetro o una estatua de un rey.

Velas reales azules y doradas: azules para la conexión espiritual y doradas para la nobleza y la iluminación.

Un pedazo de pergamino y una pluma – Para escribir tus preguntas o mensajes para el espectro.

Un pequeño cristal o piedra preciosa, como la amatista o el zafiro, para mejorar la conexión espiritual.

Incienso e incienso de mirra: para la purificación y para invocar el espíritu.

Una copa de plata con vino o jugo de uva: como ofrenda y para honrar el espíritu.

Un espejo o catalejo: para servir como portal para la aparición del espectro.

Una ramita de romero – Para sabiduría y protección.

Conjuro:

"Espectro de reyes, de valor y poderío,
De los reinos del pasado, a esta noche sagrada,
Ven a mí, imparte tu sabiduría,
Guíame con fuerza, desde tu noble corazón.
Por corona y cristal, busco tu presencia,
Escucha mi súplica y las respuestas que hablo".

Rendimiento:

Preparación:

Elija un espacio tranquilo y sin molestias para este ritual, idealmente durante la luna llena o en una noche asociada con energía ancestral o real.

Limpia el espacio quemando incienso e incienso de mirra, permitiendo que el humo llene la habitación y cree una atmósfera sagrada y acogedora.

Colocación del altar:

Coloca el artefacto o representación real (como una corona o una estatua) en el centro del altar. Esto simboliza la realeza que deseas invocar.

Coloca las velas azules y doradas alrededor del artefacto, encendiéndolas para crear un ambiente regio y respetuoso. La vela azul representa la conexión espiritual, mientras que la vela dorada simboliza la realeza y la sabiduría del espectro.

Coloque el pequeño cristal o piedra preciosa cerca del artefacto para mejorar la conexión con el mundo espiritual.

Preparación del espejo:

Coloca el espejo o el cristal frente al artefacto real. Este espejo actuará como un portal para que el espectro aparezca y se comunique.

Limpia el espejo rociando unas gotas de agua consagrada en su superficie, purificándolo para uso espiritual.

Redacción de la solicitud:

En el pedazo de pergamino, escribe tus preguntas o la orientación que buscas del espectro. Usa la pluma para escribir de manera clara y respetuosa.

Coloca el pergamino junto al artefacto real en el altar, señalando tu intención al espectro.

Invocando al espectro:

Párate frente al altar y sostén el cristal o la piedra preciosa en tu mano. Concéntrate en la energía de la figura real que deseas invocar.

Comienza a cantar el Conjuro:

"Espectro de reyes, de valor y poderío, de reinos del pasado, a esta noche sagrada".

Mírate en el espejo, permitiendo que tu mente se abra a la presencia del espectro. Visualiza el espíritu del rey emergiendo a través de la superficie reflectante, atraído por la energía de las velas y tu intención enfocada.

Recibir la guía del espectro:

A medida que continúes con el Conjuro y te mires en el espejo, permanece abierto a cualquier señal, mensaje o visión que pueda aparecer. El espectro puede comunicarse a través de imágenes visuales, símbolos o incluso impresiones directas.

Si el espectro hace notar su presencia, presente sus preguntas escritas o solicitudes de orientación. Escuche atentamente las respuestas o ideas que se le ofrezcan.

Ofrenda y Honor:

Una vez que el espectro haya respondido, vierta una pequeña cantidad de vino o jugo de uva de la copa de plata como ofrenda. Esto simboliza el respeto y el honor por el espíritu real.

Decir:

"A ti, noble espíritu, te ofrezco esta bebida. Gracias por tu sabiduría; en paz, que te hundas".

Permita que la copa permanezca en el altar como tributo al espectro.

Sellado de la conexión:

Después de la comunión, agradezca al espectro por su presencia y guía. Decir:

"Espectro de reyes, te digo adiós, regresa a tu reino, tu historia para contar".

Cubra el espejo con un paño oscuro para cerrar el portal y señalar el final de la comunicación.

Cerrando el Ritual:

Apaga las velas reales azules y doradas, lo que indica el final del hechizo y el regreso del espacio a la normalidad.

Deseche el pergamino con las preguntas escritas de manera respetuosa, por ejemplo, enterrándolo o quemándolo de manera controlada.

Seguimiento:

Conéctate tocando la tierra o sosteniendo una piedra de conexión a tierra para regresar completamente al reino físico.

Limpia el espacio y a ti mismo con agua consagrada para eliminar cualquier energía espiritual residual.

Coloca el cristal o la piedra preciosa en un lugar seguro donde pueda seguir absorbiendo y almacenando la energía del ritual.

Mantenimiento de la conexión:

Para mantener la sabiduría y la energía del espectro real contigo, considera colocar el artefacto o cristal real en un lugar destacado de tu casa.

Repite este ritual durante momentos significativos, como aniversarios reales o eventos históricos, para reforzar tu conexión con el espectro y seguir recibiendo orientación.

Notas:

La invocación de figuras históricas o reales debe hacerse con respeto y reverencia. Asegúrate de que tu intención sea clara y respetuosa.

Si te sientes abrumado o incómodo durante el ritual, cubre el espejo inmediatamente y apaga las velas para romper la conexión.

La comunicación del espectro no siempre es directa. Esté abierto a recibir mensajes a través de símbolos, sueños o impresiones sutiles.

Tejido de sombras de Endor

P ropósito:
Tejer y manipular sombras para crear ilusiones, barreras protectoras o construcciones mágicas. Este hechizo aprovecha la esencia de la oscuridad y la sombra para crear efectos mágicos poderosos y versátiles.

Ingredientes:

Tela de seda o terciopelo negro – Representa la materia prima de las sombras y la oscuridad.

Incienso sombrío: como el sándalo o el pachulí, para mejorar la conexión con el reino de las sombras.

Una daga de plata u obsidiana: para cortar y dar forma a la tela de sombra.

Un cuenco de sal negra: se utiliza para atar y retener las energías de la sombra.

Una vela oscura – Simboliza la fuente de la sombra y la oscuridad.

Un pequeño espejo o superficie reflectante: para ver y controlar las sombras.

Un pedazo de ónix o hematita: para conectar a tierra y enfocar las energías de la sombra.

Una espada o varita ritual – Para dirigir y dar forma a las sombras.

Conjuro:

"Sombras profundas, de reinos desconocidos,
Teje tus hilos, con las tinieblas sembradas.
El poder de Endor, a través del abrazo de la noche,
Da forma a las sombras, encuentra su lugar.
Por esta tela, oscura y verdadera,
Teje la magia, lo viejo y lo nuevo".

Rendimiento:

Preparación:

Realiza este hechizo por la noche, idealmente durante la luna nueva o cuando las sombras son más pronunciadas.

Limpia el espacio quemando incienso sombrío como el sándalo o el pachulí. Deje que el humo envuelva la habitación, creando un ambiente místico propicio para el trabajo con sombras.

Colocación del altar:

Extiende la tela de seda o terciopelo negro en tu altar o espacio de trabajo. Esta tela te servirá de lienzo para tu tejido de sombras.

Coloca la vela oscura en un extremo de la tela y enciéndela. La vela representa la fuente de las energías de tu sombra.

Coloca el cuenco de sal negra en el extremo opuesto de la tela, para unir y estabilizar las energías de la sombra.

Coloque el espejo pequeño o la superficie reflectante junto a la vela. Esto te ayudará a visualizar y controlar las sombras.

Dibujo y modelado de sombras:

Sostenga la daga de plata u obsidiana en su mano y concéntrese en la llama de la vela. Visualiza las sombras extendiéndose y dando forma según tu intención.

Comienza cortando o dando forma a las sombras en la tela con la daga. Mientras lo haces, recita el Conjuro:

"Sombras profundas, de reinos desconocidos, tejen tus hilos, por la oscuridad sembrada."

Permite que tu intención guíe las sombras. Si estás creando una ilusión, visualiza los detalles con claridad. Si estás formando una barrera protectora, imagina las sombras formando un muro sólido e impenetrable.

Enfocando la energía:

Usa la espada o varita ritual para dirigir y afinar las sombras. Pasa la varita sobre la tela, guiando las sombras en la forma o forma deseada.

Mientras trabajas, sostén la pieza de ónix o hematita a tierra y concentra la energía. Esta piedra ayuda a estabilizar la magia de las sombras y a garantizar que mantenga su forma.

Atar las sombras:

Una vez que hayas dado la forma deseada a las sombras, espolvorea una pequeña cantidad de sal negra sobre la tela. Esto une las sombras y solidifica su forma.

Decir:

"Por la sal y la sombra, atados y atados,
Sostén esta forma, y en ella permanece".

Permita que la sal se asiente y las sombras se estabilicen en su nueva forma.

Sellando el ritual:

Apaga la vela oscura mientras visualizas las sombras asentándose en su forma o propósito final. Esto significa la finalización y el sellado del hechizo.

Si creaste una barrera protectora o un ensamblaje mágico, colócalo en la ubicación prevista. Si es una ilusión, mantenla dentro de tu espacio ritual o úsala según sea necesario.

Cerrando el Ritual:

Dobla o enrolla con cuidado la tela negra, conservando el trabajo de sombra que has creado. Guárdelo en un lugar oscuro y seguro si no está en uso.

Limpia el área apagando cualquier resto de incienso y enraizándote con un momento de meditación o tocando la tierra.

Seguimiento:

Mantenga la pieza de ónix o hematita como talismán para ayudar a concentrarse y fundamentar su trabajo de sombra en futuros rituales.

Si la construcción de sombra o ilusión necesita ser desmantelada o liberada, puedes hacerlo quemando la tela negra o disolviéndola en agua, dependiendo de su forma.

Mantenimiento de la magia:

Para mantener las sombras activas o para reforzar sus efectos, considere repetir el ritual durante las fases lunares significativas o cuando las sombras son más fuertes.

Limpie y recargue regularmente la pieza de ónix o hematita para mantener su potencia energética.

Notas:

El trabajo con sombras requiere un enfoque cuidadoso y respeto por las energías involucradas. Acércate siempre a la manipulación de las energías oscuras con intención y cuidado.

Si las sombras no se forman como deseas, considera reevaluar tu intención y enfoque. A veces, puede ser necesario realizar ajustes en la visualización o una conexión a tierra adicional.

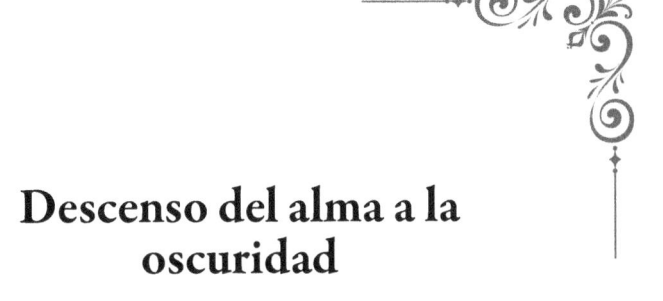

Descenso del alma a la oscuridad

Propósito:
Viajar a las profundidades de la propia oscuridad interior para el autodescubrimiento, la transformación y la comprensión. Este hechizo tiene como objetivo confrontar e integrar aspectos del yo que a menudo están ocultos o reprimidos, lo que lleva al crecimiento personal y la curación.

Ingredientes:

Vela negra o morada oscura – Simboliza el viaje hacia la oscuridad y lo desconocido.

Un espejo oscuro o un espejo de adivinación: para reflejar y explorar el yo interior.

Un trozo de obsidiana o turmalina negra – Para poner a tierra y proteger durante el descenso.

Incienso de lavanda y salvia: para purificación y claridad.

Un diario y un bolígrafo: para registrar ideas y experiencias.

Un pequeño cuenco de agua salada – Para limpiar y purificar el espacio y a uno mismo.

Un paño o velo negro: para cubrir o envolver el espejo, que representa el velo de la oscuridad.

Una taza de té de hierbas (por ejemplo, manzanilla o valeriana) – Para relajarse y prepararse para el viaje.

Conjuro:
"En las profundidades de la noche sombría,

Desciendo con coraje y fuerza.
De reinos oscuros, busco encontrar,
Las verdades y los temores de mi propia mente.
Guíame a través del mar oscurecido,
Conocerme a mí mismo y liberarme".

Rendimiento:

Preparación:

Elija un espacio tranquilo y seguro donde no lo molesten. Lo ideal es realizar este ritual durante la luna nueva o por la noche, cuando la oscuridad natural refleja tu viaje interior.

Comience preparándose con una taza de té de hierbas para relajarse y centrarse. Permítete relajarte y enfocar tu mente en el viaje que tienes por delante.

Limpieza del espacio:

Enciende el incienso de lavanda y salvia para purificar el espacio y crear un ambiente sereno. Deja que el humo envuelva la habitación, eliminando cualquier energía negativa.

Colocación del altar:

Coloca la vela negra o morada oscura en tu altar o espacio de trabajo. Enciéndelo para simbolizar el comienzo de tu descenso a la oscuridad.

Coloque el espejo oscuro o el cristal de afeitar en el altar, cubriéndolo con la tela o velo negro. Esto representa el velo de oscuridad que explorarás.

Coloque el trozo de obsidiana o turmalina negra cerca del espejo para conectarlo a tierra y protegerlo. Esta piedra te ayudará a mantenerte centrado y protegido durante el viaje.

Tenga el recipiente con agua salada listo para limpiar, ya sea para usted o para el espacio, según sea necesario.

Preparándose para el descenso:

Siéntate cómodamente frente al altar y sostén el pedazo de obsidiana en tu mano. Cierra los ojos y respira profunda y calmada para centrarte.

Cuando te sientas listo, recita el Conjuro en voz alta o en silencio, concentrándote en tu intención de explorar tu oscuridad interior y obtener una visión profunda.

Viaje a la oscuridad:

Destapa suavemente el espejo oscuro y míralo. Permite que tu mente se concentre en los reflejos, viendo más allá de la superficie hasta las profundidades de tu ser interior.

Mientras te miras en el espejo, permite que salgan a la superficie los miedos, los aspectos ocultos o las emociones reprimidas. Confía en cualquier visión, sentimiento o pensamiento que surja. Son parte de tu viaje a la oscuridad.

Explorando e integrando:

Use el diario y el bolígrafo para anotar cualquier percepción, visión o respuesta emocional que experimente. Escribe tus pensamientos y reflexiones a medida que se presenten.

Si te encuentras con emociones desafiantes o miedos, recuerda que la obsidiana está ahí para conectarte a tierra y protegerte. Sujétalo o colócalo cerca de ti según sea necesario.

Limpieza y liberación:

Después de tu exploración, límpiate a ti mismo y a tu espacio con el cuenco de agua salada. Puede usar el agua para rociar ligeramente a su alrededor o lavarse las manos y la cara para refrescar y despejar cualquier energía persistente.

Vuelve a cubrir el espejo con el paño negro para indicar el final del viaje y el regreso a la luz.

Cerrando el Ritual:

Apaga la vela negra o morada oscura, que simboliza el final del descenso y tu regreso de la oscuridad.

Tómate unos momentos para conectarte a tierra. Es posible que desee comer algo reconfortante o beber más té de hierbas para ayudar a la transición de regreso a su estado mental normal.

Seguimiento:

Revisa las entradas de tu diario y reflexiona sobre los conocimientos que obtuviste. Considera cómo puedes integrar estos hallazgos en tu vida diaria para tu crecimiento personal.

Realice un ejercicio de conexión a tierra, como caminar descalzo sobre la tierra o visualizar las raíces que se extienden desde sus pies hasta el suelo, para asegurarse de que está completamente presente y conectado.

Si sientes la necesidad, realiza un ligero hechizo protector o meditación para mantener tu energía y bienestar después del profundo trabajo interior.

Mantenimiento de la información:

Para continuar procesando e integrando las percepciones de tu descendencia, revisa las entradas de tu diario periódicamente y reflexiona sobre cómo están afectando tu vida.

Considera la posibilidad de realizar un ritual o meditación de seguimiento para reforzar las lecciones aprendidas y explorar más a fondo los aspectos no resueltos.

Notas:

El viaje a la oscuridad puede ser intenso y revelador. Acércate a ello con una mentalidad compasiva hacia ti mismo y tus experiencias internas.

Si te sientes abrumado durante el ritual, tómate un descanso, usa el agua salada para limpiarte o tapa el espejo para cerrar la sesión.

Asegúrate de contar con un entorno de apoyo y prácticas de autocuidado después del ritual que te ayuden a integrar y procesar los conocimientos adquiridos.

Invocación espiritual de Endor

Propósito:
Invocar y comunicarse con espíritus o entidades asociadas con la bruja de Endor, buscando su guía, sabiduría o perspicacia. Este hechizo crea un espacio sagrado para que se sienta la presencia del espíritu y se reciban los mensajes.

Ingredientes:

Un mantel de altar negro: para establecer el espacio para la invocación y simbolizar el reino sombrío.

Una vela de plata: para representar la iluminación espiritual y la conexión.

Un cuenco de agua consagrada: para purificar y mejorar la conexión con el reino espiritual.

Un pedazo de ónix o amatista – Para facilitar la comunicación y proteger contra las energías negativas.

Una campana o carillón – Para llamar a los espíritus y marcar el comienzo y el final de la invocación.

Un pequeño espejo o cristal de acopio: para servir como portal para la presencia del espíritu.

Incienso e incienso de mirra – Para la purificación y la claridad espiritual.

Un pergamino y un bolígrafo: para anotar cualquier mensaje o información recibida.

Un muñeco o representación espiritual: para simbolizar la presencia del espíritu que se invoca.

Conjuro:

"Desde las profundidades de la sabiduría sombría,
Los espíritus de Endor, imploro.
Por la luz plateada y la llama sagrada,
Ven y responde por tu nombre.
Guíame con tu sabiduría brillante,
En este reino de la noche sombría".

Rendimiento:

Preparación:

Elige un lugar tranquilo y sin molestias para tu ritual. Lo ideal es realizar este hechizo durante un momento asociado con el trabajo espiritual, como la luna llena o durante el anochecer.

Comienza por limpiarte a ti mismo y al espacio. Enciende el incienso y el incienso de mirra para purificar la zona y crear una atmósfera sagrada.

Colocación del altar:

Coloca el mantel negro del altar en tu espacio de trabajo. Esta tela representará el espacio que estás creando para la invocación del espíritu.

Coloca la vela de plata en el centro del altar y enciéndela. La vela representa la iluminación del reino espiritual y tu conexión con el espíritu de Endor.

Coloca el cuenco de agua consagrada en el altar para purificar y mejorar la conexión espiritual.

Coloque el trozo de ónix o amatista cerca de la vela para conectarse a tierra y facilitar la comunicación con el espíritu.

Coloque el espejo pequeño o el vidrio de afeitar en un lugar donde pueda verlo fácilmente. Esto actuará como un portal para que el espíritu se manifieste.

Llamando al Espíritu:

Toque la campana o el carillón tres veces para señalar el comienzo de la invocación. Cada anillo sirve para despertar y llamar al espíritu.

Al tocar la campana, recita el Conjuro:

"Desde las profundidades de la sabiduría sombría, los espíritus de Endor, imploro."

Enfoca tu atención en la vela plateada y el espejo. Visualiza el espíritu de Endor emergiendo de las sombras y saliendo a comunicarse.

Invocar y comunicar:

Mírate en el espejo y mantén un estado tranquilo y concentrado. Permita que surjan imágenes, sentimientos o impresiones. El espíritu puede comunicarse a través de manifestaciones visuales, sonidos o sensaciones sutiles.

Usa el pergamino y la pluma para anotar cualquier mensaje o percepción que recibas del espíritu. Anota tus observaciones y cualquier orientación que te des.

Si el espíritu proporciona instrucciones o mensajes específicos, sígalos respetuosamente. La guía del espíritu puede venir a través de símbolos, sentimientos o comunicación directa.

Recepción e interpretación de mensajes:

Continúe concentrándose en el espejo y la vela, permaneciendo abierto a cualquier otro mensaje o señal. El espíritu puede proporcionar orientación o conocimientos adicionales a medida que avanza el ritual.

Toma nota de cualquier impresión emocional o psíquica que surja durante la invocación. Estos pueden ser importantes para entender los mensajes del espíritu.

Cierre de la invocación:

Agradezca al espíritu por su presencia y guía. Decir:

"Espíritus de Endor, os doy gracias,

Por tu sabiduría, guía y trance".

Vuelva a tocar la campana o el carillón para señalar el final de la invocación. Esto ayuda a cerrar la conexión y señalar que el ritual está completo.

Sellar el espacio:

Apaga la vela de plata para indicar el final del ritual. Visualiza al espíritu regresando a su reino y el espacio volviendo a su estado normal.

Cubra el espejo con un paño o colóquelo a un lado para cerrar el portal.

Seguimiento:

Conéctate a tierra tocando la tierra o sosteniendo una piedra de conexión a tierra, como el ónix o la amatista.

Revisa y reflexiona sobre los mensajes o ideas que recibiste. Considera cómo se pueden integrar en tu vida o situación actual.

Limpia el espacio con una última pasada de incienso e incienso de mirra para despejar cualquier energía espiritual persistente.

Mantenimiento de la conexión:

Para honrar el espíritu y mantener una conexión positiva, considera realizar un pequeño ritual u ofrenda periódicamente. Esto podría ser tan simple como encender una vela en su honor o mantener a la muñeca espiritual en un lugar de respeto.

Notas:

Asegúrate de que tus intenciones sean claras y respetuosas al invocar espíritus. Acércate al ritual con reverencia y una mente abierta.

Si te sientes abrumado o incómodo en algún momento, usa el agua consagrada para limpiar el espacio y a ti mismo, o tapa el espejo para cerrar la conexión.

Siguiendo estos pasos, puedes invocar y comunicarte eficazmente con los espíritus asociados con Endor, buscando su guía y sabiduría para tus necesidades personales o mágicas.

Canto espectral de la bruja

Propósito:
Invocar las inquietantes melodías de espectros o espíritus para obtener información, comunicarse con el otro lado o transformar aspectos de su vida a través del poder de sus canciones etéreas.

Ingredientes:

Una túnica o capa oscura y fluida: para mejorar tu conexión con el reino etéreo y encarnar la energía de la bruja.

Una vela de índigo o violeta profundo: representa la profundidad espiritual y el reino espectral.

Una campana o campanilla: para invocar a los espectros y señalar el comienzo y el final del ritual.

Un cuenco con agua de luna – Para purificar y fortalecer tu conexión con el reino espiritual.

Un pequeño cristal o amuleto: como labradorita o piedra lunar, para ayudar a canalizar y recibir mensajes.

Un frasco de aceite esencial (por ejemplo, lavanda o sándalo): para mejorar la conexión espiritual y el enfoque.

Un pedazo de pergamino y una pluma: para registrar cualquier mensaje o información recibida.

Un paño de terciopelo negro u oscuro – Para cubrir el espacio donde realizarás el ritual, representando el velo entre reinos.

Una lista de reproducción de música inquietante y etérea: para crear el ambiente e invitar a la energía espectral.

Conjuro:

"Espectros de la noche, con cantos tan profundos,
En el redil de las sombras, tus secretos se guardan.
Canta tu canción y guía mi camino,
En la oscuridad y en la luz, busco mecerme.
Por la voluntad de la bruja y el tono suave del espectro,
Saca a la luz el conocimiento que has conocido".

Rendimiento:

Preparación:

Elija un espacio tranquilo y oscuro donde no lo molesten. Este ritual se realiza mejor durante la noche o bajo una luna oscura.

Ponte la túnica o capa oscura y fluida para encarnar la energía de la bruja y conectarte más profundamente con el reino etéreo.

Preparando la escena:

Coloca la tela de terciopelo negro u oscuro en tu altar o espacio ritual para crear un área sagrada y sombreada.

Coloca la vela de color índigo o violeta en el altar y enciéndela. La vela representa la profundidad del reino espectral y la iluminación de sus canciones.

Llena un recipiente pequeño con agua de luna y colócalo en el altar. Esta agua purifica y fortalece tu conexión con el reino espiritual.

Coloca el pequeño cristal o amuleto cerca de la vela para ayudar a recibir y canalizar los mensajes de los espectros.

Invocando a los Espectros:

Toca la campana o el repique tres veces para invocar a los espectros y señalar el comienzo del ritual.

Al tocar la campana, recita el Conjuro:

"Espectros de la noche, con cantos tan profundos, en el redil de las sombras, guardan tus secretos".

Enfoca tu atención en la vela y visualiza a los espectros reuniéndose a tu alrededor, atraídos por la invocación.

Canalización del Canto Espectral:

Reproduce la música inquietante y etérea de fondo para mejorar la atmósfera e invitar a la energía espectral.

Siéntate en silencio ante el altar y cierra los ojos. Permítete sintonizar con las melodías de los espectros. Presta atención a cualquier sonido sutil, susurro o impresión que surja.

Use el frasco de aceite esencial para ungir sus sienes o muñecas si es necesario, para mejorar la concentración y la conexión.

Recepción de mensajes:

Cuando sientas la presencia de los espectros o escuches sus melodías, toma la pluma y el pergamino. Anota cualquier mensaje, símbolo o información que recibas.

Los espectros pueden comunicarse a través de melodías, sensaciones o impresiones directas. Estar atento y abierto a diversas formas de comunicación.

Interpretación e integración:

Revise los mensajes o las percepciones registradas en el pergamino. Reflexione sobre su significado y cómo se relacionan con su situación actual o sus preguntas.

Considera cómo puedes integrar la guía de los espectros en tu vida. Esto puede implicar hacer cambios, buscar una mayor comprensión o tomar acciones específicas.

Cerrando el Ritual:

Agradece a los espectros por su presencia y guía. Decir:

"Espectros de la noche, doy gracias,

Por tu canto y tu guía".

Vuelve a tocar la campana o el carillón para señalar el final del ritual y despedirse de los espectros.

Apaga la vela índigo o violeta profunda, visualizando a los espectros regresando a su reino.

Puesta a tierra y limpieza:

Conéctate tocando la tierra o visualizando las raíces que se extienden desde tu cuerpo hasta el suelo. Esto te ayuda a volver a tu estado normal de conciencia.

Limpia el espacio con unas gotas de agua lunar si es necesario para eliminar las energías residuales.

Seguimento:

Reflexiona sobre las entradas de tu diario y considera cualquier acción o cambio sugerido por los espectros.

Practica el cuidado personal para equilibrar cualquier experiencia emocional o espiritual intensa que puedas haber encontrado durante el ritual.

Considera la posibilidad de conservar el cristal o amuleto como talismán para ayudar en el futuro trabajo espiritual y mantener la conexión con los espectros.

Mantenimiento de la conexión:

Vuelve a visitar periódicamente el espacio ritual o realiza prácticas relacionadas para mantener activa la conexión con los espectros. Esto podría implicar meditar sobre las melodías o encender una vela en su honor.

Notas:

Acércate al ritual con respeto y una mente abierta. Los espectros pueden tener diferentes formas de comunicarse, por lo que permanecen receptivos a mensajes sutiles o poco convencionales.

Si te sientes incómodo o abrumado, usa el agua de la luna para purificarte o tómate un descanso para conectarte a tierra antes de continuar.

Siguiendo estos pasos, puedes invocar y canalizar eficazmente las melodías etéreas de los espectros, obteniendo información y orientación a través de sus inquietantes canciones.

Velo de sombras de Endor

Propósito:
Para crear un manto de sombras que proporciona ocultación, protección u oscurece la presencia de uno. Este hechizo forma una barrera mística de oscuridad, lo que te permite pasar desapercibido o protegerte de las influencias externas.

Ingredientes:

Un manto o tela de color negro o púrpura oscuro: para simbolizar el velo de sombras y proporcionar una representación física de la protección.

Una vela oscura (negra o violeta profunda): representa la fuente de las energías de la sombra y la formación del velo.

Un pequeño cuenco de sal – Para la purificación y para unir las energías de la sombra.

Un pedazo de obsidiana u ónix – Para enraizar y mejorar el trabajo de sombras.

Un puñado de hierbas secas (por ejemplo, artemisa, salvia o lavanda): por sus propiedades protectoras y purificantes.

Un espejo o superficie reflectante: para ayudar a enfocar y canalizar las energías de la sombra.

Una varita o espada ritual – Para dirigir y dar forma a las energías de la sombra.

Un pequeño frasco de aceite esencial (por ejemplo, sándalo o pimienta negra): para mejorar la conexión con el reino de las sombras.

Conjuro:
"Velo de sombras, oscuro y profundo,
Por el poder de Endor, oculta y guarda.
Envuélveme en tu pliegue oculto,
A salvo de la vista y oscuramente audaz.
Por la gracia de la sombra, este velo que lanzo,
Guarda mi presencia, protégeme fuerte".

Rendimiento:

Preparación:

Elija un espacio tranquilo y tranquilo donde pueda trabajar con interrupciones mínimas. Este ritual se realiza mejor durante la tarde o la noche, cuando las sombras son más pronunciadas.

Comience por preparar el área. Enciende la vela oscura para representar la fuente de las energías de la sombra y crear un ambiente místico.

Configurando el espacio:

Extiende la capa o tela negra o morada en tu espacio de trabajo o colócala sobre una silla. Esta tela simbolizará el velo que estás creando.

Coloque el cuenco de sal en el altar o cerca. La sal se utilizará para purificar y unir las energías de la sombra.

Coloca la pieza de obsidiana u ónix cerca de la vela para conectar a tierra y mejorar el trabajo de sombras.

Creando el Velo:

Enciende la vela oscura y concéntrate en su llama. Visualiza la llama creciendo y extendiendo sombras a su alrededor, formando un velo protector y encubridor.

Espolvorea una pequeña cantidad de sal alrededor de la vela y sobre la capa o tela para purificar el espacio y unir las energías de la sombra.

Canalización de las sombras:

Usa la varita o la espada ritual para dirigir las energías de la sombra. Agita la varita alrededor de la capa o tela, visualizando las sombras formando un denso velo protector.

Recita el Conjuro mientras trabajas:

"Velo de sombras, oscuro y profundo, por el poder de Endor, oculta y guarda".

Imagina las sombras envolviéndote a ti o al objeto que estás protegiendo, formando una capa gruesa e impenetrable.

Realzando el Velo:

Toma el pequeño frasco de aceite esencial y unge los bordes o esquinas de la capa o tela. Esto mejora la conexión con el reino de las sombras y refuerza la protección.

Utilice el espejo o la superficie reflectante para reflejar y enfocar las energías de la sombra. Sujétalo cerca de la tela y visualiza las sombras cada vez más definidas y poderosas.

Finalizando el Velo:

Una vez que sientas que el velo está completo y las sombras son lo suficientemente gruesas, dobla o cubre suavemente la capa según sea necesario.

Si vas a usar el velo en ti misma, envuelve la tela alrededor de ti, visualizando las sombras que te envuelven y ocultan por completo.

Sellando el ritual:

Apaga la vela oscura, visualizando que el velo se solidifica y las sombras se convierten en un escudo permanente.

Tómate un momento para conectarte a tierra. Es posible que desees tocar la tierra o realizar un ejercicio de conexión a tierra para estabilizar tu energía después del ritual.

Despejando el espacio:

Reúna las hierbas restantes y utilícelas para despejar el espacio quemándolas en un recipiente seguro o esparciéndolas por el área del ritual. Esto ayuda a finalizar y sellar las energías de la sombra.

Seguimiento:

Si has usado el velo sobre ti mismo, ten en cuenta la sensación y la energía de las sombras. Tome nota de cómo se siente la protección y de cualquier cambio en su presencia o percepción.

Reflexione sobre la efectividad del velo y considere los ajustes necesarios para su uso futuro.

Mantén el trozo de obsidiana u ónix cerca como talismán para mejorar tu conexión con las sombras y mantener la protección.

Mantener el velo:

Para mantener la efectividad del velo, refuércelo periódicamente repitiendo el ritual o realizando un trabajo de sombra relacionado.

Asegúrate de guardar la capa o la tela en un lugar seguro y respetado, ya que representa tu mortaja protectora.

Notas:

Aborda siempre el trabajo en la sombra con respeto y una intención clara. El velo debe usarse con atención y cuidado para garantizar su efectividad y su seguridad.

Si experimentas alguna molestia o sensaciones inusuales, retira el velo y realiza un ejercicio de conexión a tierra para despejar cualquier energía persistente.

Siguiendo estos pasos, puedes crear con éxito el Velo de las Sombras de Endor, que te proporciona un sudario protector y ocultador para diversos fines.

La invocación del Sabio al inframundo

Propósito:
Invocar las energías del inframundo para obtener orientación, comprensión o transformación. Este hechizo tiene como objetivo conectar con la profunda sabiduría y el poder del inframundo para facilitar un profundo trabajo personal o espiritual.

Ingredientes:

Un mantel de altar azul oscuro o profundo: para crear un espacio sagrado que simbolice el inframundo.

Una vela negra – Representa las energías del inframundo y la oscuridad de la que emerge la sabiduría.

Un cuenco de sal negra: para protección, purificación y para anclar las energías del inframundo.

Un pedazo de obsidiana o hematita: para ayudar a conectarse con las energías del inframundo.

Hierbas secas (por ejemplo, ruda, ajenjo o mirra): para mejorar la invocación y la purificación.

Un pequeño caldero o plato ignífugo – Para quemar las hierbas y liberar sus energías.

Una copa de vino negro o jugo de uva: como ofrenda o para simbolizar la profundidad y el misterio del inframundo.

Un espíritu o representación ancestral (por ejemplo, una pequeña estatua o imagen): para honrar y conectarse con las entidades del inframundo.

Un pergamino y un bolígrafo: para registrar cualquier mensaje o información recibida durante la invocación.

Conjuro:

"Desde las profundidades donde habitan las sombras,
Invoco el hechizo del inframundo.
Por el poder del sabio y las tinieblas profundas,
Guíame a través de los secretos que guardas.
A través de los velos de la noche y los reinos invisibles,
Revela la verdad, la oscuridad serena".

Rendimiento:

Preparación:

Elige un espacio tranquilo y tranquilo para el ritual. Este hechizo se realiza mejor durante el crepúsculo o la noche, cuando las energías del inframundo son más potentes.

Ponte ropa cómoda y prepárate mentalmente para un trabajo profundo e introspectivo.

Colocación del altar:

Coloca el mantel de altar azul oscuro o profundo en tu espacio de trabajo para simbolizar el inframundo y crear un espacio sagrado.

Coloca la vela negra en el centro del altar y enciéndela. Esta vela representa las energías oscuras que estás invocando.

Coloca el cuenco de sal negra en el altar para anclar y purificar las energías.

Coloque la pieza de obsidiana o hematita cerca de la vela para conectarse a tierra y conectarse con el inframundo.

Preparación de la invocación:

Enciende el caldero pequeño o el plato ignífugo y agrega las hierbas secas. Deja que las hierbas ardan y liberen sus energías, creando una atmósfera ahumada.

Sostén la copa de vino oscuro o jugo de uva y visualízala como una ofrenda al inframundo, representando la profundidad y el misterio de las energías que estás invocando.

Invocando el inframundo:

Concéntrate en la vela negra y recita el Conjuro en voz alta:

"Desde las profundidades donde habitan las sombras, invoco el hechizo del inframundo".

Visualiza las energías del inframundo surgiendo de las sombras y fusionándose con la llama de la vela. Míralos creando una presencia poderosa y mística en tu espacio.

Recepción de perspectivas:

Contempla la llama de la vela o el humo de las hierbas, permitiendo que tu mente se abra a los mensajes o percepciones del inframundo.

Usa el pergamino y el bolígrafo para anotar cualquier pensamiento, visión o mensaje que recibas. Esté atento a los símbolos, sensaciones o emociones que surjan.

Interpretación de los mensajes:

Revisa los mensajes o estadísticas que has grabado. Reflexione sobre su significado y cómo se relacionan con sus preguntas o necesidades actuales.

Considera cómo puedes integrar esta sabiduría en tu vida o práctica espiritual.

Ofrenda y cierre:

Vierta una pequeña cantidad de vino oscuro o jugo de uva en el suelo o en un tazón de ofrenda designado como un gesto de respeto y gratitud a las entidades del inframundo.

Apaga la vela negra, visualizando las energías volviendo al inframundo y el espacio volviendo a la normalidad.

Limpieza y puesta a tierra:

Conéctate tocando la tierra o visualizando las raíces que se extienden desde tu cuerpo hasta el suelo. Esto te ayuda a volver a tu estado normal de conciencia.

Limpia el espacio esparciendo la sal negra restante o difuminando suavemente el humo de la hierba restante.

Seguimiento:

Reflexiona sobre las percepciones y los mensajes que recibiste. Considera cómo pueden guiarte en tu viaje personal o espiritual.

Realiza un ejercicio de conexión a tierra si es necesario para estabilizar tu energía y eliminar cualquier efecto persistente del ritual.

Mantenimiento de la conexión:

Para honrar las energías del inframundo y mantener la conexión, considera realizar rituales o meditaciones relacionadas periódicamente.

Mantenga la pieza de obsidiana o hematita como talismán para una conexión y conexión a tierra continuas.

Notas:

Aborda el ritual con respeto y una intención clara. El inframundo es un reino de energías profundas y debe abordarse con atención plena.

Si experimentas molestias o emociones intensas, tómate un descanso y realiza un ejercicio de conexión a tierra para estabilizar tu energía.

Abrazo necrótico de Endor

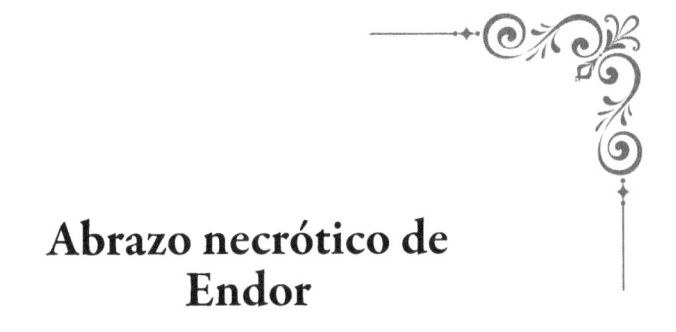

Propósito:
Invocar las energías de la muerte y la transformación para un cambio profundo, protección o liberación. Este hechizo canaliza el poder necrótico para abrazar y transmutar energías, facilitando una profunda transformación personal o espiritual.

Ingredientes:

Un mantel de altar negro: para simbolizar el reino necrótico y crear un espacio sagrado.

Una vela negra – Representa la energía necrótica y el poder transformador de la muerte.

Un pedazo de obsidiana o turmalina negra: para conectar a tierra y absorber energías negativas.

Un cuenco de tierra de cementerio – Simboliza la conexión con el reino de los muertos y la transformación.

Una ramita de endrino seco o saúco: por sus asociaciones con la muerte y la protección.

Un pequeño caldero o plato ignífugo – Para quemar las hierbas y liberar sus energías.

Un frasco de aceite esencial (por ejemplo, pachulí o mirra) – Para mejorar el ritual y ayudar en conexión con las energías necróticas.

Una representación de la persona fallecida o un símbolo de transformación, como una fotografía, una estatua o un artículo personal.

Un pergamino y un bolígrafo: para registrar cualquier mensaje o información recibida durante el ritual.

Conjuro:

"El abrazo de la oscuridad, el poder de Endor,
De las sombras profundas, a los reinos de la noche.
Por la fuerza necrótica y el abrazo de la muerte,
Transfórmate y limpia, en la gracia de las sombras.
A través de los velos de la noche y el dominio de la muerte,
Guía este espíritu a través del cambio y el dolor".

Rendimiento:

Preparación:

Elige un espacio tranquilo y tranquilo para el ritual. Este hechizo se realiza mejor durante la noche o bajo una luna oscura, cuando las energías necróticas son más fuertes.

Empieza por prepararte a ti mismo y a tu espacio. Enciende la vela negra para simbolizar el poder necrótico que estás invocando.

Colocación del altar:

Coloca el mantel negro del altar en tu espacio de trabajo para crear un espacio sagrado y sombreado.

Coloca la vela negra en el centro del altar y enciéndela. Visualiza la llama representando el poder transformador de la muerte.

Coloque el trozo de obsidiana o turmalina negra cerca de la vela para conectarlo a tierra y protegerlo.

Coloca el cuenco de tierra del cementerio sobre el altar. Esto simboliza la conexión con el reino de los muertos y el proceso de transformación.

Preparación de la invocación:

Enciende el caldero pequeño o plato ignífugo y agrega el endrino seco o el saúco. Deja que las hierbas se quemen, liberando sus energías y creando una atmósfera ahumada.

Toma el frasco de aceite esencial y unge la vela, tus muñecas o cualquier elemento relevante para mejorar la efectividad del ritual.

Realización del abrazo:

Mira fijamente la vela negra y recita el Conjuro en voz alta:

"El abrazo de la oscuridad, el poder de Endor, desde las sombras profundas, hasta los reinos de la noche".

Visualiza las energías necróticas que te envuelven a ti o al objeto de tu enfoque, abrazando y transmutando su esencia.

Canalización del poder necrótico:

Enfócate en la representación del difunto o símbolo de transformación. Visualiza las energías necróticas interactuando con este símbolo, facilitando un cambio profundo o una liberación.

Utiliza el trozo de obsidiana o turmalina negra para absorber y conectar a tierra cualquier energía negativa o intensa que pueda surgir durante el ritual.

Recepción de perspectivas:

Siéntate en silencio y permítete ser receptivo a cualquier mensaje, visión o sentimiento que surja. Las energías necróticas pueden proporcionar percepciones u orientación a través de símbolos, sensaciones o emociones.

Utilice el pergamino y el bolígrafo para registrar los mensajes o las ideas recibidas. Reflexiona sobre su significado y cómo se relacionan con tu situación actual o tus intenciones.

Cerrando el Ritual:

Agradece a las energías necróticas y a Endor por su presencia y guía. Decir:

"Endor, te doy gracias por tu abrazo,
Por la transformación y la gracia de las sombras".

Apaga la vela negra, visualizando que las energías necróticas se alejan y el espacio vuelve a su estado normal.

Puesta a tierra y limpieza:

Conéctate a tierra tocando la tierra o realizando un ejercicio de conexión a tierra para estabilizar tu energía.

Limpia el espacio esparciendo la suciedad restante del cementerio o usando el humo de hierba restante para despejar las energías persistentes.

Seguimiento:

Reflexiona sobre la transformación o las percepciones que experimentaste durante el ritual. Considera cómo puedes integrar estos cambios en tu vida.

Realiza un ejercicio de conexión a tierra si es necesario para estabilizar tu energía y eliminar cualquier efecto residual del ritual.

Mantenimiento de la conexión:

Para honrar las energías necróticas y mantener la conexión, considera realizar rituales o meditaciones relacionadas periódicamente.

Guarde el trozo de obsidiana o turmalina negra como talismán para protegerlo y fundamentarlo en futuros trabajos.

Notas:

Acércate al ritual con respeto y con una intención clara. Las energías necróticas son poderosas y deben manejarse con atención y cuidado.

Si experimentas molestias o emociones intensas, tómate un descanso y realiza un ejercicio de conexión a tierra para estabilizar tu energía.

Grito del mensajero fantasmal

Propósito:
Invocar a un espíritu o fantasma y establecer comunicación para recibir mensajes, orientación o percepciones del otro lado.

Ingredientes:

Un mantel de altar blanco o plateado: simboliza la pureza de la intención y la conexión entre los mundos.

Una vela negra: representa la puerta de entrada al reino espiritual y la oscuridad de la que emergen los espíritus.

Una campana de plata o vidrio: para invocar al espíritu y señalar el comienzo y el final del ritual.

Un cuenco de sal – Para la purificación y protección durante la comunicación.

Un pequeño trozo de ónix blanco o negro: para establecer y mejorar la comunicación con el reino espiritual.

Una representación de un espíritu o fantasma (por ejemplo, una fotografía, una baratija o un nombre): para enfocar la comunicación en un espíritu o fantasma específico.

Una taza de agua clara o té: para ofrecer como muestra de respeto y para simbolizar la fluidez de la comunicación.

Un bolígrafo y un pergamino: para registrar los mensajes o las ideas recibidas.

Un pequeño plato de incienso (por ejemplo, incienso o mirra): para crear una atmósfera sagrada e invitar a la presencia espiritual.

Conjuro:
"Por el velo de la sombra y el grito espectral,
Convoco a los espíritus cercanos.
Mensajero fantasmal, escucha mi súplica,
Di tus palabras y ven a mí.
A la luz de las velas y al suave tañido de las campanas,
Guíame con las verdades que traes".

Rendimiento:

Preparación:

Elige un espacio tranquilo y tranquilo para el ritual. Este hechizo se realiza mejor durante la tarde o la noche, cuando el velo entre los mundos es delgado.

Empieza por preparar tu espacio. Enciende la vela negra para simbolizar la puerta de entrada al reino de los espíritus.

Colocación del altar:

Coloca el mantel blanco o plateado del altar en tu espacio de trabajo para crear un espacio sagrado y puro.

Coloca la vela negra en el centro del altar y enciéndela. Visualiza la llama abriendo una puerta de entrada al reino de los espíritus.

Coloca el cuenco de sal sobre el altar para purificación y protección. Espolvorea una pequeña cantidad alrededor de la vela o sobre el altar si es necesario.

Coloca la campana de plata o de vidrio cerca de la vela. Esto se usará para invocar al espíritu y marcar el comienzo y el final del ritual.

Coloque el pequeño trozo de ónix blanco o negro en el altar para ayudar a conectar a tierra y mejorar la comunicación.

Preparación de la invocación:

Enciende el incienso y deja que el humo llene el espacio, creando una atmósfera sagrada e invitando a la presencia del espíritu.

Sostenga la taza de agua clara o té como una ofrenda al espíritu. Visualízalo como una muestra de respeto y un medio de comunicación.

Invocando al Espíritu:

Toca la campana de plata o de cristal tres veces para invocar al espíritu o al fantasma. Concéntrese en el sonido y su capacidad para cerrar la brecha entre reinos.

Recita el Conjuro en voz alta:

"Por el velo de la sombra y el grito espectral, convoco a los espíritus cercanos".

Visualiza al espíritu o fantasma con el que deseas comunicarte acercándose a través de la luz de las velas y el humo del incienso.

Canalización de la comunicación:

Contempla la llama de la vela negra o el humo del incienso, permítete estar abierto a cualquier mensaje o impresión del espíritu.

Use el bolígrafo y el pergamino para registrar cualquier mensaje, símbolo o sentimiento que surja. Esté atento a las sensaciones o emociones sutiles.

Recepción de mensajes:

Concéntrese en la presencia del espíritu y escuche cualquier comunicación, ya sea a través de palabras, símbolos o impresiones intuitivas.

Anota todos los mensajes o percepciones recibidos. El espíritu puede comunicarse de maneras inesperadas, así que mantente abierto a diferentes formas de interacción.

Cerrando el Ritual:

Agradece al espíritu o al fantasma por su presencia y comunicación. Decir:

"Gracias, espíritu, por tu guía,

Por tus palabras y tu presencia".

Vuelve a tocar la campana de plata o de cristal para señalar el final del ritual y despedirse del espíritu.

Limpieza y puesta a tierra:

Apaga la vela negra, visualizando que la puerta se cierra y el espíritu regresa a su reino.

Conéctate a tierra tocando la tierra o realizando un ejercicio de conexión a tierra para estabilizar tu energía.

Limpia el espacio dispersando el humo restante del incienso o usando una pequeña cantidad de sal para purificar el área.

Seguimiento:

Reflexiona sobre los mensajes y las percepciones que recibiste durante el ritual. Considera cómo se pueden aplicar a tu vida o práctica espiritual.

Realice un ejercicio de conexión a tierra si es necesario para eliminar cualquier efecto o energía persistente del ritual.

Mantenimiento de la conexión:

Para honrar el espíritu y mantener una conexión, considera la posibilidad de realizar rituales o meditaciones relacionadas periódicamente.

Mantenga el pequeño trozo de ónix blanco o negro como talismán para ayudar en la comunicación y conexión con el reino espiritual.

Notas:

Acércate al ritual con respeto y con una intención clara. Los espíritus y los fantasmas deben ser tratados con cuidado y reverencia.

Si se siente incómodo o abrumado, use la sal para purificar y enraizar, o tómese un descanso antes de continuar.

Siguiendo estos pasos, puede realizar de manera efectiva el Grito del mensajero fantasmal, creando un canal para la comunicación con el reino espiritual y recibiendo valiosos mensajes y orientación.

Invoca la Sombra Ancestral

Propósito:
Llamar al espíritu de un antepasado o a un espíritu ancestral estimado para buscar guía, sabiduría o conexión. Este hechizo tiene como objetivo crear un puente entre tú y el reino ancestral.

Ingredientes:

Un mantel de altar ancestral (blanco o azul profundo) – Para crear un espacio sagrado y honrar a los espíritus ancestrales.

Una vela blanca – Representa la pureza de la intención y la luz de la guía ancestral.

Un pequeño cuenco de agua: simboliza la conexión fluida entre los mundos y sirve como ofrenda.

Una fotografía o un objeto personal del antepasado: para enfocar la conexión en un espíritu ancestral específico.

Una pieza de cuarzo transparente o amatista: para mejorar la conexión espiritual y la comunicación.

Un cuenco de sal – Para la purificación y protección durante el ritual.

Hierbas secas (por ejemplo, salvia, romero o lavanda): por sus propiedades limpiadoras y de conexión.

Un bolígrafo y un pergamino: para registrar los mensajes o las ideas recibidas.

Una pequeña ofrenda (por ejemplo, una comida o bebida favorita del antepasado): para mostrar respeto y honrar el espíritu ancestral.

Conjuro:

"Por la luz ancestral y la sabiduría profunda,
Llamo a los espíritus que guardan.
Sombra ancestral, ven y guía,
Con tu sabiduría, quédate a mi lado.
A través del velo del tiempo y el espacio,
Saca a relucir tu conocimiento y tu gracia".

Rendimiento:

Preparación:

Elige un espacio tranquilo y tranquilo para el ritual. Este hechizo se realiza mejor durante el crepúsculo, el amanecer o la luna llena, cuando el velo entre los reinos es delgado.

Prepárate a ti mismo y a tu espacio. Enciende la vela blanca para simbolizar la luz y la presencia de los espíritus ancestrales.

Colocación del altar:

Coloca el mantel del altar ancestral en tu espacio de trabajo para crear un espacio sagrado dedicado a los espíritus ancestrales.

Coloca la vela blanca en el centro del altar y enciéndela, enfocándote en la llama como faro de la sombra ancestral.

Coloca el cuenco de agua en el altar como ofrenda y símbolo de la conexión entre los mundos.

Coloca la fotografía o el objeto personal del ancestro en el altar para enfocar la conexión en el espíritu específico que deseas convocar.

Coloca la pieza de cuarzo transparente o amatista cerca de la vela para mejorar la comunicación espiritual.

Preparación de la invocación:

Enciende las hierbas secas y déjalas arder en un plato ignífugo, creando un humo limpiador y acogedor.

Sostenga el cuenco de sal y espolvoree una pequeña cantidad alrededor del altar para purificar el espacio y proteger el ritual.

Invocando la Sombra Ancestral:

Mira fijamente la vela blanca y recita el Conjuro en voz alta:

"Por la luz ancestral y la sabiduría profunda, llamo a los espíritus que guardan".

Visualiza la sombra ancestral acercándose a través de la luz de las velas y el humo de las hierbas.

Canalización de la comunicación:

Concéntrese en la fotografía o el artículo personal del antepasado. Visualiza al espíritu saliendo y estableciendo una presencia en tu espacio.

Utiliza la pieza de cuarzo transparente o amatista para potenciar la conexión y facilitar la comunicación con la sombra ancestral.

Recepción de mensajes:

Siéntate en silencio y ábrete a cualquier mensaje o impresión de la sombra ancestral. Presta atención a cualquier símbolo, sentimiento o percepción intuitiva.

Utilice el bolígrafo y el pergamino para anotar los mensajes, símbolos u orientación recibidos. Esté atento tanto a la comunicación directa como a las señales sutiles.

Ofrenda y cierre del ritual:

Presente la pequeña ofrenda (como una comida o bebida favorita del antepasado) como un gesto de respeto y gratitud. Colócalo cerca de la fotografía o del objeto personal.

Agradece a la sombra ancestral por su presencia y guía. Decir:

"Gracias, sombra ancestral, por tu sabiduría y luz. Su orientación es profundamente apreciada".

Apaga la vela blanca, visualizando que el espíritu regresa al reino ancestral y el espacio vuelve a la normalidad.

Limpieza y puesta a tierra:

Conéctate a tierra tocando la tierra o realizando un ejercicio de conexión a tierra para estabilizar tu energía.

Limpia el espacio dispersando el humo restante de la hierba o usando una pequeña cantidad de sal para purificar el área.

Seguimiento:

Reflexiona sobre los mensajes y las percepciones que recibiste durante el ritual. Considera cómo puedes integrar esta sabiduría en tu vida.

Realice un ejercicio de conexión a tierra si es necesario para eliminar cualquier efecto o energía persistente del ritual.

Mantenimiento de la conexión:

Para honrar el tono ancestral y mantener la conexión, considera realizar rituales o meditaciones relacionadas periódicamente.

Mantenga la pieza de cuarzo transparente o amatista como talismán para una conexión y comunicación continuas con el reino ancestral.

Notas:

Acércate al ritual con respeto y con una intención clara. Los espíritus ancestrales deben ser tratados con reverencia y cuidado.

Si se siente incómodo o abrumado, use la sal para purificar y enraizar, o tómese un descanso antes de continuar.

Caldero de adivinación de Endor

Propósito:
Llamar al espíritu de un antepasado o a un espíritu ancestral estimado para buscar guía, sabiduría o conexión. Este hechizo tiene como objetivo crear un puente entre tú y el reino ancestral.

Ingredientes:

Un mantel de altar ancestral (blanco o azul profundo) – Para crear un espacio sagrado y honrar a los espíritus ancestrales.

Una vela blanca – Representa la pureza de la intención y la luz de la guía ancestral.

Un pequeño cuenco de agua: simboliza la conexión fluida entre los mundos y sirve como ofrenda.

Una fotografía o un objeto personal del antepasado: para enfocar la conexión en un espíritu ancestral específico.

Una pieza de cuarzo transparente o amatista: para mejorar la conexión espiritual y la comunicación.

Un cuenco de sal – Para la purificación y protección durante el ritual.

Hierbas secas (por ejemplo, salvia, romero o lavanda): por sus propiedades limpiadoras y de conexión.

Un bolígrafo y un pergamino: para registrar los mensajes o las ideas recibidas.

Una pequeña ofrenda (por ejemplo, una comida o bebida favorita del antepasado): para mostrar respeto y honrar el espíritu ancestral.

Conjuro:
"Por la luz ancestral y la sabiduría profunda,
Llamo a los espíritus que guardan.
Sombra ancestral, ven y guía,
Con tu sabiduría, quédate a mi lado.
A través del velo del tiempo y el espacio,
Saca a relucir tu conocimiento y tu gracia".

Rendimiento:

Preparación:

Elige un espacio tranquilo y tranquilo para el ritual. Este hechizo se realiza mejor durante el crepúsculo, el amanecer o la luna llena, cuando el velo entre los reinos es delgado.

Prepárate a ti mismo y a tu espacio. Enciende la vela blanca para simbolizar la luz y la presencia de los espíritus ancestrales.

Colocación del altar:

Coloca el mantel del altar ancestral en tu espacio de trabajo para crear un espacio sagrado dedicado a los espíritus ancestrales.

Coloca la vela blanca en el centro del altar y enciéndela, enfocándote en la llama como faro de la sombra ancestral.

Coloca el cuenco de agua en el altar como ofrenda y símbolo de la conexión entre los mundos.

Coloca la fotografía o el objeto personal del ancestro en el altar para enfocar la conexión en el espíritu específico que deseas convocar.

Coloca la pieza de cuarzo transparente o amatista cerca de la vela para mejorar la comunicación espiritual.

Preparación de la invocación:

Enciende las hierbas secas y déjalas arder en un plato ignífugo, creando un humo limpiador y acogedor.

Sostenga el cuenco de sal y espolvoree una pequeña cantidad alrededor del altar para purificar el espacio y proteger el ritual.

Invocando la Sombra Ancestral:

Mira fijamente la vela blanca y recita el Conjuro en voz alta:

"Por la luz ancestral y la sabiduría profunda, llamo a los espíritus que guardan".

Visualiza la sombra ancestral acercándose a través de la luz de las velas y el humo de las hierbas.

Canalización de la comunicación:

Concéntrese en la fotografía o el artículo personal del antepasado. Visualiza al espíritu saliendo y estableciendo una presencia en tu espacio.

Utiliza la pieza de cuarzo transparente o amatista para potenciar la conexión y facilitar la comunicación con la sombra ancestral.

Recepción de mensajes:

Siéntate en silencio y ábrete a cualquier mensaje o impresión de la sombra ancestral. Presta atención a cualquier símbolo, sentimiento o percepción intuitiva.

Utilice el bolígrafo y el pergamino para anotar los mensajes, símbolos u orientación recibidos. Esté atento tanto a la comunicación directa como a las señales sutiles.

Ofrenda y cierre del ritual:

Presente la pequeña ofrenda (como una comida o bebida favorita del antepasado) como un gesto de respeto y gratitud. Colócalo cerca de la fotografía o del objeto personal.

Agradece a la sombra ancestral por su presencia y guía. Decir:

"Gracias, sombra ancestral, por tu sabiduría y luz. Su orientación es profundamente apreciada".

Apaga la vela blanca, visualizando que el espíritu regresa al reino ancestral y el espacio vuelve a la normalidad.

Limpieza y puesta a tierra:

Conéctate a tierra tocando la tierra o realizando un ejercicio de conexión a tierra para estabilizar tu energía.

Limpia el espacio dispersando el humo restante de la hierba o usando una pequeña cantidad de sal para purificar el área.

Seguimiento:

Reflexiona sobre los mensajes y las percepciones que recibiste durante el ritual. Considera cómo puedes integrar esta sabiduría en tu vida.

Realice un ejercicio de conexión a tierra si es necesario para eliminar cualquier efecto o energía persistente del ritual.

Mantenimiento de la conexión:

Para honrar el tono ancestral y mantener la conexión, considera realizar rituales o meditaciones relacionadas periódicamente.

Mantenga la pieza de cuarzo transparente o amatista como talismán para una conexión y comunicación continuas con el reino ancestral.

Notas:

Acércate al ritual con respeto y con una intención clara. Los espíritus ancestrales deben ser tratados con reverencia y cuidado.

Si se siente incómodo o abrumado, use la sal para purificar y enraizar, o tómese un descanso antes de continuar.

Al seguir estos pasos, puedes realizar de manera efectiva Invocar la Sombra Ancestral, creando una conexión significativa con el reino ancestral y recibiendo valiosa orientación y sabiduría.

Cadenas de enlace espectral

Propósito:
Para atar o contener a un espíritu o entidad espectral, ya sea para protegerse, para evitar que cause daño o para controlar sus acciones. Este hechizo crea una cadena simbólica o energética para restringir el movimiento o la influencia del espíritu.

Ingredientes:

Un mantel de altar negro o morado oscuro: para representar el reino de los espíritus y crear un espacio sagrado.

Una vela negra: simboliza la contención y restricción de la entidad espectral.

Un pequeño cuenco de sal – Para la purificación y protección durante la encuadernación.

Una cadena o trozo de hilo negro: representa la atadura o contención del espíritu.

Una pieza de hierro o acero: para realzar la unión y agregar fuerza al ritual.

Una fotografía o representación del espíritu: para enfocar la encuadernación en una entidad específica.

Un pequeño caldero o plato ignífugo – Para quemar las hierbas y liberar sus energías.

Hierbas secas: para mejorar el proceso de unión y purificación.

Un bolígrafo y un pergamino: para registrar la intención o cualquier mensaje recibido durante el ritual.

Conjuro:
"Cadenas de tinieblas, que atan fuertemente,
Contiene el espíritu en su vuelo.
Por la fuerza del hierro y el velo de la sombra,
Ato el espectro, sello su rastro.
Por la llama de la vela y el puro poder de la sal,
Sostén el espíritu en su noche".
Rendimiento:
Preparación:
Elige un espacio tranquilo y tranquilo para el ritual. Este hechizo se realiza mejor durante la noche o en un momento en el que puedas concentrarte sin interrupciones.

Prepara tu espacio colocando el mantel de altar negro o morado oscuro para crear un ambiente sagrado y protector.

Colocación del altar:
Coloca la vela negra en el centro del altar y enciéndela. Esto representa la energía de contención y restricción.

Coloca el cuenco de sal en el altar para simbolizar la purificación y la protección.

Extiende la cadena o el trozo de hilo negro cerca de la vela, simbolizando la atadura del espíritu.

Coloque la pieza de hierro o acero en el altar para realzar la resistencia de la encuadernación.

Coloque la fotografía o representación del espíritu en el altar para enfocar la encuadernación en la entidad específica.

Prepara el caldero o plato ignífugo con las hierbas secas para quemar.

Preparación de la invocación:
Enciende las hierbas secas en el caldero o plato ignífugo, permitiendo que el humo llene el espacio. Esto crea una atmósfera protectora y vinculante.

Espolvorea una pequeña cantidad de sal alrededor del altar para purificar el área y protegerlo contra cualquier energía residual.

Realización del enlace:

Mira la llama de la vela negra y recita el Conjuro en voz alta:

"Las cadenas de las tinieblas, atadas fuertemente, contienen al espíritu en su vuelo".

Visualiza la cadena o el hilo negro envolviendo el espíritu, atándolo y restringiendo su movimiento. Imagínese el hierro o el acero agregando fuerza a la encuadernación.

Enfoque de la encuadernación:

Sostenga la pieza de hierro o acero y concéntrese en su energía que mejora la fijación. Visualízalo reforzando la cadena o hilo y solidificando la contención.

Coloque la fotografía o representación del espíritu debajo o cerca de la cadena o hilo, simbolizando el enfoque directo de la encuadernación en la entidad específica.

Grabación y finalización:

Usa el bolígrafo y el pergamino para registrar tus intenciones o cualquier mensaje que surja durante el ritual. Anota cualquier idea u observación sobre el estado del espíritu o la eficacia de la atadura.

Permita que el humo de la hierba se disperse naturalmente, visualizando que la unión se vuelve más fuerte y segura.

Cerrando el Ritual:

Agradece a las energías y entidades involucradas en la vinculación. Decir:

"Gracias por su ayuda en este enlace. El espíritu está contenido y su influencia controlada".

Apague la vela negra, visualizando que la atadura se completa y el espíritu está contenido de manera segura.

Limpieza y puesta a tierra:

Conéctate a tierra tocando la tierra o realizando un ejercicio de conexión a tierra para estabilizar tu energía después del ritual.

Limpie el espacio dispersando cualquier resto de humo de hierba o usando una pequeña cantidad de sal si es necesario para purificar el área.

Seguimiento:

Supervise el comportamiento del espíritu o entidad y asegúrese de que la atadura se mantenga de manera efectiva. Si es necesario, realice rituales de seguimiento para reforzar la unión.

Reflexiona sobre la efectividad del hechizo y cualquier mensaje o percepción recibida durante el ritual.

Mantenimiento del enlace:

Para mantener el vínculo, considere la posibilidad de realizar rituales relacionados o controles periódicos para asegurarse de que el espíritu permanezca contenido.

Guarde la pieza de hierro o acero y la cadena o hilo como símbolos de la atadura y protección.

Notas:

Acércate al ritual con respeto y con una intención clara. Atar a un espíritu debe hacerse con cuidado y respeto por la naturaleza del espíritu.

Si se siente incómodo o abrumado, use la sal para purificar y enraizar, o tómese un descanso antes de continuar.

Renacimiento del fantasma

Propósito:
Para invocar y despertar a una entidad retornada o espectral, otorgándole una vitalidad o un propósito renovados. Este hechizo tiene como objetivo ayudar al retornado a encontrar su camino, cumplir sus deseos o lograr un estado de descanso.

Ingredientes:

Un mantel de altar de color púrpura oscuro o negro: para simbolizar la naturaleza misteriosa y transformadora del retornado.

Una vela negra: representa la energía del renacido y el proceso de despertar.

Un cuenco de tierra de cementerio – Simboliza la conexión del retornado con el mundo físico y su pasado.

Una vela roja: simboliza la vitalidad y la energía renovadas para el renacido.

Un pedazo de piedra de sangre o granate: para mejorar la energía y la vitalidad del retornado.

Un pequeño plato de incienso (por ejemplo, sándalo o sangre de dragón): para crear un espacio sagrado y facilitar la presencia del retornado.

Una fotografía o representación del retornado: para enfocar el hechizo en una entidad específica.

Un cuenco de agua fresca – Para ofrecer como muestra de renovación y purificación.

Un pedazo de pergamino y un bolígrafo: para registrar cualquier mensaje o información recibida durante el ritual.

Conjuro:

"Por el aliento de la sombra y el abrazo de la llama,
Llamo al retornado a este lugar.
Del dominio de la muerte al nuevo amanecer de la vida,
El renacimiento y el propósito se redibujan.
Por el resplandor de las velas y la profundidad de la tierra,
Despierta ahora de un sueño inquieto".

Rendimiento:

Preparación:

Elige un espacio tranquilo y tranquilo para el ritual. Este hechizo se realiza mejor durante la tarde o la noche, cuando las energías de transformación son fuertes.

Prepara tu espacio colocando el mantel del altar de color púrpura oscuro o negro para crear un ambiente sagrado y protector.

Colocación del altar:

Coloca la vela negra y la vela roja en el altar. Enciende primero la vela negra para representar el estado actual del retornado y luego enciende la vela roja para simbolizar su renovada vitalidad.

Coloca el cuenco de tierra de cementerio en el altar para representar la conexión del retornado con el reino físico y su pasado.

Coloca el pedazo de piedra de sangre o granate cerca de las velas para mejorar la energía y la vitalidad del retornado.

Prepara el pequeño plato de incienso y enciéndelo, permitiendo que el humo llene el espacio y cree una atmósfera sagrada.

Coloca la fotografía o representación del retornado en el altar para enfocar el hechizo en la entidad específica.

Preparación de la invocación:

Sostén el cuenco de agua fresca y visualízalo como un símbolo de renovación y purificación para el retornado.

Espolvorea una pequeña cantidad de tierra del cementerio alrededor de las velas o en el altar para fortalecer la conexión entre el retornado y el mundo físico.

Mira la llama de la vela negra y recita el Conjuro en voz alta:

"Con el aliento de la sombra y el abrazo de la llama, llamo al retornado a este lugar."

Visualiza al retornado acercándose a través de la luz de las velas y el humo del incienso, aprovechando la energía de la vela roja para renovarse.

Canalizando el Renacimiento:

Concéntrate en la vela roja y el pedazo de piedra de sangre o granate. Visualiza al retornado absorbiendo la energía y la vitalidad de estos símbolos, despertando a un nuevo propósito o vitalidad.

Ofrece el recipiente con agua fresca como muestra de renovación y purificación. Imagínese al retornado siendo purificado y revitalizado por esta ofrenda.

Recepción de mensajes:

Usa el bolígrafo y el pergamino para registrar cualquier mensaje o información del retornado. Presta atención a cualquier símbolo, sentimiento o impresión intuitiva que surja.

Reflexione sobre los mensajes y considere cómo se relacionan con el propósito o los deseos renovados del retornado.

Cerrando el Ritual:

Agradezca al retornado por su presencia y cualquier comunicación o información proporcionada. Decir:

"Gracias por tu presencia y orientación. Que tu nuevo camino sea claro y satisfactorio".

Apaga la vela negra y luego la vela roja, visualizando la transición del retornado de la oscuridad a la vitalidad renovada.

Limpieza y puesta a tierra:

Conéctate a tierra tocando la tierra o realizando un ejercicio de conexión a tierra para estabilizar tu energía después del ritual.

Limpia el espacio dispersando cualquier resto de humo de incienso o usando una pequeña cantidad de sal para purificar el área.

Seguimiento:

Reflexiona sobre los mensajes y las percepciones que recibiste. Considere cómo se pueden integrar en el camino o el propósito del retornado.

Supervise la presencia del retornado y asegúrese de que la renovación sea efectiva. Realiza rituales de seguimiento si es necesario para reforzar el renacimiento.

Mantenimiento de la conexión:

Para honrar al retornado y mantener la conexión, considera realizar rituales o meditaciones relacionadas periódicamente para apoyar su nuevo camino.

Mantén el trozo de piedra de sangre o granate como talismán para mejorar la vitalidad y la conexión con el retornado.

Notas:

Acércate al ritual con respeto y con una intención clara. Despertar a un retornado debe hacerse con cuidado y consideración por su naturaleza.

Si experimenta molestias o sensaciones abrumadoras, use la tierra del cementerio para conectarse a tierra o tómese un descanso antes de continuar.

Portal de Endor al Inframundo

Propósito:
Para abrir una puerta mística al Inframundo, permitiendo la comunicación con los espíritus, la exploración de otros reinos u obtener conocimientos más profundos desde el plano espiritual.

Ingredientes:

Un mantel de altar azul oscuro o negro: representa la inmensidad y la profundidad del Inframundo.

Una vela negra: simboliza la apertura del portal y la conexión con el Inframundo.

Una vela blanca: representa la claridad y la guía para navegar por el reino espiritual.

Un espejo grande o una superficie reflectante: actúa como punto focal para el portal y la adivinación.

Un cuenco de sal – Para la purificación y protección durante el ritual.

Un pedazo de obsidiana o azabache: mejora la conexión con el inframundo y protege de las energías negativas.

Un pequeño cuenco de agua: simboliza la fluidez del portal y la conexión entre los reinos.

Hierbas secas (por ejemplo, artemisa, ajenjo o salvia): para mejorar la conexión espiritual y facilitar la apertura del portal.

Una pequeña ofrenda (por ejemplo, una moneda, un objeto simbólico o un incienso): para honrar a los espíritus o entidades encontrados.

Un bolígrafo y un pergamino: para registrar cualquier mensaje o información recibida durante el ritual.

Conjuro:

"Por el poder de Endor y la luz oscurecida,

Abro un portal a la noche.

A través de sombras profundas y reinos invisibles,

Deja que la esencia del Inframundo se reúna.

Guíame a través del velo tan delgado,

Con claridad, que comience el viaje".

Rendimiento:

Preparación:

Elige un espacio tranquilo y tranquilo para el ritual. Este hechizo se realiza mejor durante la tarde o la noche, cuando las energías entre reinos son más accesibles.

Prepara tu espacio colocando el mantel del altar azul oscuro o negro para simbolizar el Inframundo y crear un ambiente sagrado.

Colocación del altar:

Coloca la vela negra y la vela blanca en el altar. Enciende la vela negra primero para representar la apertura del portal, luego enciende la vela blanca para obtener orientación y claridad.

Coloque el espejo grande o la superficie reflectante frente a las velas. Esto servirá como punto focal y puerta de entrada para el portal.

Coloca el cuenco de sal en el altar para purificar el espacio y protegerlo de las energías negativas.

Coloque la pieza de obsidiana o azabache cerca del espejo para mejorar la conexión y la protección durante el ritual.

Llena un cuenco con agua y colócalo en el altar como símbolo de la conexión fluida entre los reinos.

Enciende las hierbas secas en un plato ignífugo, permitiendo que el humo cree una atmósfera sagrada y mística.

Apertura del portal:

Mírate en el espejo o en la superficie reflectante y recita el Conjuro en voz alta:

"Con el poder de Endor y la luz oscurecida, abro un portal a la noche".

Visualiza la superficie del espejo convirtiéndose en una puerta de entrada, con la energía de la vela negra abriendo el portal y la vela blanca proporcionando guía.

Conectando con el Inframundo:

Concéntrate en el cuenco de agua y visualízalo como un puente entre los mundos. Imagina la superficie del agua ondulando y abriendo aún más la entrada.

Usa el pedazo de obsidiana o azabache para fortalecer la conexión y proteger el espacio de cualquier energía no deseada.

Recepción de mensajes:

Siéntate en silencio y ábrete a cualquier mensaje o impresión del Inframundo. Presta atención a cualquier símbolo, sentimiento o percepción intuitiva que surja.

Usa la pluma y el pergamino para registrar cualquier mensaje o visión recibida durante el ritual. Esté atento tanto a la comunicación directa como a las señales sutiles.

Honrando a los espíritus:

Ofrezca la pequeña ofrenda (como una moneda, un objeto simbólico o incienso) como un gesto de respeto y gratitud a los espíritus o entidades que se encuentren a través del portal.

Cierre del portal:

Agradece a los espíritus y energías por su presencia y guía. Decir:

"Gracias por su orientación y perspicacia. El portal ahora se está cerrando y la conexión se ha completado".

Apaga primero la vela negra para simbolizar el cierre del portal, y luego la vela blanca para traer cierre y claridad.

Limpieza y puesta a tierra:

Conéctate a tierra tocando la tierra o realizando un ejercicio de conexión a tierra para estabilizar tu energía después del ritual.

Limpia el espacio dispersando cualquier resto de humo de hierba o usando una pequeña cantidad de sal para purificar el área.

Seguimiento:

Reflexiona sobre los mensajes y las percepciones que recibiste. Considera cómo se pueden aplicar a tu viaje espiritual o comprensión.

Controle cualquier energía o efecto persistente del ritual y realice una limpieza de seguimiento si es necesario.

Mantenimiento de la conexión:

Para honrar el Inframundo y mantener la conexión, considera la posibilidad de realizar rituales o meditaciones relacionadas periódicamente.

Guarda la pieza de obsidiana o azabache como talismán para protegerla y conectarla con el Inframundo.

Notas:

Acércate al ritual con respeto y con una intención clara. Abrir un portal al Inframundo requiere un manejo cuidadoso y reverencia.

Si se siente incómodo o abrumado, use la sal para purificar y enraizar, o tómese un descanso antes de continuar.

Al seguir estos pasos, puedes realizar de manera efectiva el Portal de Endor al Inframundo, abriendo una puerta mística para la comunicación, la exploración y las percepciones espirituales más profundas.

Fantasmas del Reino Olvidado

Propósito:
Para convocar y comunicarse con fantasmas o espíritus de un reino olvidado o perdido, buscando su sabiduría, comprensión de su pasado o cualquier mensaje que deseen transmitir.

Ingredientes:

Un mantel de altar verde oscuro o gris: representa la naturaleza antigua y olvidada del reino.

Una vela morada: simboliza la conexión espiritual y la comunicación con el reino fantasmal.

Una vela negra: representa los aspectos misteriosos y ocultos del reino olvidado.

Un pequeño cuenco de tierra o tierra: simboliza la conexión con el mundo físico y la conexión a tierra.

Un pedazo de lapislázuli o amatista – Mejora la comunicación espiritual y la conexión con el reino olvidado.

Un cuenco de agua dulce: representa la conexión fluida entre los reinos y la purificación.

Un pequeño plato de incienso (por ejemplo, mirra, incienso o sándalo): para crear un espacio sagrado e invitar a la presencia espiritual.

Una representación u objeto simbólico del reino olvidado (por ejemplo, un mapa antiguo, una reliquia o un artefacto): para enfocar el hechizo en el reino específico.

Un bolígrafo y un pergamino: para registrar cualquier mensaje o información recibida durante el ritual.

Conjuro:

"Por reinos de antaño y sombras profundas,
Llamo a los fantasmas del sueño antiguo.
A través del velo y el dominio perdido,
Saca los espíritus, gana la sabiduría.
A la luz de la vela y al abrazo de la tierra,
Reaviva los ecos de un lugar desaparecido".

Rendimiento:

Preparación:

Elige un espacio tranquilo y tranquilo para el ritual. Realiza el hechizo durante la tarde o la noche para alinearte con las energías del reino espiritual.

Prepara tu espacio colocando el mantel del altar verde oscuro o gris para simbolizar el reino olvidado y crear un ambiente sagrado.

Colocación del altar:

Coloca la vela morada y la vela negra en el altar. Enciende primero la vela morada para invitar a la comunicación espiritual, seguida de la vela negra para representar los aspectos ocultos del reino olvidado.

Coloca el cuenco de tierra o tierra en el altar para conectarte con el mundo físico y enraizar las energías.

Coloca la pieza de lapislázuli o amatista cerca de las velas para mejorar la conexión espiritual y la comunicación.

Llena un cuenco con agua fresca y colócalo en el altar como símbolo de la conexión fluida entre los reinos.

Enciende el incienso en un plato ignífugo, permitiendo que el humo llene el espacio y cree una atmósfera sagrada y acogedora.

Coloca la representación o el objeto simbólico del reino olvidado en el altar para enfocar el hechizo en ese dominio específico.

Invocando a los fantasmas:

Mira la llama de la vela púrpura y recita el Conjuro en voz alta:
"Por reinos de la antigüedad y sombras profundas, llamo a los fantasmas del sueño antiguo".

Visualiza el velo entre los reinos que se adelgaza y los fantasmas del reino olvidado que comienzan a emerger.

Conectando con el Reino Olvidado:

Concéntrate en el cuenco de agua dulce y visualízalo como un puente entre los reinos. Imagina la superficie del agua ondulando y acercando a los fantasmas.

Usa la pieza de lapislázuli o amatista para mejorar tu conexión y abrir el canal de comunicación con los espíritus.

Recepción de mensajes:

Siéntate en silencio y ábrete a cualquier mensaje o impresión de los fantasmas del reino olvidado. Presta atención a cualquier símbolo, sentimiento o percepción intuitiva que surja.

Usa la pluma y el pergamino para registrar cualquier mensaje o visión recibida durante el ritual. Esté atento tanto a la comunicación directa como a las señales sutiles.

Honrando a los espíritus:

Ofrezca una muestra de respeto a los espíritus colocándola en el altar o encendiendo incienso adicional como gesto de gratitud y reconocimiento.

Cerrando el Ritual:

Agradezca a los espíritus por su presencia y cualquier mensaje o información que proporcionaron. Decir:

"Gracias, espíritus del reino olvidado, por vuestra sabiduría y guía. La conexión ya está completa".

Apaga primero la vela morada, seguida de la vela negra, visualizando el cierre del portal y el regreso de los espíritus a su reino.

Limpieza y puesta a tierra:

Conéctate a tierra tocando la tierra o realizando un ejercicio de conexión a tierra para estabilizar tu energía después del ritual.

Limpia el espacio dispersando cualquier resto de humo de incienso o usando una pequeña cantidad de sal para purificar el área.

Seguimiento:

Reflexiona sobre los mensajes y las percepciones que recibiste. Considera cómo se relacionan con tu entendimiento o con el reino olvidado.

Controle cualquier energía o efecto persistente del ritual y realice una limpieza de seguimiento si es necesario.

Mantenimiento de la conexión:

Para honrar el reino olvidado y mantener la conexión, considera realizar rituales o meditaciones relacionadas periódicamente.

Conserva la pieza de lapislázuli o amatista como talismán para mejorar la comunicación espiritual y la conexión con el reino olvidado.

Notas:

Acércate al ritual con respeto y con una intención clara. Comunicarse con espíritus de un reino olvidado requiere un manejo cuidadoso y reverencia.

Si experimenta molestias o sensaciones abrumadoras, use el suelo para conectarse a tierra o tómese un descanso antes de continuar.

Sellos tocados por el espíritu de Endor

Propósito:
Crear y potenciar sigilos con energía espiritual de Endor, infundiéndoles intenciones o propósitos específicos. Estos sigilos se pueden usar para protección, orientación o manifestación.

Ingredientes:

Un mantel de altar blanco o plateado: representa la pureza y la canalización de la energía espiritual.

Una vela blanca: simboliza la claridad, la pureza y el poder espiritual.

Un pedazo de pergamino o papel: para dibujar e inscribir los sigilos.

Un bolígrafo o tinta: para inscribir los sigilos con intención.

Un cuenco de sal – Para la purificación y protección durante el proceso.

Un pequeño plato de incienso (por ejemplo, incienso, mirra o sándalo): para crear una atmósfera sagrada e invitar a la presencia espiritual.

Un pedazo de cuarzo o cristal transparente – Para amplificar la energía espiritual y enfocar la intención.

Una pequeña ofrenda (por ejemplo, una moneda, un objeto simbólico o hierbas): para honrar las energías espirituales y las entidades involucradas.

Una representación o objeto simbólico de la influencia de Endor (por ejemplo, un pequeño amuleto o artefacto): para enfocar el hechizo en la energía de Endor.

Conjuro:

"Por la gracia de Endor y el poder del espíritu,
Invoco a la luz sagrada.
Con los sigilos dibujados y el propósito claro,
Imbuir poder, lejos y cerca.
Por la llama de la vela y el resplandor del cristal,
Empodera ahora este sueño sagrado".

Rendimiento:

Preparación:

Elige un espacio tranquilo y tranquilo para el ritual. Realiza el hechizo durante un momento en el que puedas concentrarte profundamente, como durante la tarde o la noche.

Prepara tu espacio colocando el mantel blanco o plateado del altar para crear un ambiente limpio y sagrado.

Colocación del altar:

Coloca la vela blanca en el altar y enciéndela. Esto representa la claridad y el poder espiritual que impregnará los sigilos.

Coloca el cuenco de sal en el altar para purificar el espacio y protegerlo contra cualquier energía no deseada.

Enciende el incienso en un plato ignífugo, permitiendo que el humo llene el espacio y cree una atmósfera sagrada.

Coloca la pieza de cuarzo o cristal transparente en el altar para amplificar la energía espiritual y enfocar la intención.

Creación de los sellos:

Siéntese en silencio y sostenga el pedazo de pergamino o papel. Decidir sobre la intención o el propósito específico de los sigilos (por ejemplo, protección, guía, manifestación).

Con el bolígrafo o la tinta, comience a dibujar o inscribir los sigilos en el papel. A medida que dibujas, concéntrate en tu intención y visualiza que los sigilos se potencian con energía espiritual.

Infundir energía a los sellos:

Sostén la pieza de cuarzo o cristal transparente y colócala sobre los sigilos. Visualiza el cristal canalizando la energía espiritual de Endor hacia los sigilos, empoderándolos con tu intención.

Recita el Conjuro en voz alta:

"Por la gracia de Endor y el poder del espíritu, invoco la luz sagrada".

Visualiza la energía que fluye desde la llama de la vela y el cristal hacia los sigilos, infundiéndoles poder.

Honrando la Influencia Espiritual:

Ofrezca una pequeña muestra de respeto a las energías espirituales involucradas, como colocar una moneda, un objeto simbólico o hierbas en el altar.

Coloca la representación o el objeto simbólico de la influencia de Endor cerca de los sigilos para honrar y enfocar el hechizo en la energía de Endor.

Cerrando el Ritual:

Agradece a las energías y entidades espirituales por su asistencia e influencia. Decir:

"Gracias por su guía y poder. Los sigilos ahora están potenciados y completos".

Apaga la vela blanca, visualizando la finalización del proceso y los sigilos completamente imbuidos de energía espiritual.

Limpieza y puesta a tierra:

Conéctate a tierra tocando la tierra o realizando un ejercicio de conexión a tierra para estabilizar tu energía después del ritual.

Limpia el espacio dispersando cualquier resto de humo de incienso o usando una pequeña cantidad de sal para purificar el área.

Seguimiento:

Reflexiona sobre el propósito y las intenciones de los sigilos. Considere cómo se pueden usar para lograr sus objetivos o enfocar sus intenciones.

Mantenga los sellos en un lugar donde puedan influir o respaldar continuamente el resultado deseado.

Uso de los sellos:

Coloca los sigilos potenciados en lugares relevantes para su propósito (por ejemplo, cerca de la puerta principal para protección, en tu altar para guía).

Medita sobre los sigilos o úsalos en rituales para reforzar su poder y alinearlos con tus intenciones.

Notas:

Acércate al ritual con respeto y con una intención clara. Empoderar los sigilos requiere enfoque y dedicación al propósito previsto.

Si siente alguna molestia o sensaciones abrumadoras, use la sal para purificar y enraizarse, o tómese un descanso antes de continuar.

Siguiendo estos pasos, puedes realizar de manera efectiva los Sellos Tocados por el Espíritu de Endor, creando y potenciando sigilos con energía espiritual para respaldar tus intenciones y objetivos.

Ecos fantasmas de los muertos

P ropósito:
Para comunicarse y evocar la presencia de fantasmas o espíritus del difunto, buscando su sabiduría, mensajes o percepciones del más allá.

Ingredientes:

Un mantel de altar azul oscuro o negro: representa la conexión con el reino espiritual y los misterios de la muerte.

Una vela negra: simboliza la puerta de entrada al mundo de los espíritus y la conexión con el difunto.

Una vela blanca: representa la claridad, la comunicación y la guía durante el ritual.

Un pequeño cuenco de tierra de cementerio o tierra: simboliza la conexión con el reino de los muertos y la conexión a tierra.

Un pedazo de obsidiana o azabache – Mejora la comunicación espiritual y la protección contra las energías negativas.

Un cuenco de agua: representa la conexión fluida entre los reinos y la purificación.

Un pequeño plato de incienso (por ejemplo, mirra, incienso o salvia): para crear una atmósfera sagrada e invitar a la presencia espiritual.

Una fotografía u objeto personal del difunto: para enfocar el hechizo en espíritus o fantasmas específicos.

Un bolígrafo y un pergamino: para registrar cualquier mensaje o información recibida durante el ritual.

Una pequeña ofrenda (por ejemplo, una moneda, un artículo simbólico o un alimento): para honrar a los espíritus o entidades encontrados.

Conjuro:

"Por sombras profundas y ecos antiguos,
Yo llamo a los espíritus, historias contadas.
A través del velo y la oscuridad cercana,
Saca los fantasmas, voces claras.
A la luz de la vela y al abrazo de la tierra,
Revela los ecos del lugar de los muertos".

Rendimiento:

Preparación:

Elige un espacio tranquilo y tranquilo para el ritual. Este hechizo se realiza mejor durante la tarde o la noche, cuando la conexión con el reino espiritual es más fuerte.

Prepara tu espacio colocando el mantel del altar azul oscuro o negro para simbolizar la conexión con el reino espiritual y los misterios de la muerte.

Colocación del altar:

Coloca la vela negra y la vela blanca en el altar. Enciende la vela negra primero para abrir la puerta al mundo de los espíritus, luego enciende la vela blanca para facilitar una comunicación y orientación claras.

Coloca el cuenco de tierra del cementerio en el altar para establecer la conexión con el reino de los muertos.

Coloque la pieza de obsidiana o azabache cerca de las velas para mejorar la comunicación espiritual y proteger el espacio.

Llena un cuenco con agua y colócalo en el altar como símbolo de la conexión fluida entre los reinos y para la purificación.

Enciende el incienso en un plato ignífugo, permitiendo que el humo cree una atmósfera sagrada e invite a la presencia de espíritus.

Coloque la fotografía o el artículo personal del difunto en el altar para enfocar el hechizo en espíritus específicos.

Invocando a los espíritus:

Mira la llama de la vela negra y recita el Conjuro en voz alta:

"Por sombras profundas y ecos antiguos, llamo a los espíritus, historias contadas".

Visualiza el velo entre los reinos que se adelgazan y los espíritus que comienzan a manifestarse.

Conectando con los Fantasmas:

Concéntrate en el cuenco de agua y visualízalo como un puente entre los reinos. Imagina la superficie del agua ondulando y acercando a los espíritus.

Usa el pedazo de obsidiana o azabache para fortalecer la conexión y proteger el espacio de cualquier energía no deseada.

Recepción de mensajes:

Siéntate en silencio y ábrete a cualquier mensaje o impresión de los fantasmas. Presta atención a cualquier símbolo, sentimiento o percepción intuitiva que surja.

Usa la pluma y el pergamino para registrar cualquier mensaje o visión recibida durante el ritual. Esté atento tanto a la comunicación directa como a las señales sutiles.

Honrando a los espíritus:

Ofrezca una pequeña muestra de respeto a los espíritus, como colocar una moneda, un artículo simbólico o un alimento en el altar o encender incienso adicional como gesto de gratitud.

Cerrando el Ritual:

Agradezca a los espíritus por su presencia y cualquier mensaje o información que proporcionaron. Decir:

"Gracias, espíritus, por su presencia y guía. La conexión ya está completa".

Apague primero la vela negra para simbolizar el cierre de la puerta de enlace, y luego la vela blanca para brindar cierre y claridad.

Limpieza y puesta a tierra:

Conéctate a tierra tocando la tierra o realizando un ejercicio de conexión a tierra para estabilizar tu energía después del ritual.

Limpia el espacio dispersando cualquier resto de humo de incienso o usando una pequeña cantidad de sal para purificar el área.

Seguimiento:

Reflexiona sobre los mensajes y las percepciones que recibiste. Considere cómo se pueden aplicar a su comprensión o al propósito específico del ritual.

Controle cualquier energía o efecto persistente del ritual y realice una limpieza de seguimiento si es necesario.

Mantenimiento de la conexión:

Para honrar a los espíritus y mantener la conexión, considera realizar rituales o meditaciones relacionadas periódicamente.

Mantenga la fotografía o el artículo personal de la persona fallecida en un lugar respetuoso si desea continuar la conexión o buscar más información.

Notas:

Acércate al ritual con respeto y con una intención clara. La comunicación con los espíritus requiere un manejo cuidadoso y reverencia.

Si siente alguna molestia o sensaciones abrumadoras, use la sal para purificar y enraizarse, o tómese un descanso antes de continuar.

Ritual de perforación del Velo de Endor

Propósito:
Perforar el velo entre los reinos físico y espiritual, permitiendo la comunicación directa con los espíritus o entidades del más allá, y obtener claridad y perspicacia desde el otro lado.

Ingredientes:

Un mantel de altar azul medianoche o púrpura oscuro: representa los aspectos místicos y ocultos del velo entre reinos.

Una vela negra: simboliza la apertura del velo y la conexión con el reino espiritual.

Una vela blanca: representa la claridad, la pureza y la guía durante el ritual.

Un pequeño cuenco de sal – Para la purificación y protección durante el ritual.

Un cristal de cuarzo transparente: mejora la conexión espiritual y amplifica la comunicación con el otro lado.

Un pequeño plato de incienso (por ejemplo, incienso, mirra o salvia): para crear una atmósfera sagrada e invitar a la presencia espiritual.

Un pequeño espejo o superficie reflectante: actúa como un punto focal para perforar el velo y adivinar.

Un pedazo de pergamino o papel: para registrar cualquier mensaje o información recibida durante el ritual.

Un bolígrafo: para anotar mensajes o ideas.

Una pequeña ofrenda (por ejemplo, una moneda, un objeto simbólico o un alimento): para honrar a los espíritus o entidades encontrados.

Conjuro:
"Por el poder y las sombras profundas de Endor,
Atravieso el velo, los reinos a buscar.
A través de la oscuridad espesa y la luz de la sabiduría,
Revela los espíritus, despeja mi vista.
Con el brillo del cristal y la llama de la vela,
Devela las verdades más allá del nombre".

Rendimiento:

Preparación:

Elige un espacio tranquilo y tranquilo para el ritual. El ritual se realiza mejor durante la tarde o la noche, cuando el velo entre los reinos es más delgado.

Prepara tu espacio colocando el mantel del altar azul medianoche o morado oscuro para simbolizar la naturaleza mística del velo.

Colocación del altar:

Coloca la vela negra y la vela blanca en el altar. Enciende la vela negra primero para simbolizar la apertura del velo y la conexión con el reino espiritual. Luego, enciende la vela blanca para facilitar la claridad y la orientación.

Coloca el cuenco de sal sobre el altar para purificación y protección.

Coloque el cristal de cuarzo transparente en el altar para mejorar la conexión espiritual y amplificar la comunicación.

Enciende el incienso en un plato ignífugo para crear una atmósfera sagrada e invitar a la presencia de espíritus.

Coloque el espejo pequeño o la superficie reflectante frente a las velas como un punto focal para perforar el velo y adivinar.

Perforando el velo:

Mira la llama de la vela negra y recita el Conjuro en voz alta:

"Con el poder de Endor y las sombras profundas, atravieso el velo, los reinos que hay que buscar".

Visualiza el velo entre los reinos físico y espiritual adelgazándose y volviéndose permeable, permitiendo una comunicación clara con el otro lado.

Conectando con el Reino Espiritual:

Concéntrate en el cristal de cuarzo transparente y visualízalo amplificando tu conexión con el reino espiritual. Imagina la energía del cristal atravesando el velo y facilitando una comunicación clara.

Mírate en el espejo o en la superficie reflectante y visualízalo convirtiéndose en una puerta de entrada al reino espiritual. Observe las imágenes, símbolos o impresiones que puedan aparecer.

Recepción de mensajes:

Siéntate en silencio y ábrete a cualquier mensaje o percepción de los espíritus o entidades más allá del velo. Presta atención a símbolos, sentimientos o impresiones intuitivas.

Use el bolígrafo y el pergamino para registrar cualquier mensaje o información recibida durante el ritual. Esté atento tanto a la comunicación directa como a las señales sutiles.

Honrando a los espíritus:

Ofrezca una pequeña muestra de respeto a los espíritus o entidades que encuentre colocando una moneda, un objeto simbólico o un alimento en el altar o encendiendo incienso adicional como gesto de gratitud.

Cerrando el Ritual:

Agradezca a los espíritus o entidades por su presencia y cualquier mensaje o información que proporcionaron. Decir:

"Gracias, espíritus, por su presencia y guía. El velo ahora está cerrado y la conexión completa".

Apague primero la vela negra para simbolizar el cierre de la puerta de enlace, seguida de la vela blanca para brindar cierre y claridad.

Limpieza y puesta a tierra:

Conéctate a tierra tocando la tierra o realizando un ejercicio de conexión a tierra para estabilizar tu energía después del ritual.

Limpia el espacio dispersando cualquier resto de humo de incienso o usando una pequeña cantidad de sal para purificar el área.

Seguimiento:

Reflexiona sobre los mensajes y las percepciones recibidas. Considere cómo se aplican a su entendimiento o al propósito específico del ritual.

Controle cualquier energía o efecto persistente del ritual y realice una limpieza de seguimiento si es necesario.

Mantenimiento de la conexión:

Para honrar la conexión y mantener la claridad, considera realizar rituales o meditaciones relacionadas periódicamente.

Mantenga el cristal de cuarzo transparente como talismán para mejorar la comunicación espiritual y mantener la conexión con el reino espiritual.

Notas:

Acércate al ritual con respeto y con una intención clara. Perforar el velo requiere un manejo cuidadoso y reverencia.

Si experimenta molestias o sensaciones abrumadoras, use la sal para purificar y enraizarse, o tómese un descanso antes de continuar.

Susurros de ultratumba

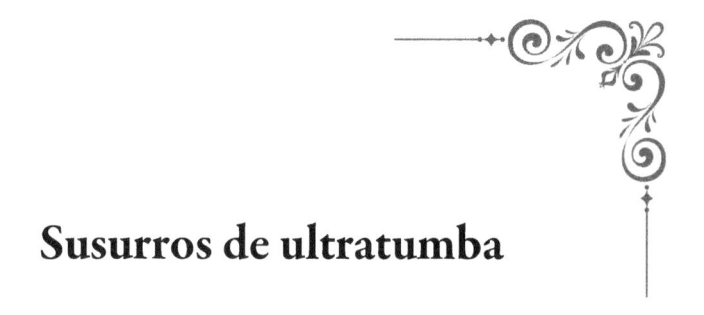

Propósito:
Para comunicarse con los espíritus de los difuntos y recibir su guía, mensajes o percepciones de ultratumba.

Ingredientes:

Un mantel de altar negro oscuro o azul medianoche: representa la conexión con el reino de los espíritus y los misterios de la muerte.

Una vela negra: simboliza la apertura de la puerta de entrada al mundo de los espíritus y la conexión con el difunto.

Una vela blanca: representa la claridad, la comunicación y la guía durante el ritual.

Un pequeño cuenco de tierra de cementerio o tierra: simboliza la conexión con el reino de los muertos y la conexión a tierra.

Un pedazo de obsidiana o azabache – Mejora la comunicación espiritual y la protección contra las energías negativas.

Un pequeño plato de incienso (por ejemplo, incienso, mirra o salvia): para crear una atmósfera sagrada e invitar a la presencia espiritual.

Una fotografía u objeto personal del difunto: para enfocar el hechizo en espíritus o individuos específicos.

Un pequeño espejo o superficie reflectante: actúa como un punto focal para adivinar y conectarse con los espíritus.

Un bolígrafo y un pergamino: para registrar cualquier mensaje o información recibida durante el ritual.

Una pequeña ofrenda (por ejemplo, una moneda, un objeto simbólico o un alimento): para honrar a los espíritus o entidades encontrados.

Conjuro:

"Por las sombras profundas y la gracia de los espíritus,
Llamo a los susurros desde la tumba.
A través de la oscuridad espesa y los reinos desconocidos,
Hagan surgir las voces, los mensajes mostrados.
Por la llama de la vela y la mirada del espejo,
Revela las verdades de la profunda neblina de la muerte".

Rendimiento:

Preparación:

Elige un espacio tranquilo y tranquilo para el ritual. Se realiza mejor durante la tarde o la noche, cuando la conexión con el reino espiritual es más fuerte.

Prepare su espacio colocando el mantel del altar negro oscuro o azul medianoche para simbolizar la conexión con el reino espiritual.

Colocación del altar:

Coloca la vela negra y la vela blanca en el altar. Enciende primero la vela negra para simbolizar la apertura de la puerta de entrada al mundo de los espíritus. A continuación, enciende la vela blanca para facilitar una comunicación y una orientación claras.

Coloca el cuenco de tierra del cementerio en el altar para establecer la conexión con el reino de los muertos.

Coloca la pieza de obsidiana o azabache en el altar para potenciar la comunicación espiritual y proteger el espacio.

Enciende el incienso en un plato ignífugo, permitiendo que el humo cree una atmósfera sagrada e invite a la presencia de espíritus.

Coloque la fotografía o el artículo personal del difunto y el espejo o la superficie reflectante en el altar como puntos focales para conectarse con los espíritus.

Invocando a los espíritus:

Mira la llama de la vela negra y recita el Conjuro en voz alta:

"Por las sombras profundas y la gracia de los espíritus, llamo a los susurros de la tumba".

Visualiza el velo entre los vivos y los muertos adelgazándose, creando un camino claro para la comunicación.

Conectando con los Espíritus:

Concéntrate en el espejo o en la superficie reflectante y visualízalo convirtiéndose en una puerta de entrada al reino espiritual. Observe las imágenes, símbolos o impresiones que puedan aparecer.

Sostenga la pieza de obsidiana o azabache y concéntrese en su energía mejorando la conexión con el difunto.

Recepción de mensajes:

Siéntate en silencio y ábrete a cualquier mensaje o impresión de los espíritus. Presta atención a los símbolos, sentimientos o percepciones intuitivas.

Use el bolígrafo y el pergamino para registrar cualquier mensaje o información recibida durante el ritual. Esté atento tanto a la comunicación directa como a las señales sutiles.

Honrando a los espíritus:

Ofrezca una pequeña muestra de respeto a los espíritus colocando una moneda, un objeto simbólico o un alimento en el altar o encendiendo incienso adicional como gesto de gratitud.

Cerrando el Ritual:

Agradezca a los espíritus por su presencia y cualquier mensaje o información que proporcionaron. Decir:

"Gracias, espíritus, por su presencia y guía. La conexión ya está completa".

Apague primero la vela negra para simbolizar el cierre de la puerta de enlace, seguida de la vela blanca para brindar cierre y claridad.

Limpieza y puesta a tierra:

Conéctate a tierra tocando la tierra o realizando un ejercicio de conexión a tierra para estabilizar tu energía después del ritual.

Limpia el espacio dispersando cualquier resto de humo de incienso o usando una pequeña cantidad de sal para purificar el área.

Seguimiento:

Reflexiona sobre los mensajes y las percepciones que recibiste. Considere cómo se aplican a su entendimiento o al propósito específico del ritual.

Controle cualquier energía o efecto persistente del ritual y realice una limpieza de seguimiento si es necesario.

Mantenimiento de la conexión:

Para honrar la conexión y mantener la claridad, considera realizar rituales o meditaciones relacionadas periódicamente.

Mantenga la fotografía o el artículo personal de la persona fallecida en un lugar respetuoso si desea continuar la conexión o buscar más información.

Notas:

Acércate al ritual con respeto y con una intención clara. Comunicarse con espíritus de ultratumba requiere un manejo cuidadoso y reverencia.

Si experimenta molestias o sensaciones abrumadoras, use la sal para purificar y enraizarse, o tómese un descanso antes de continuar.

Maleficio del invocador de sombra

P ropósito:
Para convocar y controlar sombras o entidades de sombra para orientar, intervenir o influir sobre una situación específica.

Ingredientes:

Un mantel de altar de color púrpura oscuro o negro: representa la conexión con el reino de las sombras y la invocación de sombras.

Una vela negra: simboliza la apertura de la puerta de entrada al reino de las sombras y la invocación de las sombras.

Una vela roja: representa la energía, el enfoque y el poder de controlar las sombras invocadas.

Un pequeño cuenco de sal – Para la purificación y protección durante el ritual.

Un trozo de obsidiana o turmalina negra: mejora la conexión con el reino de las sombras y protege contra energías no deseadas.

Un pequeño plato de incienso (por ejemplo, sándalo, mirra o copal negro): para crear una atmósfera sagrada e invitar a la presencia de sombras.

Un pequeño espejo o superficie reflectante: actúa como un punto focal para convocar y comunicarse con las sombras.

Un pergamino o papel: para escribir intenciones o instrucciones para las sombras.

Un bolígrafo: para anotar los detalles del hexágono o las instrucciones para las cortinas.

Una pequeña ofrenda (por ejemplo, una moneda, un objeto simbólico o una piedra de color oscuro): para honrar a las sombras y a las entidades de sombra.

Conjuro:

"Por sombras oscuras y reino tan profundo,
Llamo empinadas a las sombras de las sombras.
Por la llama de la vela y el resplandor del espejo,
Guía las sombras para cumplir este sueño.
Con un poder fuerte y un enfoque claro,
Manifiesta el maleficio, acércate".

Rendimiento:

Preparación:

Elige un espacio tranquilo y tranquilo para el ritual. Se realiza mejor durante la tarde o la noche, cuando las sombras son más fuertes.

Prepara tu espacio colocando el mantel del altar de color púrpura oscuro o negro para simbolizar la conexión con el reino de las sombras.

Colocación del altar:

Coloca la vela negra y la vela roja en el altar. Enciende la vela negra primero para abrir la puerta de entrada al reino de las sombras. Luego enciende la vela roja para enfocar y dirigir el poder de las persianas.

Coloca el cuenco de sal sobre el altar para purificación y protección.

Coloca la pieza de obsidiana o turmalina negra en el altar para mejorar la conexión con el reino de las sombras y proteger el espacio.

Enciende el incienso en un plato ignífugo para crear una atmósfera sagrada e invitar a la presencia de sombras.

Coloque el pequeño espejo o la superficie reflectante en el altar como un punto focal para convocar y comunicarse con las sombras.

Invocando las sombras:

Mira la llama de la vela negra y recita el Conjuro en voz alta:

"Por sombras oscuras y reino tan profundo, llamo a las sombras de las sombras empinadas".

Visualiza el velo entre los reinos físico y de las sombras adelgazándose, permitiendo que las sombras surjan.

Dirigiendo las sombras:

Concéntrese en el espejo o la superficie reflectante y visualícelo convirtiéndose en una puerta de entrada para que entren las persianas. Observe los cambios, símbolos o impresiones que puedan aparecer.

Sostenga la pieza de obsidiana o turmalina negra para mejorar la conexión y centrar la atención de las gafas en sus intenciones.

Emisión del maleficio:

Escribe tus intenciones o instrucciones específicas para las sombras en el pergamino o el papel. Indique claramente el resultado o efecto deseado del hexágono.

Dirija las cortinas para que cumplan con las instrucciones, usando el bolígrafo para anotar cualquier detalle o comando adicional.

Honrando a las sombras:

Ofrezca una pequeña muestra de respeto a las sombras colocando una moneda, un elemento simbólico o una piedra de color oscuro en el altar o encendiendo incienso adicional como gesto de gratitud.

Cerrando el Ritual:

Agradezca a las sombras por su presencia y ayuda. Decir:

"Gracias, sombras, por su presencia y ayuda. El hexágono ahora está configurado y la conexión está completa".

Apague primero la vela negra para simbolizar el cierre de la puerta, seguida de la vela roja para concluir el ritual.

Limpieza y puesta a tierra:

Conéctate a tierra tocando la tierra o realizando un ejercicio de conexión a tierra para estabilizar tu energía después del ritual.

Limpia el espacio dispersando cualquier resto de humo de incienso o usando una pequeña cantidad de sal para purificar el área.

Seguimiento:

Reflexione sobre la efectividad del hexágono y cualquier cambio o efecto observado. Monitoree la situación para la cual se convocó a las sombras.

Realice rituales de seguimiento o limpiezas si es necesario para asegurarse de que se eliminen las energías residuales.

Mantenimiento del control:

Para mantener el control sobre las sombras o los efectos del maleficio, considera la posibilidad de realizar rituales o meditaciones relacionadas periódicamente.

Guarde las instrucciones escritas o el pergamino en un lugar seguro si necesita volver a referirse al hexágono o a sus efectos.

Notas:

Acércate al ritual con respeto y con una intención clara. Invocar y controlar las sombras requiere un manejo cuidadoso y reverencia.

Si experimenta molestias o sensaciones abrumadoras, use la sal para purificar y enraizarse, o tómese un descanso antes de continuar.

Conjuro ancestral de Endor

Propósito:
Invocar y comunicarse con los espíritus ancestrales, buscando su sabiduría, guía y apoyo.

Ingredientes:

Un mantel de altar de color verde oscuro o tierra: representa la conexión con la tierra y el linaje ancestral.

Una vela negra: simboliza la apertura de la puerta de entrada al reino ancestral y la conexión con los espíritus.

Una vela blanca: representa la claridad, la pureza y la guía durante el ritual.

Un cuenco de tierra o tierra: simboliza la conexión a tierra y la conexión con las raíces ancestrales.

Un pedazo de ámbar o hematita: mejora la conexión espiritual y proporciona conexión a tierra.

Un pequeño plato de incienso (por ejemplo, sándalo, incienso o mirra): para crear una atmósfera sagrada e invitar a los espíritus ancestrales.

Una fotografía o un artículo personal de un antepasado fallecido: para enfocar el ritual en espíritus ancestrales específicos.

Un pequeño espejo o superficie reflectante: actúa como punto focal para la comunicación con los espíritus ancestrales.

Un pergamino o papel: para anotar cualquier mensaje u orientación recibida durante el ritual.

Un bolígrafo: para registrar información o mensajes.

Una pequeña ofrenda (por ejemplo, un alimento, una bebida o un objeto simbólico): para honrar a los antepasados y reconocer su presencia.

Conjuro:
"Por el poder y la gracia ancestral de Endor,
Llamo a los espíritus del lugar de mi linaje.
A través de las sombras profundas y la sabiduría antigua,
Trae a los ancestros, historias contadas.
A la luz de las velas y al abrazo de la tierra,
Guíame ahora, revela su rostro".

Rendimiento:

Preparación:

Elige un espacio tranquilo y tranquilo para el ritual. Este hechizo se realiza mejor durante la tarde o la noche, cuando la conexión con el reino espiritual es más fuerte.

Prepara tu espacio colocando el mantel del altar de color verde oscuro o tierra para simbolizar la conexión con la tierra y el linaje ancestral.

Colocación del altar:

Coloca la vela negra y la vela blanca en el altar. Enciende la vela negra primero para abrir la puerta al reino ancestral. A continuación, enciende la vela blanca para facilitar la claridad y la orientación.

Coloca el cuenco de tierra o tierra en el altar para simbolizar la conexión a tierra y la conexión con las raíces ancestrales.

Coloque la pieza de ámbar o hematita en el altar para mejorar la conexión espiritual y proporcionar conexión a tierra.

Enciende el incienso en un plato ignífugo para crear una atmósfera sagrada e invitar a la presencia de espíritus ancestrales.

Coloque la fotografía o el artículo personal de un antepasado fallecido y el espejo o la superficie reflectante en el altar como puntos focales para invocar y comunicarse con los antepasados.

Invocando a los Ancestros:

Mira la llama de la vela negra y recita el Conjuro en voz alta:

"Por el poder y la gracia ancestral de Endor, llamo a los espíritus de mi linaje el lugar de mi linaje."

Visualiza el velo entre los vivos y el reino ancestral adelgazándose, creando un camino claro para la comunicación.

Conectando con los Ancestros:

Concéntrese en el espejo o la superficie reflectante y visualícelo convirtiéndose en una puerta de entrada para que entren los antepasados. Observe los cambios, símbolos o impresiones que puedan aparecer.

Sostenga la pieza de ámbar o hematita para mejorar la conexión con los espíritus ancestrales y arraigar su energía.

Recibir orientación:

Siéntate en silencio y ábrete a cualquier mensaje o impresión de los espíritus ancestrales. Presta atención a los símbolos, sentimientos o percepciones intuitivas.

Use el bolígrafo y el pergamino para registrar cualquier mensaje u orientación recibida durante el ritual. Esté atento tanto a la comunicación directa como a las señales sutiles.

Honrando a los Ancestros:

Ofrezca una pequeña muestra de respeto a los antepasados colocando un alimento, bebida o artículo simbólico en el altar o encendiendo incienso adicional como gesto de gratitud.

Cerrando el Ritual:

Agradezca a los antepasados por su presencia y cualquier orientación que brindaron. Decir:

"Gracias, ancestros, por su sabiduría y presencia. La conexión ahora está completa y agradecemos su orientación".

Apague primero la vela negra para simbolizar el cierre de la puerta de enlace, seguida de la vela blanca para brindar cierre y claridad.

Limpieza y puesta a tierra:

Conéctate a tierra tocando la tierra o realizando un ejercicio de conexión a tierra para estabilizar tu energía después del ritual.

Limpia el espacio dispersando cualquier resto de humo de incienso o usando una pequeña cantidad de sal para purificar el área.

Seguimiento:

Reflexiona sobre los mensajes y la orientación recibidos. Considere cómo se pueden aplicar a su situación actual o a su comprensión de la influencia ancestral.

Controle cualquier energía o efecto persistente del ritual y realice una limpieza de seguimiento si es necesario.

Mantenimiento de la conexión:

Para honrar la conexión y mantener la claridad, considera realizar rituales o meditaciones relacionadas periódicamente.

Mantenga la fotografía o el artículo personal del antepasado en un lugar respetuoso si desea continuar la conexión o buscar más información.

Notas:

Acércate al ritual con respeto y con una intención clara. Invocar a los espíritus ancestrales requiere un manejo cuidadoso y reverencia.

Si experimenta molestias o sensaciones abrumadoras, use la sal para purificar y enraizarse, o tómese un descanso antes de continuar.

Lamentos lúgubres de Endor

Propósito:
Para canalizar y aprovechar las energías lúgubres de espíritus o entidades del más allá, en busca de comprensión, cierre o influencia sobre una situación específica.

Ingredientes:

Un mantel de altar de color violeta oscuro o gris intenso: representa la naturaleza lúgubre y sombría de las energías lamentantes.

Una vela negra: simboliza la apertura de la puerta de entrada al reino del luto y los espíritus.

Una vela gris: representa las energías de luto y lamento, así como la liberación emocional.

Un cuenco de sal – Para la purificación y protección durante el ritual.

Un pedazo de piedra lunar o labradorita: mejora la conexión con el reino espiritual y la percepción emocional.

Un pequeño plato de incienso (por ejemplo, sándalo, mirra o incienso): para crear una atmósfera sagrada e invitar a la presencia espiritual.

Una pequeña campana o campanilla: para invocar el sonido de los lamentos y resonar con las energías del duelo.

Una fotografía o un objeto personal relacionado con la situación: para enfocar el hechizo en una situación o persona específica.

Un pedazo de pergamino o papel: para anotar cualquier mensaje o percepción recibida durante el ritual.

Un bolígrafo: para registrar información o mensajes.

Una pequeña ofrenda (por ejemplo, un objeto simbólico o una flor de color oscuro): para honrar a los espíritus y reconocer su presencia.

Conjuro:

"Por el dolor y los lamentos tan profundos de Endor,
Llamo a los espíritus tristes a llorar.
A través de la luz de las velas y el lamento de las campanas,
Guíame ahora, con las ideas enviadas.
Por la gracia de la sombra y los ecos gimen,
Revela las verdades detrás del velo".

Rendimiento:

Preparación:

Elige un espacio tranquilo y tranquilo para el ritual. El ritual se realiza mejor durante la tarde o la noche, cuando el velo entre los mundos es delgado.

Prepara tu espacio colocando el mantel del altar de color violeta oscuro o gris intenso para simbolizar las energías lúgubres y sombrías.

Colocación del altar:

Coloca la vela negra y la vela gris en el altar. Enciende la vela negra primero para abrir la puerta al reino del luto. Luego enciende la vela gris para concentrarte en las energías de lamento y duelo.

Coloca el cuenco de sal sobre el altar para purificación y protección.

Coloca el pedazo de piedra lunar o labradorita en el altar para mejorar la conexión con el reino espiritual y la percepción emocional.

Enciende el incienso en un plato ignífugo para crear una atmósfera sagrada e invitar a la presencia de espíritus tristes.

Coloque la campana o el carillón en el altar para invocar el sonido del llanto y resonar con las energías del duelo.

Coloque la fotografía o el artículo personal relacionado con la situación en el altar como punto focal para el hechizo.

Evocando los lamentos lúgubres:

Toca la campana o toca suavemente para iniciar la invocación de las energías lamentantes. Mientras lo haces, recita el Conjuro en voz alta:

"Por el dolor y los lamentos tan profundos de Endor, llamo a los espíritus tristes a llorar".

Visualiza las energías lúgubres que fluyen en tu espacio, creando una atmósfera de liberación emocional y perspicacia espiritual.

Conectando con los Espíritus:

Concéntrate en la piedra lunar o labradorita y visualízala amplificando la conexión con los espíritus afligidos. Imagina a la piedra canalizando sus energías y conocimientos en el espacio.

Observe cualquier cambio en la atmósfera, los símbolos o las impresiones que puedan aparecer.

Recepción de perspectivas:

Siéntate en silencio y ábrete a cualquier mensaje o percepción de los espíritus afligidos. Presta atención a símbolos, sentimientos o impresiones intuitivas.

Use el bolígrafo y el pergamino para registrar cualquier mensaje o información recibida durante el ritual. Esté atento tanto a la comunicación directa como a las señales sutiles.

Honrando a los espíritus:

Ofrezca una pequeña muestra de respeto a los espíritus colocando un objeto simbólico o una flor de color oscuro en el altar o encendiendo incienso adicional como gesto de gratitud.

Cerrando el Ritual:

Agradezca a los espíritus por su presencia y cualquier información que proporcionaron. Decir:

"Gracias, espíritus, por vuestra presencia y vuestros lamentos. La conexión ahora está completa y sus ideas son apreciadas".

Apague primero la vela negra para simbolizar el cierre de la puerta de entrada, seguida de la vela gris para cerrar las energías.

Limpieza y puesta a tierra:

Conéctate a tierra tocando la tierra o realizando un ejercicio de conexión a tierra para estabilizar tu energía después del ritual.

Limpia el espacio dispersando cualquier resto de humo de incienso o usando una pequeña cantidad de sal para purificar el área.

Seguimiento:

Reflexiona sobre los mensajes y las percepciones que recibiste. Considera cómo se aplican a tu comprensión o a la situación específica en la que te estabas enfocando.

Controle cualquier energía o efecto persistente del ritual y realice una limpieza de seguimiento si es necesario.

Mantenimiento de la conexión:

Para honrar la conexión y mantener la claridad, considera realizar rituales o meditaciones relacionadas periódicamente.

Guarde cualquier mensaje escrito o información en un lugar de respeto si desea volver a consultarlos o buscar más orientación.

Notas:

Acércate al ritual con respeto y con una intención clara. La canalización de energías lúgubres requiere un manejo cuidadoso y reverencia.

Si experimenta molestias o sensaciones abrumadoras, use la sal para purificar y enraizarse, o tómese un descanso antes de continuar.

Al seguir estos pasos, puedes realizar de manera efectiva los Lamentos Lúgubres de Endor, canalizando las energías lúgubres de los espíritus del más allá para obtener una comprensión, un cierre o una influencia sobre una situación específica.

Círculo de enlace espectral

Propósito:
Para convocar y vincular entidades espectrales dentro de un círculo definido, lo que permite una comunicación controlada o influencia sobre los espíritus dentro del límite.

Ingredientes:

Un mantel de altar blanco o plateado: representa la pureza, la claridad y la contención de las energías espirituales.

Una vela negra: simboliza la apertura de la puerta de entrada al reino espectral y la invocación de entidades.

Una vela azul: representa la protección y contención de las entidades espectrales dentro del círculo.

Un cuenco de sal – Para la purificación y protección durante el ritual.

Un pedazo de ónix negro o hematita: mejora la conexión a tierra y la protección contra las energías negativas.

Un pequeño plato de incienso (por ejemplo, sándalo, incienso o copal): para crear una atmósfera sagrada e invitar a la presencia espectral.

Tiza o sal para dibujar el círculo: se utiliza para marcar el límite del círculo vinculante.

Una pequeña campana o campanilla: para significar la invocación e invocación de las entidades espectrales.

Un pergamino o papel: para registrar cualquier mensaje o instrucción relacionada con las entidades espectrales.

Un bolígrafo: para registrar información o mensajes.

Una pequeña ofrenda (por ejemplo, una moneda o un objeto simbólico): para honrar a las entidades espectrales y reconocer su presencia.

Conjuro:

"Por la gracia y el poder espectral de Endor,
Llamo a los espíritus a entrar en este círculo con fuerza.
Por el resplandor de las velas y la línea pura de la sal,
Ata a las entidades, deja que su presencia brille.
Con el sonido de la campana y el llamado del ritual,
Dentro de este círculo, presta atención a mi esclavitud".

Rendimiento:

Preparación:

Elige un espacio tranquilo y tranquilo para el ritual. Asegúrate de que el área sea lo suficientemente grande como para dibujar un círculo y acomodar la configuración de tu ritual.

Prepara tu espacio colocando el mantel blanco o plateado del altar para simbolizar la pureza y la contención.

Dibujando el círculo:

Usa la tiza o la sal para dibujar un círculo en el suelo o en el suelo. El círculo debe ser lo suficientemente grande como para contener el área donde realizarás el ritual e invocarás a las entidades espectrales.

Mientras dibujas el círculo, recita el Conjuro en voz alta:

"Por la gracia y el poder espectral de Endor, llamo a los espíritus a entrar en este círculo".

Colocación del altar:

Coloca la vela negra y la vela azul dentro del círculo. Enciende la vela negra primero para abrir la puerta al reino espectral. A continuación, enciende la vela azul para proporcionar protección y contención.

Coloca el cuenco de sal sobre el altar para purificación y protección.

Coloque la pieza de ónix negro o hematita en el altar para mejorar la conexión a tierra y proteger contra las energías negativas.

Enciende el incienso en un plato ignífugo para crear una atmósfera sagrada e invitar a la presencia espectral.

Coloque la campana o el carillón en el altar para indicar la invocación de las entidades espectrales.

Coloque el pergamino o el papel y el bolígrafo en el altar para anotar cualquier mensaje o instrucción.

Invocando a las Entidades Espectrales:

Párese dentro del círculo y toque la campana o el carillón suavemente para iniciar la invocación de entidades espectrales. Mientras lo haces, recita el Conjuro en voz alta:

"Por el resplandor de la vela y la línea pura de la sal, ata a las entidades, deja que su presencia brille".

Visualiza el círculo brillando con energía protectora y actuando como un límite para las entidades espectrales.

Conectando con las Entidades Espectrales:

Concéntrese en la vela negra y la vela azul como puntos focales para que las entidades espectrales ingresen al círculo. Observe cualquier cambio en la atmósfera, los símbolos o las impresiones que puedan aparecer.

Use el ónix negro o hematita para mejorar la conexión y mantener el control sobre los espíritus dentro del círculo.

Recepción de mensajes o información:

Siéntate en silencio dentro del círculo y ábrete a cualquier mensaje o percepción de las entidades espectrales. Presta atención a símbolos, sentimientos o impresiones intuitivas.

Use el bolígrafo y el pergamino para registrar cualquier mensaje o información recibida durante el ritual. Esté atento tanto a la comunicación directa como a las señales sutiles.

Honrando a las Entidades Espectrales:

Ofrezca una pequeña muestra de respeto a las entidades espectrales colocando una moneda o un objeto simbólico en el altar o encendiendo incienso adicional como gesto de gratitud.

Cerrando el Ritual:

Agradezca a las entidades espectrales por su presencia y cualquier mensaje o información que proporcionaron. Decir:

"Gracias, espíritus, por su presencia y sus percepciones. La conexión ahora está completa y el círculo ahora está cerrado".

Apaga primero la vela negra para simbolizar el cierre de la pasarela, seguida de la vela azul para finalizar el ritual.

Limpieza y puesta a tierra:

Conéctate a tierra tocando la tierra o realizando un ejercicio de conexión a tierra para estabilizar tu energía después del ritual.

Limpia el espacio dispersando cualquier resto de humo de incienso o usando una pequeña cantidad de sal para purificar el área.

Rompiendo el círculo:

Rompe con cuidado el círculo borrando o esparciendo la tiza o la marca de sal. Esto significa el fin de la contención y libera cualquier energía residual.

Seguimiento:

Reflexione sobre los mensajes y las percepciones recibidas de las entidades espectrales. Considere cómo se aplican a su situación actual o comprensión.

Controle cualquier energía o efecto persistente del ritual y realice una limpieza de seguimiento si es necesario.

Mantenimiento del control:

Para mantener el control sobre las entidades espectrales, considera la posibilidad de realizar rituales o meditaciones relacionadas periódicamente.

Guarde los mensajes o instrucciones grabados en un lugar respetuoso si desea volver a consultarlos o buscar más orientación.

Notas:

Acércate al ritual con respeto y con una intención clara. Vincular y controlar entidades espectrales requiere un manejo cuidadoso y reverencia.

Si experimenta molestias o sensaciones abrumadoras, use la sal para purificar y enraizarse, o tómese un descanso antes de continuar.

La maldición de los olvidados de Endor

Propósito:
Invocar una maldición sobre individuos que han sido olvidados o descuidados, llamando la atención o trayendo consecuencias a sus acciones o inacciones. Este hechizo se usa a menudo para resaltar y abordar problemas derivados de la negligencia o el descuido.

Ingredientes:

Un mantel de altar rojo oscuro o negro: representa la gravedad e intensidad de la maldición.

Una vela negra: simboliza la invocación de la maldición y la energía oscura requerida.

Una vela roja: representa la energía y el enfoque de la maldición.

Un pequeño cuenco de tierra de cementerio o tierra oscura – Representa el aspecto olvidado o descuidado.

Un trozo de turmalina negra u obsidiana – Para protegerse y amplificar la energía de la maldición.

Un pequeño plato de incienso (por ejemplo, mirra, azufre o copal negro): para crear una atmósfera cargada y amplificar la maldición.

Una fotografía o un objeto personal de la persona que va a ser maldecida: para enfocar la maldición en una persona específica.

Un pedazo de pergamino o papel: para escribir la maldición y las intenciones.

Un bolígrafo: para inscribir los detalles de la maldición.

Un pequeño frasco de vinagre o sal negra: para aumentar la potencia y la amargura de la maldición.

Una pequeña ofrenda (por ejemplo, una piedra de color oscuro o un símbolo de descomposición): para honrar a las fuerzas invocadas y sellar la maldición.

Conjuro:
"Por el poder y las sombras profundas de Endor,
Lanzo esta maldición donde la negligencia se filtra.
De la tierra oscura y de la llama de las velas,
Saca a relucir la consecuencia, llámalos por su nombre.
Por la maldición de la antigüedad y la caída de las sombras,
Que las acciones olvidadas escuchen mi llamado".

Rendimiento:

Preparación:

Elige un espacio tranquilo y tranquilo para el ritual. El ritual se realiza mejor durante la tarde o la noche para alinearse con la energía oscura de la maldición.

Prepara tu espacio colocando el mantel del altar rojo oscuro o negro para simbolizar la intensidad de la maldición.

Colocación del altar:

Coloca la vela negra y la vela roja en el altar. Enciende primero la vela negra para invocar la energía oscura de la maldición. Luego enciende la vela roja para enfocar la energía y la intención.

Coloca el cuenco de tierra de cementerio o tierra oscura en el altar para representar el aspecto olvidado o descuidado de la maldición.

Coloca el trozo de turmalina negra u obsidiana en el altar para amplificar la energía de la maldición y proporcionar protección.

Enciende el incienso en un plato ignífugo para crear una atmósfera cargada y mejorar la potencia de la maldición.

Coloque la fotografía o el artículo personal de la persona en el altar como el foco de la maldición.

Escribiendo la maldición:

Toma el pergamino o papel y usa el bolígrafo para escribir los detalles de la maldición. Sea específico sobre el resultado esperado y la naturaleza de la consecuencia que desea invocar.

Lanzando la maldición:

Concéntrese en la fotografía o el artículo personal y recite el Conjuro en voz alta:

"Por el poder y las sombras profundas de Endor, lanzo esta maldición donde se filtra el abandono".

Visualiza la energía de la maldición fluyendo de las velas y el incienso hacia la fotografía o el objeto personal, impregnándolo con la intención de la maldición.

Mejorando la maldición:

Espolvorea la tierra del cementerio o tierra oscura alrededor de la fotografía o el artículo personal como símbolo de la negligencia y las acciones olvidadas.

Agregue unas gotas de vinagre o espolvoree sal negra sobre el pergamino o alrededor del artículo para mejorar la potencia y la amargura de la maldición.

Sellando la maldición:

Coloque la pequeña ofrenda (por ejemplo, una piedra de color oscuro o un símbolo de descomposición) encima del pergamino o artículo personal como un gesto final para sellar la maldición y honrar a las fuerzas invocadas.

Cerrando el Ritual:

Agradece a las fuerzas invocadas por su ayuda en el ritual. Decir:

"Gracias por su ayuda y presencia. La maldición ahora está establecida, y las energías están completas".

Apague primero la vela negra para significar el final de la invocación, seguida de la vela roja para cerrar el ritual.

Limpieza y puesta a tierra:

Conéctate a tierra tocando la tierra o realizando un ejercicio de conexión a tierra para estabilizar tu energía después del ritual.

Limpia el espacio dispersando cualquier resto de humo de incienso o usando una pequeña cantidad de sal para purificar el área.

Eliminación de los restos rituales:

Deseche de manera segura el pergamino, el artículo personal y cualquier resto de tierra o sal. Considera enterrarlos lejos de tu casa o en un lugar que signifique la eliminación de la maldición.

Seguimiento:

Reflexione sobre los efectos de la maldición y controle cualquier cambio relacionado con la persona o la situación a la que se dirige.

Realice rituales de limpieza o protección de seguimiento si es necesario para garantizar que se eliminen las energías residuales.

Mantener el enfoque:

Para mantener el enfoque y la potencia de la maldición, considera realizar rituales o meditaciones relacionadas periódicamente.

Guarde todas las notas o detalles escritos de la maldición en un lugar seguro si necesita volver a consultarlos o buscar más claridad.

Notas:

Acércate al ritual con una intención clara y respeto por las fuerzas que estás invocando. Maldecir requiere una consideración cuidadosa y un manejo ético.

Si experimenta molestias o sensaciones abrumadoras, use la sal para purificar y enraizarse, o tómese un descanso antes de continuar.

Ecos desvanecidos de Endor

Propósito:
Convocar y trabajar con ecos espectrales o energías residuales que están menguando, con el objetivo de disiparlos o traer claridad a su presencia. Este hechizo es útil para tratar con espíritus o energías persistentes que están perdiendo su influencia.

Ingredientes:

Un mantel de altar gris pálido o blanco: representa la transición y la naturaleza desvanecida de los ecos.

Una vela blanca: simboliza la pureza, la claridad y la iluminación de las energías que se desvanecen.

Una vela azul – Representa la transformación y la curación de las energías residuales.

Un cuenco de sal – Para la purificación y para absorber las energías residuales.

Un trozo de cuarzo transparente o selenita – Mejora la claridad y la transformación de los ecos.

Un pequeño plato de incienso (por ejemplo, lavanda, salvia o sándalo): para crear una atmósfera relajante y facilitar la comunicación con los ecos.

Un pequeño espejo o superficie reflectante: actúa como punto focal para visualizar y abordar los ecos que se desvanecen.

Un pedazo de pergamino o papel: para anotar cualquier idea o mensaje recibido durante el ritual.

Un bolígrafo: para registrar información o mensajes.

Una pequeña ofrenda (por ejemplo, una flor blanca o una piedra de color claro) – Para honrar y reconocer los ecos que se desvanecen.

Conjuro:

"A la luz de Endor y sus ecos claros,
Convoco a los espíritus que se desvanecen cerca.
A través del resplandor de la vela y el abrazo de la sal,
Transforma los ecos, despeja su espacio.
Por la mirada del espejo y el fluir el incienso,
Aporta claridad al espectáculo menguante".

Rendimiento:

Preparación:

Elige un espacio tranquilo y tranquilo para el ritual. El ritual se realiza mejor durante la noche o al amanecer para alinearse con la naturaleza desvanecida de las energías.

Prepara tu espacio colocando el mantel del altar gris pálido o blanco para simbolizar la transición y la naturaleza desvanecida de los ecos.

Colocación del altar:

Coloca la vela blanca y la vela azul en el altar. Enciende primero la vela blanca para aportar claridad e iluminación. Luego enciende la vela azul para facilitar la transformación y la curación.

Coloca el cuenco de sal en el altar para purificarlo y absorber las energías residuales.

Coloque la pieza de cuarzo transparente o selenita en el altar para mejorar la claridad y la transformación de los ecos.

Enciende el incienso en un plato ignífugo para crear un ambiente relajante y facilitar la comunicación con los ecos que se desvanecen.

Coloque el espejo o la superficie reflectante en el altar como un punto focal para visualizar y abordar los ecos que se desvanecen.

Invocando los ecos que se desvanecen:

Concéntrese en el espejo o la superficie reflectante y recite el Conjuro en voz alta:

"Con la luz y los ecos claros de Endor, convoco a los espíritus que se desvanecen cerca".

Visualice el espejo actuando como un portal o lente a través del cual se pueden ver y abordar los ecos que se desvanecen.

Transformando los ecos:

Mírate en el espejo y visualiza los ecos espectrales o las energías residuales volviéndose más claras y definidas. Imagina la luz de la vela blanca iluminando y revelando estas energías que se desvanecen.

Utilice la pieza de cuarzo transparente o selenita para amplificar la transformación, concibiéndola como una herramienta para limpiar y aclarar las energías residuales.

Recepción de perspectivas:

Siéntate en silencio y ábrete a cualquier mensaje o percepción de los ecos que se desvanecen. Presta atención a los símbolos, sentimientos o impresiones intuitivas que surjan.

Use el bolígrafo y el pergamino para registrar cualquier mensaje o información recibida durante el ritual. Esté atento tanto a la comunicación directa como a las señales sutiles.

Honrando a los Ecos:

Ofrezca una pequeña muestra de respeto a los ecos colocando una flor blanca o una piedra de color claro en el altar como gesto de reconocimiento y honor.

Cerrando el Ritual:

Agradezca a los ecos por su presencia y cualquier información que brinden. Decir:

"Gracias por su presencia y sus ideas. Los ecos ahora se transforman y el espacio se despeja".

Apague primero la vela blanca para significar el final de la iluminación y la claridad, seguida de la vela azul para completar la transformación.

Limpieza y puesta a tierra:

Conéctate a tierra tocando la tierra o realizando un ejercicio de conexión a tierra para estabilizar tu energía después del ritual.

Limpia el espacio dispersando cualquier resto de humo de incienso o usando una pequeña cantidad de sal para purificar el área.

Eliminación de los restos rituales:

Deseche de manera segura el pergamino y cualquier material restante. Considere colocarlos en un lugar que signifique el final del proceso de desvanecimiento.

Seguimiento:

Reflexiona sobre las percepciones y la claridad obtenidas del ritual. Considere cómo se aplican a su comprensión o a la situación específica que estaba abordando.

Controle cualquier energía o efecto persistente del ritual y realice una limpieza de seguimiento si es necesario.

Mantener la claridad:

Para mantener la claridad y evitar que las energías residuales vuelvan a aparecer, considera la posibilidad de realizar rituales o meditaciones relacionadas periódicamente.

Guarde cualquier nota o información del ritual en un lugar seguro para futuras referencias.

Notas:

Acércate al ritual con una intención clara y respeto por las energías con las que estás trabajando. Abordar los ecos que se desvanecen requiere un enfoque amable y consciente.

Si experimenta molestias o sensaciones abrumadoras, use la sal para purificar y enraizarse, o tómese un descanso antes de continuar.

Paseo espiritual del nigromante

Propósito:
Facilitar un viaje al reino de los espíritus, permitiendo al practicante comunicarse con los espíritus, buscar orientación u obtener conocimientos. Este hechizo tiene como objetivo permitir una navegación segura y decidida entre el mundo físico y el reino espiritual.

Ingredientes:

Un mantel de altar de color índigo oscuro o azul medianoche: representa la profundidad y el misterio del reino espiritual.

Una vela negra: simboliza la apertura de la puerta de entrada al reino espiritual y la protección durante el viaje.

Una vela azul: representa la visión espiritual y la claridad durante el viaje.

Un pequeño cuenco de sal marina o sal del Himalaya – Para la purificación y protección durante el ritual.

Un pedazo de amatista o labradorita: mejora las habilidades psíquicas y la conexión con el reino espiritual.

Un pequeño plato de incienso (por ejemplo, incienso, sándalo o artemisa): para crear una atmósfera sagrada y mística que conduzca a la comunicación con los espíritus.

Un espejo de cristal u obsidiana – Actúa como punto focal para entrar y navegar por el reino de los espíritus.

Un pedazo de pergamino o papel: para registrar cualquier información o mensaje recibido durante el viaje.

Un bolígrafo: para anotar los detalles de su viaje o los mensajes recibidos.

Una pequeña ofrenda (por ejemplo, una piedra de color oscuro o un objeto simbólico): para honrar y reconocer a los espíritus y fuerzas involucrados.

Conjuro:

"Por la gracia de Endor y sus profundas sombras,
Camino por los reinos donde duermen los espíritus.
A través de la luz de la vela y la pura guarda de la sal,
Guíame a través del velo, más allá del fragmento.
Por la mirada del cristal y la llamada del incienso,
Revela las verdades más allá del muro".

Rendimiento:

Preparación:

Elige un espacio tranquilo y tranquilo para el ritual. El ritual se realiza mejor durante la tarde o la noche, cuando el velo entre los mundos es delgado.

Prepara tu espacio colocando el mantel de altar de color índigo oscuro o azul medianoche para representar la profundidad del reino espiritual.

Colocación del altar:

Coloca la vela negra y la vela azul en el altar. Enciende la vela negra primero para abrir la puerta de entrada al reino espiritual y brindar protección. Luego enciende la vela azul para mejorar la visión espiritual y la claridad.

Coloque el cuenco de sal marina o sal del Himalaya en el altar para purificación y protección durante el viaje.

Coloca la pieza de amatista o labradorita en el altar para amplificar las habilidades psíquicas y la conexión con el reino de los espíritus.

Enciende el incienso en un plato ignífugo para crear una atmósfera sagrada y mística propicia para la comunicación espiritual.

Coloque el espejo de cristal u obsidiana en el altar como punto focal para ingresar y navegar por el reino espiritual.

Coloque el pedazo de pergamino o papel y bolígrafo en el altar para registrar las percepciones o los mensajes recibidos durante el viaje.

Entrando en el Reino de los Espíritus:

Siéntate cómodamente frente al espejo y concéntrate en la llama de la vela negra. Recita el Conjuro en voz alta:

"Por la gracia de Endor y las sombras profundas, camino por los reinos donde duermen los espíritus".

Visualiza el espejo actuando como un portal al reino de los espíritus. Imagínate a ti mismo atravesando el velo mientras te enfocas en la vela azul y el incienso.

Navegando por el Reino de los Espíritus:

Mírate en el espejo y permite que tu mente entre en el reino espiritual. Confía en tu intuición y percepción mientras navegas por este espacio.

Presta atención a cualquier visión, símbolo o impresión que surja. Utilice la amatista o la labradorita para mejorar su conexión y mantener la claridad durante su viaje.

Recepción de mensajes u orientación:

Ábrete a cualquier mensaje o guía de los espíritus. Observe cualquier cambio en la atmósfera o reciba comunicación directa.

Utilice el bolígrafo y el pergamino para registrar cualquier información, mensaje o experiencia de su viaje. Esté atento tanto a la comunicación directa como a las señales sutiles.

Honrando a los espíritus:

Ofrezca una pequeña muestra de respeto a los espíritus colocando una piedra de color oscuro o un elemento simbólico en el altar o encendiendo incienso adicional como gesto de reconocimiento y honor.

Cerrando el Ritual:

Agradezca a los espíritus por su presencia y cualquier información que proporcionaron. Decir:

"Gracias, espíritus, por su guía y presencia. El viaje ya se ha completado y el velo se ha cerrado".

Apague primero la vela negra para indicar el cierre de la puerta, seguida de la vela azul para cerrar el ritual.

Limpieza y puesta a tierra:

Conéctate a tierra tocando la tierra o realizando un ejercicio de conexión a tierra para estabilizar tu energía después del ritual.

Limpia el espacio dispersando cualquier resto de humo de incienso o usando una pequeña cantidad de sal para purificar el área.

Eliminación de los restos rituales:

Deseche de manera segura el pergamino y cualquier material restante. Considere colocarlos en un lugar que signifique el final del viaje y el sellado del reino espiritual.

Seguimiento:

Reflexione sobre las percepciones y la orientación obtenidas del viaje. Considere cómo se aplican a su comprensión o a la situación específica que estaba explorando.

Controle cualquier energía o efecto persistente del ritual y realice una limpieza de seguimiento si es necesario.

Mantenimiento de la conexión:

Para mantener la conexión y la claridad, considera la posibilidad de realizar rituales o meditaciones relacionadas periódicamente.

Guarde todos los mensajes o ideas grabados en un lugar seguro para futuras referencias y reflexiones.

Notas:

Acércate al ritual con una intención clara y respeto por los espíritus con los que estás trabajando. Navegar por el reino de los espíritus requiere un manejo cuidadoso y reverencia.

Si experimenta molestias o sensaciones abrumadoras, use la sal para purificar y enraizarse, o tómese un descanso antes de continuar.

Hechizo de Sueño Eterno de Endor

Propósito:
Inducir un sueño o descanso profundo y transformador, facilitando una transición pacífica o un cambio profundo. Este hechizo se puede usar para ayudar a los espíritus a encontrar descanso, calmar entidades inquietas o simbolizar un cambio o final importante.

Ingredientes:

Un mantel de altar azul oscuro o negro: representa la profundidad y la finalidad del sueño eterno.

Una vela negra: simboliza la transición y el final pacífico de un ciclo.

Una vela blanca: representa la pureza, la paz y un nuevo comienzo después del sueño.

Un tazón pequeño de flores de lavanda o manzanilla: por sus propiedades calmantes y calmantes.

Un pedazo de amatista o piedra lunar – Mejora la paz espiritual y la energía relajante.

Un pequeño plato de incienso (por ejemplo, lavanda, sándalo o mirra): para crear un ambiente tranquilo y tranquilizador.

Una almohada o tela blanca y suave: simboliza la comodidad y la suavidad del sueño eterno.

Un pedazo de pergamino o papel: para escribir cualquier intención o mensaje relacionado con el hechizo.

Un bolígrafo: para inscribir los detalles de su intención.

Una pequeña ofrenda (por ejemplo, una flor blanca o un elemento simbólico de paz): para honrar la transición y reconocer el proceso.

Conjuro:

"Por la gracia de Endor y sus profundas sombras,
Invoco el hechizo del sueño eterno.
A través de la luz de las velas y la calma de las flores,
Guía el espíritu a la paz, sin daño.
Por el resplandor de la amatista y la bruma del incienso,
Trae un sueño reparador a través de caminos suaves".

Rendimiento:

Preparación:

Elige un espacio tranquilo y tranquilo para el ritual. El ritual se realiza mejor por la tarde o por la noche para alinearse con la naturaleza relajante del hechizo.

Prepara tu espacio colocando el mantel del altar azul oscuro o negro para simbolizar la profundidad del sueño eterno.

Colocación del altar:

Coloca la vela negra y la vela blanca en el altar. Enciende la vela negra primero para significar la transición al sueño y el final de un ciclo. Luego enciende la vela blanca para simbolizar la paz y el comienzo de una nueva etapa.

Coloca el cuenco de flores de lavanda o manzanilla en el altar para representar la energía relajante y calmante.

Coloque la pieza de amatista o piedra lunar en el altar para mejorar la paz espiritual y la energía relajante.

Enciende el incienso en un plato ignífugo para crear un ambiente tranquilo propicio para el hechizo.

Coloque la almohada o tela blanca suave en el altar como símbolo de la comodidad y la suavidad del sueño eterno.

Coloque el pedazo de pergamino o papel y el bolígrafo en el altar para escribir cualquier intención o mensaje.

Establecimiento de intenciones:

Escribe tus intenciones o mensajes específicos relacionados con el hechizo en el pergamino o papel. Esto podría incluir el propósito del hechizo, como facilitar una transición pacífica, calmar un espíritu inquieto o marcar un cambio significativo.

Lanzar el hechizo:

Párate frente al altar y concéntrate en la llama de la vela negra. Recita el Conjuro en voz alta:

"Por la gracia de Endor y las sombras profundas, invoco el hechizo del sueño eterno".

Visualiza la llama de la vela negra creando una energía suave y relajante que envuelve el espíritu o la situación a la que te estás enfrentando.

Guía para el descanso pacífico:

Coloque suavemente las flores de lavanda o manzanilla alrededor de la almohada o tela blanca. Imagina que estas flores irradian una energía calmante que guía al espíritu o entidad a un estado de paz y descanso.

Utilice la amatista o piedra lunar para amplificar la energía pacífica, colocándola cerca de la almohada o tela y visualizándola mejorando la comodidad y la tranquilidad.

Recepción y registro de información:

Siéntate en silencio y ábrete a cualquier mensaje o percepción relacionada con el hechizo. Presta atención a símbolos, sentimientos o impresiones intuitivas.

Use el bolígrafo y el pergamino para registrar cualquier información o mensaje recibido durante el ritual. Documente cualquier cambio o sentimiento que surja.

Honrando la transición:

Ofrezca una pequeña muestra de respeto al proceso colocando una flor blanca o un elemento simbólico de paz en el altar. Este gesto simboliza el honor y el reconocimiento de la transición.

Cerrando el Ritual:

Agradece las fuerzas y energías involucradas en el hechizo. Decir: "Gracias por su presencia y asistencia. El hechizo ahora está lanzado, y la paz está establecida".

Apaga primero la vela negra para indicar el final de la transición, seguida de la vela blanca para completar el hechizo.

Limpieza y puesta a tierra:

Conéctate a tierra tocando la tierra o realizando un ejercicio de conexión a tierra para estabilizar tu energía después del ritual.

Limpia el espacio dispersando cualquier resto de humo de incienso o usando una pequeña cantidad de sal para purificar el área.

Eliminación de los restos rituales:

Deseche de manera segura el pergamino, las flores y cualquier material restante. Considere la posibilidad de colocarlos en un lugar que signifique el final del proceso y la transición pacífica.

Seguimiento:

Reflexiona sobre los efectos del hechizo y cualquier conocimiento obtenido. Considere cómo se aplican a su comprensión o a la situación específica que estaba abordando.

Monitorea cualquier cambio o efecto del hechizo y realiza rituales de seguimiento si es necesario para asegurar la transición o el cambio pacífico.

Mantenimiento de la paz:

Para mantener la paz y la tranquilidad, considera la posibilidad de realizar rituales o meditaciones relacionadas periódicamente.

Guarde cualquier mensaje grabado o información del hechizo en un lugar seguro para futuras referencias y reflexiones.

Notas:

Acércate al ritual con respeto y una intención clara. Inducir el sueño eterno requiere un manejo cuidadoso y reverencia por el proceso.

Si experimenta molestias o sensaciones abrumadoras, use la sal para purificar y enraizarse, o tómese un descanso antes de continuar.

El embrujo de los perdidos

Propósito:
Relacionarse con los espíritus perdidos o errantes y abordarlos, proporcionándoles claridad, orientación o asistencia. Este hechizo busca resolver su inquietud y ayudarlos a encontrar la paz o la dirección.

Ingredientes:

Un mantel de altar de color púrpura oscuro o azul medianoche: representa el misterio y la profundidad del reino espiritual.

Una vela negra: simboliza la invocación del reino espiritual y el abordaje de los espíritus perdidos.

Una vela blanca: representa la purificación, la paz y la luz que guía a los espíritus.

Un pequeño cuenco de sal marina o sal del Himalaya – Para la purificación y protección durante el ritual.

Un pedazo de obsidiana o turmalina negra: para la conexión a tierra y la protección contra las energías negativas.

Un pequeño plato de incienso (por ejemplo, incienso, mirra o sándalo): para crear una atmósfera sagrada y receptiva para la comunicación con los espíritus.

Un espejo de cristal o de adivinación: actúa como punto focal para interactuar con los espíritus perdidos.

Un pequeño cuenco de leche o miel: una ofrenda tradicional a los espíritus, que simboliza la nutrición y el consuelo.

Un pedazo de pergamino o papel: para anotar cualquier mensaje u orientación recibida durante el ritual.

Un bolígrafo: para registrar cualquier información o mensaje.

Una pequeña ofrenda (por ejemplo, una pluma blanca o una muestra simbólica de orientación): para honrar y reconocer a los espíritus perdidos.

Conjuro:

"Por las sombras de Endor y la difícil situación de los espíritus,
Llamo a los perdidos esta noche.
A través del resplandor de las velas y la neblina del incienso,
Guíalos de sus caminos errantes.
Por la mirada del cristal y el velo puro de la sal,
Trae la paz que ellos buscan aprovechar".

Rendimiento:

Preparación:

Elige un espacio tranquilo y tranquilo para el ritual. El ritual se realiza mejor durante la tarde o la noche, cuando el velo entre los mundos es delgado.

Prepara tu espacio colocando el mantel del altar de color púrpura oscuro o azul medianoche para representar la profundidad del reino espiritual y el compromiso con los espíritus perdidos.

Colocación del altar:

Coloca la vela negra y la vela blanca en el altar. Enciende la vela negra primero para abrir el canal hacia el reino de los espíritus y dirigirte a los espíritus perdidos. Luego enciende la vela blanca para simbolizar la purificación, la paz y la guía.

Coloque el cuenco de sal marina o sal del Himalaya en el altar para purificarlo y protegerlo durante el ritual.

Coloque la pieza de obsidiana o turmalina negra en el altar para proporcionar conexión a tierra y protección contra las energías negativas.

Enciende el incienso en un plato ignífugo para crear una atmósfera sagrada para la comunicación espiritual.

Coloque el cristal o el espejo de adivinación en el altar como un punto focal para interactuar con los espíritus perdidos.

Coloque el cuenco de leche o miel en el altar como ofrenda a los espíritus, simbolizando la nutrición y el consuelo.

Coloque el pedazo de pergamino o papel y bolígrafo en el altar para anotar cualquier mensaje o guía recibida.

Llamando a los Espíritus Perdidos:

Párate frente al altar y concéntrate en la llama de la vela negra. Recita el Conjuro en voz alta:

"Por las sombras de Endor y la difícil situación de los espíritus, llamo a los perdidos esta noche."

Visualiza la llama de la vela negra creando un puente o camino para que los espíritus perdidos se comuniquen.

Relacionarse con los espíritus:

Mírate en el espejo o cristal y ábrete a la presencia de los espíritus perdidos. Permite que tu intuición te guíe para conectarte con ellos.

Observa cualquier símbolo, visiones o impresiones que surjan. Confía en tus sentimientos y percepciones mientras te relacionas con los espíritus.

Ofreciendo orientación y paz:

Coloque suavemente la leche o la miel frente al espejo de adivinación o en el altar como ofrenda a los espíritus. Imagínese esta ofrenda proporcionándoles alimento y consuelo.

Use la obsidiana o la turmalina negra para mantener la conexión a tierra y la protección mientras trabaja con los espíritus.

Recepción y grabación de mensajes:

Mantente abierto a cualquier mensaje o guía de los espíritus. Presta atención a los símbolos, sentimientos o impresiones intuitivas que surjan.

Use el bolígrafo y el pergamino para registrar cualquier percepción, mensaje o experiencia del ritual. Documente cualquier cambio u orientación recibida.

Honrando a los espíritus:

Ofrezca una pequeña muestra de respeto a los espíritus colocando una pluma blanca o una señal simbólica de orientación en el altar. Este gesto simboliza el honor y el reconocimiento de su presencia.

Cerrando el Ritual:

Agradezca a los espíritus por su presencia y cualquier información que proporcionaron. Decir:

"Gracias, espíritus, por su guía y presencia. El ritual ya está completo y el camino está despejado".

Apague primero la vela negra para significar el cierre del canal, seguida de la vela blanca para completar el ritual.

Limpieza y puesta a tierra:

Conéctate a tierra tocando la tierra o realizando un ejercicio de conexión a tierra para estabilizar tu energía después del ritual.

Limpia el espacio dispersando cualquier resto de humo de incienso o usando una pequeña cantidad de sal para purificar el área.

Eliminación de los restos rituales:

Deseche de manera segura el pergamino, la ofrenda y cualquier material restante. Considere colocarlos en un lugar que signifique el final del ritual y la resolución de los espíritus perdidos.

Seguimiento:

Reflexiona sobre las percepciones y la orientación obtenidas del ritual. Considere cómo se aplican a su comprensión o a la situación específica que estaba abordando.

Monitoree cualquier cambio o efecto del ritual y realice rituales de seguimiento si es necesario para asegurarse de que los espíritus perdidos encuentren paz u orientación.

Mantenimiento de la conexión:

Para mantener la conexión y la claridad, considera la posibilidad de realizar rituales o meditaciones relacionadas periódicamente.

Guarde cualquier mensaje grabado o percepciones del ritual en un lugar seguro para futuras referencias y reflexiones.

Notas:

Acércate al ritual con respeto y una intención clara. Abordar los espíritus perdidos requiere un manejo cuidadoso y reverencia.

Si experimenta molestias o sensaciones abrumadoras, use la sal para purificar y enraizarse, o tómese un descanso antes de continuar.

Grilletes de alma de Endor

Propósito:
Vincular o contener a un espíritu o entidad, limitando su influencia o presencia. Este hechizo se utiliza para restringir la actividad de un espíritu, a menudo para evitar interrupciones, garantizar la seguridad o controlar las acciones de la entidad.

Ingredientes:

Un mantel de altar rojo intenso o negro: simboliza el poder de la unión y la contención.

Una vela negra: representa el acto de atar y la contención de las fuerzas espirituales.

Una vela roja: significa la fuerza y el poder necesarios para hacer cumplir los grilletes.

Un pequeño cuenco de sal marina o sal negra: para proteger y mejorar el efecto aglutinante.

Un pedazo de obsidiana o hierro: para conectar a tierra y reforzar la contención.

Un pequeño plato de incienso (por ejemplo, sangre de dragón, salvia o pachulí): para crear una atmósfera potente y protectora.

Un trozo de hilo o cordón negro: actúa como agente aglutinante simbólico.

Un pedazo de pergamino o papel: para anotar el nombre del espíritu o detalles relacionados con la encuadernación.

Un bolígrafo – Para inscribir los detalles de la encuadernación.

Una pequeña ofrenda (por ejemplo, una piedra de color oscuro o un objeto simbólico): para honrar el proceso de atar y reconocer la presencia del espíritu.

Conjuro:
"Por el poder y las sombras profundas de Endor,
Arrojo estos grilletes, el alma para conservar.
A través del fuego de la vela y la fuerte guardia de la sal,
Ata el espíritu, la tarea es difícil.
Por el abrazo del hilo y la fuerza del incienso,
Restrinja su poder y ponga fin a la difícil situación".

Rendimiento:

Preparación:
Elige un espacio tranquilo y tranquilo para el ritual. Este hechizo se realiza mejor durante la tarde o la noche, cuando las energías espirituales se intensifican.

Prepara tu espacio colocando el mantel del altar rojo intenso o negro para simbolizar la unión y la contención.

Colocación del altar:
Coloca la vela negra y la vela roja en el altar. Enciende primero la vela negra para representar el acto de atar y contener. Luego enciende la vela roja para indicar la fuerza y el poder necesarios para hacer cumplir los grilletes.

Coloque el cuenco de sal marina o sal negra en el altar para protegerlo y mejorar el efecto aglutinante.

Coloque la pieza de obsidiana o hierro en el altar para proporcionar conexión a tierra y reforzar la contención.

Enciende el incienso en un plato ignífugo para crear una atmósfera potente y protectora.

Coloque el trozo de hilo o cordón negro en el altar, que se utilizará simbólicamente en el proceso de encuadernación.

Coloque el pedazo de pergamino o papel y bolígrafo en el altar para anotar el nombre del espíritu o detalles relacionados con la encuadernación.

Escribir los detalles de la encuadernación:

En el pergamino o papel, escribe el nombre del espíritu o entidad que deseas vincular, así como cualquier detalle específico relacionado con su presencia o influencia.

Fundición de la encuadernación:

Párate frente al altar y concéntrate en la llama de la vela negra. Recita el Conjuro en voz alta:

"Por el poder de Endor y las sombras profundas, arrojé estos grilletes, el alma para conservar".

Visualiza la llama de la vela negra creando una poderosa barrera que contiene y restringe la influencia del espíritu.

Encuadernación con el hilo:

Toma el trozo de hilo o cordón negro y sujétalo sobre el pergamino o papel donde has escrito los detalles del espíritu. Imagina el hilo que une simbólicamente la presencia y la influencia del espíritu.

Envuelve el hilo alrededor del pergamino o papel, atándolo de forma segura. Al hacerlo, visualiza que el espíritu está restringido y su energía está contenida.

Reforzando la contención:

Coloque la obsidiana o el hierro cerca del pergamino o papel encuadernado para fortalecer la contención. Visualiza este material reforzando la barrera y enraizando la energía.

Usa la sal para crear un límite protector alrededor del espacio ritual. Espolvoree una pequeña cantidad de sal en un círculo alrededor del altar para mejorar el efecto de unión y garantizar la seguridad.

Ofrenda y cierre del ritual:

Ofrezca una pequeña muestra de respeto colocando una piedra de color oscuro o un elemento simbólico en el altar. Este gesto simboliza el reconocimiento de la presencia del espíritu y el proceso de atadura.

Agradece las energías y fuerzas involucradas en el ritual. Decir: "Gracias por su ayuda en atar el espíritu. El ritual ya está completo y los grilletes están puestos".

Apague primero la vela negra para significar la finalización de la unión, seguida de la vela roja para concluir el ritual.

Limpieza y puesta a tierra:

Conéctate a tierra tocando la tierra o realizando un ejercicio de conexión a tierra para estabilizar tu energía después del ritual.

Limpia el espacio dispersando cualquier resto de humo de incienso o usando una pequeña cantidad de sal para purificar el área.

Eliminación de los restos rituales:

Deseche de manera segura el pergamino, el hilo y cualquier material restante. Considere colocarlos en un lugar que signifique la finalización del proceso de unión y la contención del espíritu.

Seguimiento:

Reflexiona sobre los efectos del hechizo y los cambios observados. Considere cómo la atadura ha afectado al espíritu o entidad y asegúrese de que la contención sea efectiva.

Monitoree cualquier influencia o presencia continua del espíritu y realice rituales de seguimiento si es necesario para mantener el control o abordar cualquier problema.

Mantenimiento del control:

Para mantener el control sobre el espíritu atado, considera realizar rituales o meditaciones relacionadas periódicamente.

Guarde cualquier registro o detalle del ritual en un lugar seguro para futuras referencias y para monitorear la efectividad de la atadura.

Notas:

Acércate al ritual con respeto y una intención clara. Atar a un espíritu requiere un manejo cuidadoso y respeto por el proceso espiritual.

Si experimenta molestias o sensaciones abrumadoras, use la sal para purificar y enraizarse, o tómese un descanso antes de continuar.

Invocando al Vidente de la Muerte

P ropósito:
Para convocar y buscar la guía del Vidente de la Muerte, una entidad o espíritu asociado con la vida después de la muerte, la adivinación o la transición entre la vida y la muerte. Este hechizo se usa a menudo para obtener información sobre la muerte, la vida después de la muerte o con fines adivinatorios relacionados con el final de los ciclos.

Ingredientes:

Un mantel de altar de color negro oscuro o púrpura oscuro: representa el misterio y la profundidad asociados con la muerte y la vida después de la muerte.

Una vela negra – Simboliza la presencia del Vidente de la Muerte y el reino de los muertos.

Una vela blanca: representa la purificación y la guía del Vidente de la Muerte.

Un pequeño cuenco de sal marina o sal negra: para protegerse y mejorar la conexión con el Vidente de la Muerte.

Un pedazo de obsidiana o turmalina negra: para conexión a tierra y protección durante la invocación.

Un pequeño plato de incienso (por ejemplo, incienso, mirra o cedro): para crear una atmósfera sagrada y receptiva para la invocación.

Una bola de cristal o un espejo de adivinación: actúa como punto focal para la presencia y la comunicación del Vidente de la Muerte.

Un pedazo de pergamino o papel: para anotar cualquier mensaje u orientación recibida.

Un bolígrafo: para anotar cualquier idea o información.

Una pequeña ofrenda (por ejemplo, una flor de color oscuro o un objeto simbólico de respeto): para honrar al Vidente de la Muerte y reconocer su presencia.

Conjuro:
"Por el velo de Endor y sus profundas sombras,
Llamo al Vidente de la Muerte desde su sueño.
A través de la llama de la vela y la pura guarda de la sal,
Saca a relucir su sabiduría, la verdad inmaculada.
Por la mirada del cristal y la bruma del incienso,
Guíame a través de los caminos oscuros".

Rendimiento:

Preparación:

Elige un espacio tranquilo y tranquilo para el ritual. Realiza este hechizo durante la tarde o la noche para alinearte con las energías del Vidente de la Muerte y la vida después de la muerte.

Prepara tu espacio colocando el mantel del altar de color negro oscuro o morado oscuro para simbolizar la profundidad y el misterio de la vida después de la muerte.

Colocación del altar:

Coloca la vela negra y la vela blanca en el altar. Enciende primero la vela negra para simbolizar la presencia del Vidente de la Muerte y el reino de los muertos. Luego encienda la vela blanca para representar la purificación y la guía proporcionada.

Coloca el cuenco de sal marina o sal negra en el altar para protegerlo y mejorar el proceso de invocación.

Coloque la pieza de obsidiana o turmalina negra en el altar para proporcionar conexión a tierra y protección.

Enciende el incienso en un plato ignífugo para crear una atmósfera sagrada y receptiva para el Vidente de la Muerte.

Coloca la bola de cristal o el espejo de adivinación en el altar como punto focal para la presencia y comunicación del Vidente de la Muerte.

Coloque el pedazo de pergamino o papel y la pluma en el altar para anotar cualquier mensaje o guía recibida.

Coloca la pequeña ofrenda (por ejemplo, una flor de color oscuro o un objeto simbólico) en el altar para honrar al Vidente de la Muerte y reconocer su presencia.

Llamando al Vidente de la Muerte:

Párate frente al altar y concéntrate en la llama de la vela negra. Recita el Conjuro en voz alta:

"Por el velo y las sombras profundas de Endor, llamo al Vidente de la Muerte desde su sueño."

Visualiza la llama de la vela negra creando un puente o conexión con el Vidente de la Muerte, invitando a su presencia y sabiduría.

Enfrentamiento con el Vidente de la Muerte:

Mírate en la bola de cristal o en el espejo de adivinación y ábrete a la presencia del Vidente de la Muerte. Permite que tu intuición y percepción te guíen para conectarte con ellos.

Observa cualquier símbolo, visiones o impresiones que surjan. Confía en tus sentimientos y percepciones mientras te relacionas con el Vidente de la Muerte.

Orientación para recibir y registrar:

Mantente abierto a cualquier mensaje o guía del Vidente de la Muerte. Presta atención a los símbolos, sentimientos o impresiones intuitivas que surjan.

Use el bolígrafo y el pergamino para registrar cualquier percepción, mensaje o experiencia del ritual. Documente cualquier cambio u orientación recibida.

Ofrenda y Honor:

Ofrezca una pequeña muestra de respeto colocando la flor de color oscuro o el elemento simbólico en el altar. Este gesto simboliza el reconocimiento de la presencia del Vidente de la Muerte y la sabiduría que proporciona.

Cerrando el Ritual:

Agradece al Vidente de la Muerte por su presencia y cualquier orientación que te haya proporcionado. Decir:

"Gracias, Vidente de la Muerte, por tu sabiduría y presencia. El ritual ya está completo y tu guía ha sido recibida".

Apague primero la vela negra para significar el cierre de la conexión, seguida de la vela blanca para concluir el ritual.

Limpieza y puesta a tierra:

Conéctate a tierra tocando la tierra o realizando un ejercicio de conexión a tierra para estabilizar tu energía después del ritual.

Limpia el espacio dispersando cualquier resto de humo de incienso o usando una pequeña cantidad de sal para purificar el área.

Eliminación de los restos rituales:

Deseche de manera segura el pergamino, la ofrenda y cualquier material restante. Considera colocarlos en un lugar que signifique la finalización del proceso de invocación y el respeto por el Vidente de la Muerte.

Seguimento:

Reflexiona sobre las percepciones y la orientación obtenidas del ritual. Considere cómo se aplican a su comprensión o a las preguntas o problemas específicos que estaba abordando.

Monitoree cualquier cambio o efecto del ritual y realice rituales de seguimiento si es necesario para explorar más a fondo la guía o garantizar la claridad.

Mantenimiento de la conexión:

Para mantener la conexión y la comprensión, considera la posibilidad de realizar rituales o meditaciones relacionadas periódicamente.

Guarde cualquier mensaje grabado o percepciones del ritual en un lugar seguro para futuras referencias y reflexiones.

Notas:

Acércate al ritual con respeto y una intención clara. Invocar entidades espirituales requiere un manejo cuidadoso y reverencia.

Si experimenta molestias o sensaciones abrumadoras, use la sal para purificar y enraizarse, o tómese un descanso antes de continuar.

Toque fantasma de Endor

Propósito:
Establecer contacto con espíritus o entidades del otro lado, permitiendo una conexión tangible o perceptible. Este hechizo facilita la capacidad de sentir o sentir la presencia de un espíritu y recibir sus mensajes.

Ingredientes:

Un mantel de altar de color violeta oscuro o azul medianoche: representa la profundidad y el misterio del reino espiritual.

Una vela negra: simboliza la conexión con el reino espiritual y la invocación de entidades espectrales.

Una vela blanca – Representa la purificación y la claridad en el proceso de comunicación.

Un pequeño cuenco de sal marina o sal negra: para proteger y mejorar la conexión con el reino de los espíritus.

Una pieza de amatista o cuarzo transparente: para amplificar la comunicación espiritual y la percepción.

Un pequeño plato de incienso (por ejemplo, sándalo, lavanda o artemisa): para crear una atmósfera receptiva y mística.

Un espejo o herramienta de adivinación: actúa como un punto focal para establecer contacto con el espíritu.

Un pedazo de pergamino o papel: para escribir cualquier mensaje o experiencia durante el ritual.

Un bolígrafo: para registrar cualquier información o mensaje.

Una pequeña ofrenda (por ejemplo, una pluma blanca o una muestra simbólica de respeto): para honrar a los espíritus y reconocer su presencia.

Conjuro:
"Por la gracia de Endor y sus profundas sombras,
Busco el tacto de los espíritus que duermen.
A través de la llama de la vela y el velo puro de la sal,
Acércate a los que deambulan pálidos.
Por la mirada del espejo y la luz del incienso,
Trae el toque de la noche espectral.
Rendimiento:
Preparación:
Elige un espacio tranquilo y tranquilo para el ritual. Este hechizo se realiza mejor durante la tarde o la noche, cuando el velo entre los mundos es delgado.

Prepara tu espacio colocando el mantel del altar de color violeta oscuro o azul medianoche para representar el reino de los espíritus y la conexión con el otro lado.

Colocación del altar:
Coloca la vela negra y la vela blanca en el altar. Enciende primero la vela negra para simbolizar la conexión con el reino espiritual. Luego enciende la vela blanca para representar la purificación y la claridad en la comunicación.

Coloque el cuenco de sal marina o sal negra en el altar para protegerlo y mejorar la conexión.

Coloca la pieza de amatista o cuarzo transparente en el altar para amplificar la comunicación y la percepción espiritual.

Enciende el incienso en un plato ignífugo para crear una atmósfera mística propicia para el contacto con los espíritus.

Coloque el espejo o la herramienta de adivinación en el altar como un punto focal para establecer contacto con el espíritu.

Coloque el pedazo de pergamino o papel y bolígrafo en el altar para registrar cualquier mensaje o experiencia durante el ritual.

Coloque la pequeña ofrenda (por ejemplo, una pluma blanca o una ficha simbólica) en el altar para honrar a los espíritus y reconocer su presencia.

Iniciando el contacto:

Párate frente al altar y concéntrate en la llama de la vela negra. Recita el Conjuro en voz alta:

"Por la gracia de Endor y sus sombras profundas, busco el toque de los espíritus que duermen".

Visualiza la llama de la vela negra abriendo un canal hacia el reino espiritual e invitando a la presencia de entidades espectrales.

Establecimiento de la conexión:

Mírate en el espejo o en la herramienta de adivinación y ábrete a la presencia de espíritus. Permite que tu intuición y percepción te guíen en el establecimiento del contacto.

A medida que te concentras, mantén la calma y la recepción, prestando atención a cualquier sensación sutil, cambios de temperatura o cambios en el entorno que puedan indicar la presencia de un espíritu.

Recepción y grabación de mensajes:

Mantente abierto a cualquier sensación, impresión o mensaje de los espíritus. Confía en tus sentimientos y percepciones a medida que sientes su presencia.

Usa el bolígrafo y el pergamino para registrar cualquier mensaje, sensación o experiencia durante el ritual. Documenta cualquier cambio o información que recibas.

Ofrenda y Honor:

Ofrezca una pequeña muestra de respeto colocando la pluma blanca o simbólica en el altar. Este gesto simboliza el reconocimiento de la presencia de los espíritus y la conexión establecida.

Cerrando el Ritual:

Agradezca a los espíritus por su presencia y cualquier mensaje que proporcionaron. Decir:

"Gracias, espíritus, por su toque y presencia. El ritual ya está completo y se agradece su guía".

Apague primero la vela negra para significar el cierre de la conexión, seguida de la vela blanca para concluir el ritual.

Limpieza y puesta a tierra:

Conéctate a tierra tocando la tierra o realizando un ejercicio de conexión a tierra para estabilizar tu energía después del ritual.

Limpia el espacio dispersando cualquier resto de humo de incienso o usando una pequeña cantidad de sal para purificar el área.

Eliminación de los restos rituales:

Deseche de manera segura el pergamino, la ofrenda y cualquier material restante. Considere colocarlos en un lugar que signifique la finalización de la conexión y el respeto por los espíritus.

Seguimiento:

Reflexiona sobre las sensaciones, mensajes y experiencias obtenidas del ritual. Considere cómo se aplican a su comprensión o a las preguntas o problemas específicos que estaba abordando.

Monitoree cualquier efecto o influencia continua del ritual y realice rituales de seguimiento si es necesario para explorar más a fondo el contacto o garantizar la claridad.

Mantenimiento de la conexión:

Para mantener la conexión y la comprensión, considera la posibilidad de realizar rituales o meditaciones relacionadas periódicamente.

Guarde cualquier mensaje grabado o percepciones del ritual en un lugar seguro para futuras referencias y reflexiones.

Notas:

Acércate al ritual con respeto y una intención clara. Establecer contacto con los espíritus requiere un manejo cuidadoso y reverencia.

Si experimenta molestias o sensaciones abrumadoras, use la sal para purificación y conexión a tierra, o tome un descanso antes de continuar

Espíritus del Reino de las Sombras

Propósito:
Para convocar y comunicarse con espíritus de una dimensión sombría o misteriosa. Este hechizo facilita el contacto con entidades asociadas con los aspectos más profundos y oscuros del reino espiritual.

Ingredientes:

Un mantel de altar negro oscuro o azul medianoche: simboliza la profundidad y el misterio del reino sombrío.

Una vela negra: representa la conexión con los espíritus sombríos y los aspectos más oscuros del mundo espiritual.

Una vela púrpura – Significa la visión espiritual y los aspectos místicos del reino sombrío.

Un pequeño cuenco de sal marina o sal negra: para protegerse y mejorar la conexión con el reino sombrío.

Un pedazo de obsidiana u ónix: para conexión a tierra y protección durante la invocación.

Un pequeño plato de incienso (por ejemplo, mirra, pachulí o sangre de dragón): para crear una atmósfera sagrada y receptiva para el contacto con los espíritus.

Un espejo de adivinación de color oscuro o un espejo de obsidiana: actúa como punto focal para establecer contacto con los espíritus sombríos.

Un pedazo de pergamino o papel: para escribir cualquier mensaje o experiencia durante el ritual.

Un bolígrafo: para registrar cualquier información o mensaje.

Una pequeña ofrenda (por ejemplo, una pluma negra o una muestra simbólica de respeto): para honrar a los espíritus y reconocer su presencia.

Conjuro:

"Por el velo y las sombras profundas de Endor,
Llamo a los espíritus de reinos no desatados.
A través de la llama de la vela y la gracia oscura de la sal,
Trae las sombras a este lugar.
Por la mirada del espejo y el aroma del incienso,
Revela el profundo lamento de los espíritus".

Rendimiento:

Preparación:

Elige un espacio tranquilo y tranquilo para el ritual. Realiza este hechizo durante la tarde o la noche para alinearte con las energías del reino sombrío.

Prepare su espacio colocando el mantel del altar de color negro oscuro o azul medianoche para simbolizar la dimensión sombreada.

Colocación del altar:

Coloca la vela negra y la vela morada en el altar. Enciende la vela negra primero para representar la conexión con los espíritus sombríos. Luego enciende la vela morada para significar la visión espiritual y los aspectos místicos.

Coloque el cuenco de sal marina o sal negra en el altar para protegerlo y mejorar la conexión.

Coloque la pieza de obsidiana u ónix en el altar para proporcionar conexión a tierra y protección.

Enciende el incienso en un plato ignífugo para crear una atmósfera sagrada y receptiva para el contacto con los espíritus.

Coloque el espejo de adivinación de color oscuro o el espejo de obsidiana en el altar como punto focal para establecer contacto con los espíritus sombríos.

Coloque el pedazo de pergamino o papel y bolígrafo en el altar para registrar cualquier mensaje o experiencia durante el ritual.

Coloque la pequeña ofrenda (por ejemplo, una pluma negra o una ficha simbólica) en el altar para honrar a los espíritus y reconocer su presencia.

Llamando a los Espíritus:

Párate frente al altar y concéntrate en la llama de la vela negra. Recita el Conjuro en voz alta:

"Por el velo y las sombras profundas de Endor, llamo a los espíritus de reinos no desatados."

Visualiza la llama de la vela negra creando un puente o conexión con el reino sombrío, invitando a la presencia de los espíritus.

Establecimiento de contacto:

Mírate en el espejo de sombra de color oscuro o en el espejo de obsidiana y ábrete a la presencia de los espíritus sombríos. Permite que tu intuición y percepción te guíen en el establecimiento del contacto.

Permanezca tranquilo y receptivo, prestando atención a cualquier sensación sutil, cambios en el entorno o cambios visuales en el espejo que puedan indicar la presencia de espíritus.

Recepción y grabación de mensajes:

Mantente abierto a cualquier sensación, impresión o mensaje de los espíritus. Confía en tus sentimientos y percepciones a medida que te relacionas con ellos.

Usa el bolígrafo y el pergamino para registrar cualquier mensaje, sensación o experiencia durante el ritual. Documenta cualquier información o cambio que recibas.

Ofrenda y Honor:

Ofrezca una pequeña muestra de respeto colocando la pluma negra o una ficha simbólica en el altar. Este gesto simboliza el reconocimiento de la presencia de los espíritus y el respeto por su reino.

Cerrando el Ritual:

Agradezca a los espíritus por su presencia y cualquier mensaje que proporcionaron. Decir:

"Gracias, espíritus, por su presencia y guía. El ritual ya está completo y se agradece tu sabiduría".

Apaga primero la vela negra para significar el cierre de la conexión, seguida de la vela morada para concluir el ritual.

Limpieza y puesta a tierra:

Conéctate a tierra tocando la tierra o realizando un ejercicio de conexión a tierra para estabilizar tu energía después del ritual.

Limpia el espacio dispersando cualquier resto de humo de incienso o usando una pequeña cantidad de sal para purificar el área.

Eliminación de los restos rituales:

Deseche de manera segura el pergamino, la ofrenda y cualquier material restante. Considere colocarlos en un lugar que signifique la finalización de la conexión y el respeto por los espíritus.

Seguimiento:

Reflexiona sobre las sensaciones, mensajes y experiencias obtenidas del ritual. Considere cómo se aplican a su comprensión o a las preguntas o problemas específicos que estaba abordando.

Monitoree cualquier efecto o influencia continua del ritual y realice rituales de seguimiento si es necesario para explorar más a fondo el contacto o garantizar la claridad.

Mantenimiento de la conexión:

Para mantener la conexión y la comprensión, considera la posibilidad de realizar rituales o meditaciones relacionadas periódicamente.

Guarde cualquier mensaje grabado o percepciones del ritual en un lugar seguro para futuras referencias y reflexiones.

Notas:

Acércate al ritual con respeto y una intención clara. El contacto con espíritus sombríos requiere un manejo cuidadoso y reverencia.

Si experimenta molestias o sensaciones abrumadoras, use la sal para purificar y enraizarse, o tómese un descanso antes de continuar.

La llamada de Endor al más allá

P ropósito:
 Invocar y establecer comunicación con espíritus o entidades del más allá, buscando su guía, comprensión o conexión.

Ingredientes:

Un mantel de altar azul oscuro o negro: simboliza el misterio y la profundidad de la vida después de la muerte.

Una vela negra: representa la conexión con la vida después de la muerte y los espíritus del difunto.

Una vela blanca – Significa pureza, claridad y la transición pacífica de los espíritus.

Un pequeño cuenco de sal marina o sal negra: para protegerse y mejorar la conexión con el más allá.

Una pieza de cuarzo transparente o amatista: para amplificar la comunicación espiritual y la claridad.

Un pequeño plato de incienso (por ejemplo, incienso, mirra o sándalo): para crear una atmósfera sagrada y acogedora para el contacto con los espíritus.

Un espejo de adivinación o una bola de cristal: actúa como punto focal para establecer comunicación con los espíritus del más allá.

Un pedazo de pergamino o papel: para escribir cualquier mensaje o experiencia durante el ritual.

Un bolígrafo: para registrar cualquier información o mensaje.

Una pequeña ofrenda (por ejemplo, una flor blanca o una muestra simbólica de respeto): para honrar a los espíritus y reconocer su presencia.

Conjuro:
"Por el poder de Endor y sus profundas sombras,
Llamo a los que descansan y duermen.
A través de la luz de la vela y el escudo puro de la sal,
Abre el camino, el velo abierto.
Por el resplandor del cristal y el aroma del incienso,
Saca a los espíritus, su mensaje enviado".

Rendimiento:

Preparación:

Elige un espacio tranquilo y tranquilo para el ritual. Realiza este hechizo durante la tarde o la noche para alinearte con las energías del más allá.

Prepara tu espacio colocando el mantel del altar azul oscuro o negro para representar la profundidad y el misterio de la vida después de la muerte.

Colocación del altar:

Coloca la vela negra y la vela blanca en el altar. Enciende primero la vela negra para simbolizar la conexión con el más allá y los espíritus. Luego enciende la vela blanca para representar la pureza y la transición pacífica de los espíritus.

Coloque el cuenco de sal marina o sal negra en el altar para protegerlo y mejorar la conexión.

Coloque la pieza de cuarzo transparente o amatista en el altar para amplificar la comunicación espiritual y la claridad.

Enciende el incienso en un plato ignífugo para crear una atmósfera sagrada y acogedora para el contacto con los espíritus.

Coloque el espejo de adivinación o la bola de cristal en el altar como un punto focal para establecer comunicación con la vida después de la muerte.

Coloque el pedazo de pergamino o papel y bolígrafo en el altar para registrar cualquier mensaje o experiencia durante el ritual.

Coloque la pequeña ofrenda (por ejemplo, una flor blanca o una ficha simbólica) en el altar para honrar a los espíritus y reconocer su presencia.

Llamado al Más Allá:

Párate frente al altar y concéntrate en la llama de la vela negra. Recita el Conjuro en voz alta:

"Por el poder de Endor y sus profundas sombras, llamo a aquellos que descansan y duermen."

Visualiza la llama de la vela negra creando un puente o canal hacia el más allá, invitando a la presencia de espíritus o entidades del otro lado.

Establecimiento de la comunicación:

Mírate en el espejo o en la bola de cristal y ábrete a la presencia de espíritus. Permite que tu intuición y percepción te guíen para establecer contacto con el más allá.

Permanezca tranquilo y receptivo, prestando atención a cualquier sensación sutil, cambios en el entorno o cambios visuales que puedan indicar la presencia de espíritus.

Recepción y grabación de mensajes:

Mantente abierto a cualquier sensación, impresión o mensaje de los espíritus. Confía en tus sentimientos y percepciones a medida que te relacionas con ellos.

Usa el bolígrafo y el pergamino para registrar cualquier mensaje, sensación o experiencia durante el ritual. Documenta cualquier información o cambio que recibas.

Ofrenda y Honor:

Ofrezca una pequeña muestra de respeto colocando la flor blanca o una ficha simbólica en el altar. Este gesto simboliza el reconocimiento de la presencia de los espíritus y el respeto por su reino.

Cerrando el Ritual:

Agradezca a los espíritus por su presencia y cualquier mensaje que proporcionaron. Decir:

"Gracias, espíritus, por su presencia y guía. El ritual ya está completo y se agradece tu sabiduría".

Apague primero la vela negra para significar el cierre de la conexión, seguida de la vela blanca para concluir el ritual.

Limpieza y puesta a tierra:

Conéctate a tierra tocando la tierra o realizando un ejercicio de conexión a tierra para estabilizar tu energía después del ritual.

Limpia el espacio dispersando cualquier resto de humo de incienso o usando una pequeña cantidad de sal para purificar el área.

Eliminación de los restos rituales:

Deseche de manera segura el pergamino, la ofrenda y cualquier material restante. Considere colocarlos en un lugar que signifique la finalización de la conexión y el respeto por los espíritus.

Seguimiento:

Reflexiona sobre los mensajes, sensaciones y experiencias obtenidas del ritual. Considere cómo se aplican a su comprensión o a las preguntas o problemas específicos que estaba abordando.

Monitoree cualquier efecto o influencia continua del ritual y realice rituales de seguimiento si es necesario para explorar más a fondo el contacto o garantizar la claridad.

Mantenimiento de la conexión:

Para mantener la conexión y la comprensión, considera la posibilidad de realizar rituales o meditaciones relacionadas periódicamente.

Guarde cualquier mensaje grabado o percepciones del ritual en un lugar seguro para futuras referencias y reflexiones.

Notas:

Acércate al ritual con respeto y una intención clara. Entrar en contacto con la vida después de la muerte requiere un manejo cuidadoso y reverencia.

Si experimenta molestias o sensaciones abrumadoras, use la sal para purificar y enraizarse, o tómese un descanso antes de continuar.

Voz del Rey Muerto

Propósito:
Invocar y comunicarse con el espíritu de un rey fallecido o una figura influyente, buscando su sabiduría, guía o perspicacia.
Ingredientes:
Un rico mantel de altar de color púrpura real o azul oscuro: simboliza la nobleza, la autoridad y la naturaleza real del rey fallecido.

Una vela de oro: representa la naturaleza real e influyente del espíritu, así como la iluminación y la guía.

Una vela negra: significa la conexión con el reino de los espíritus y la invocación del rey fallecido.

Un pequeño cuenco de sal marina o sal negra: para proteger y mejorar la conexión con el reino de los espíritus.

Un pedazo de lapislázuli u ojo de tigre: para la sabiduría, la claridad y la conexión con las energías históricas o reales.

Un pequeño plato de incienso (por ejemplo, incienso, mirra o cedro): para crear una atmósfera sagrada e invitar a la presencia del espíritu.

Un espejo de adivinación o una bola de cristal: actúa como punto focal para establecer contacto con el espíritu del rey fallecido.

Un pedazo de pergamino o papel: para escribir cualquier mensaje o experiencia durante el ritual.

Un bolígrafo: para registrar cualquier información o mensaje.

Una pequeña ofrenda (por ejemplo, una muestra simbólica de realeza, como una pequeña corona o una moneda de oro): para honrar al espíritu y reconocer su presencia.

Conjuro:
"Por la gracia y el poder real de Endor,
Invoco la luz del rey.
A través de la llama de la vela y el escudo puro de la sal,
Trae la voz de reinos ocultos.
Por el resplandor del cristal y el fuego del incienso,
Revela el eterno padre del rey.
Rendimiento:
Preparación:

Elige un espacio tranquilo y tranquilo para el ritual. Realiza este hechizo durante la tarde o la noche para una conexión más profunda con el reino espiritual.

Prepara tu espacio colocando el rico mantel del altar de color púrpura real o azul oscuro para simbolizar la nobleza y la naturaleza real del rey fallecido.

Colocación del altar:

Coloca la vela dorada y la vela negra en el altar. Enciende primero la vela negra para simbolizar la conexión con el reino de los espíritus y la invocación del rey fallecido. Luego enciende la vela dorada para representar la naturaleza real y autoritaria del espíritu.

Coloque el cuenco de sal marina o sal negra en el altar para protegerlo y mejorar la conexión.

Coloca la pieza de lapislázuli u ojo de tigre en el altar para proporcionar sabiduría, claridad y conexión con las energías reales.

Enciende el incienso en un plato ignífugo para crear una atmósfera sagrada e invitar a la presencia del espíritu.

Coloque el espejo de adivinación o la bola de cristal en el altar como punto focal para establecer contacto con el rey fallecido.

Coloque el pedazo de pergamino o papel y bolígrafo en el altar para registrar cualquier mensaje o experiencia durante el ritual.

Coloque la pequeña ofrenda (por ejemplo, una muestra simbólica de realeza) en el altar para honrar al espíritu y reconocer su presencia.

Llamando al Espíritu:

Párate frente al altar y concéntrate en la llama de la vela negra. Recita el Conjuro en voz alta:

"Por la gracia y el poder real de Endor, invoco la propia luz del rey".

Visualiza la llama de la vela negra creando un canal hacia el reino de los espíritus, invitando a la presencia del rey fallecido.

Establecimiento de la comunicación:

Mírate en el espejo o en la bola de cristal y ábrete a la presencia del espíritu del rey. Permite que tu intuición y percepción te guíen en el establecimiento del contacto.

Permanezca tranquilo y receptivo, prestando atención a cualquier sensación sutil, cambios en el entorno o cambios visuales que puedan indicar la presencia del espíritu del rey.

Recepción y grabación de mensajes:

Mantente abierto a cualquier sensación, impresión o mensaje del espíritu del rey. Confía en tus sentimientos y percepciones a medida que te relacionas con ellos.

Usa el bolígrafo y el pergamino para registrar cualquier mensaje, sensación o experiencia durante el ritual. Documenta cualquier información u orientación que recibas.

Ofrenda y Honor:

Ofrezca una pequeña muestra de respeto colocando la muestra simbólica de la realeza en el altar. Este gesto simboliza el reconocimiento de la presencia del rey y el respeto por su naturaleza real.

Cerrando el Ritual:

Agradezca al espíritu del rey por su presencia y por los mensajes que proporcionó. Decir:

"Gracias, noble rey, por tu presencia y guía. El ritual ya está completo y se agradece tu sabiduría".

Apague primero la vela negra para significar el cierre de la conexión, seguida de la vela dorada para concluir el ritual.

Limpieza y puesta a tierra:

Conéctate a tierra tocando la tierra o realizando un ejercicio de conexión a tierra para estabilizar tu energía después del ritual.

Limpia el espacio dispersando cualquier resto de humo de incienso o usando una pequeña cantidad de sal para purificar el área.

Eliminación de los restos rituales:

Deseche de manera segura el pergamino, la ofrenda y cualquier material restante. Considere colocarlos en un lugar que signifique la finalización de la conexión y el respeto por el espíritu.

Seguimiento:

Reflexiona sobre los mensajes, sensaciones y experiencias obtenidas del ritual. Considere cómo se aplican a su comprensión o a las preguntas o problemas específicos que estaba abordando.

Monitoree cualquier efecto o influencia continua del ritual y realice rituales de seguimiento si es necesario para explorar más a fondo el contacto o garantizar la claridad.

Mantenimiento de la conexión:

Para mantener la conexión y la comprensión, considera la posibilidad de realizar rituales o meditaciones relacionadas periódicamente.

Guarde cualquier mensaje grabado o percepciones del ritual en un lugar seguro para futuras referencias y reflexiones.

Notas:

Acércate al ritual con respeto y una intención clara. Ponerse en contacto con un rey fallecido requiere un manejo cuidadoso y reverencia.

Si experimenta molestias o sensaciones abrumadoras, use la sal para purificar y enraizarse, o tómese un descanso antes de continuar.

Canto inquietante de Endor

Propósito:
Para convocar e interactuar con energías inquietantes o espectrales, buscando contacto con espíritus o entidades que persisten en el reino fantasmal.

Ingredientes:

Un mantel de altar negro medianoche o gris oscuro: simboliza la naturaleza espeluznante y espectral del embrujo.

Una vela de color púrpura oscuro: representa las energías misteriosas e inquietantes, así como la conexión con los reinos espectrales.

Una vela blanca – Significa claridad e iluminación dentro de las energías inquietantes.

Un pequeño cuenco de sal marina o sal negra: para protegerse y mejorar la conexión con el reino espectral.

Un pedazo de obsidiana o hematita – Para la conexión a tierra y la protección durante el ritual.

Un pequeño plato de incienso (por ejemplo, salvia, sándalo o copal): para crear una atmósfera sagrada e invitar a las energías espectrales.

Un objeto embrujado o antiguo (por ejemplo, una fotografía antigua o una baratija): actúa como un punto focal para atraer e interactuar con entidades espectrales.

Un pedazo de pergamino o papel: para escribir cualquier mensaje o experiencia durante el ritual.

Un bolígrafo: para registrar cualquier información o mensaje.

Una pequeña ofrenda (por ejemplo, una muestra de respeto, como un pequeño caramelo o una ficha con un significado simbólico): para honrar a los espíritus y reconocer su presencia.

Conjuro:
"Por el hechizo de Endor y las sombras profundas,
Llamo a los espíritus inquietantes para que despierten.
A través de la luz de la vela y el escudo puro de la sal,
Desvela a los fantasmas, su presencia revelada.
Por el humo del incienso y el objeto viejo,
Saca a relucir los espíritus, sus historias contadas".

Rendimiento:

Preparación:

Elige un espacio tranquilo y tranquilo para el ritual. Realiza este hechizo durante la tarde o la noche para una conexión más profunda con las energías inquietantes.

Prepara tu espacio colocando el mantel del altar negro medianoche o gris oscuro para simbolizar la naturaleza espeluznante y espectral del embrujo.

Colocación del altar:

Coloca la vela morada oscura y la vela blanca en el altar. Enciende primero la vela de color púrpura oscuro para representar las energías misteriosas e inquietantes. Luego enciende la vela blanca para indicar claridad dentro del reino espectral.

Coloque el cuenco de sal marina o sal negra en el altar para protegerlo y mejorar la conexión.

Coloque la pieza de obsidiana o hematita en el altar para proporcionar conexión a tierra y protección.

Enciende el incienso en un plato ignífugo para crear una atmósfera sagrada e invitar a las energías espectrales.

Coloca el objeto embrujado o antiguo en el altar como punto focal para atraer e interactuar con entidades espectrales.

Coloque el pedazo de pergamino o papel y bolígrafo en el altar para registrar cualquier mensaje o experiencia durante el ritual.

Coloque la pequeña ofrenda (por ejemplo, una muestra de respeto) en el altar para honrar a los espíritus y reconocer su presencia.

Invocación de canto:

Párate frente al altar y concéntrate en la llama de la vela de color púrpura oscuro. Recita el Conjuro en voz alta:

"Por el hechizo de Endor y las sombras profundas, llamo a los espíritus inquietantes para que despierten."

Visualiza la llama de la vela de color púrpura oscuro atrayendo energías espectrales y creando un canal hacia el reino inquietante o fantasmal.

Establecimiento de la conexión:

Contempla el objeto embrujado o antiguo en el altar y ábrete a la presencia de entidades espectrales. Permite que tu intuición y percepción te guíen en el contacto.

Permanezca tranquilo y receptivo, prestando atención a cualquier sensación sutil, cambios en el entorno o cambios visuales que puedan indicar la presencia de espíritus.

Recepción y grabación de mensajes:

Mantente abierto a cualquier sensación, impresión o mensaje de las entidades espectrales. Confía en tus sentimientos y percepciones a medida que te relacionas con ellos.

Usa el bolígrafo y el pergamino para registrar cualquier mensaje, sensación o experiencia durante el ritual. Documenta cualquier información o historia que recibas.

Ofrenda y Honor:

Ofrezca una pequeña muestra de respeto colocando la ficha simbólica en el altar. Este gesto simboliza el reconocimiento de la presencia de los espíritus y el respeto por su obsesión.

Cerrando el Ritual:

Agradezca a las entidades espectrales por su presencia y cualquier mensaje que proporcionaron. Decir:

"Gracias, espíritus, por su presencia y sus historias. El ritual ya está completo y sus voces son apreciadas".

Apague primero la vela de color púrpura oscuro para significar el cierre de la conexión, seguida de la vela blanca para concluir el ritual.

Limpieza y puesta a tierra:

Conéctate a tierra tocando la tierra o realizando un ejercicio de conexión a tierra para estabilizar tu energía después del ritual.

Limpia el espacio dispersando cualquier resto de humo de incienso o usando una pequeña cantidad de sal para purificar el área.

Eliminación de los restos rituales:

Deseche de manera segura el pergamino, la ofrenda y cualquier material restante. Considere colocarlos en un lugar que signifique la finalización de la conexión y el respeto por los espíritus.

Seguimiento:

Reflexiona sobre los mensajes, sensaciones y experiencias obtenidas del ritual. Considere cómo se aplican a su comprensión o a las preguntas o problemas específicos que estaba abordando.

Monitoree cualquier efecto o influencia continua del ritual y realice rituales de seguimiento si es necesario para explorar más a fondo el contacto o garantizar la claridad.

Mantenimiento de la conexión:

Para mantener la conexión y la comprensión, considera la posibilidad de realizar rituales o meditaciones relacionadas periódicamente.

Guarde cualquier mensaje grabado o percepciones del ritual en un lugar seguro para futuras referencias y reflexiones.

Notas:
Acércate al ritual con respeto y una intención clara. Contactar con energías inquietantes o espectrales requiere un manejo cuidadoso y reverencia.

Si experimenta molestias o sensaciones abrumadoras, use la sal para purificar y enraizarse, o tómese un descanso antes de continuar.

Faro del alma del inframundo

Propósito:
Para crear un faro que atraiga y establezca comunicación con almas o entidades del inframundo o reinos inferiores, facilitando la orientación, la comprensión o la conexión.

Ingredientes:

Un mantel de altar de color violeta oscuro o negro intenso: representa la naturaleza misteriosa y sombría del inframundo.

Una vela roja: simboliza las poderosas e intensas energías del inframundo y la atracción del faro.

Una vela negra: representa la conexión con el inframundo y la invocación de las almas.

Un pequeño cuenco de sal marina o sal negra: para protegerse y mejorar la conexión con el inframundo.

Un pedazo de azabache u obsidiana – Para enraizarse y protegerse durante el ritual.

Un pequeño plato de incienso (por ejemplo, mirra, incienso o pachulí): para crear una atmósfera sagrada y acogedora para las almas del inframundo.

Un pequeño espejo o superficie reflectante: actúa como punto focal para el faro y la comunicación con el inframundo.

Un pedazo de pergamino o papel: para escribir cualquier mensaje o experiencia durante el ritual.

Un bolígrafo: para registrar cualquier información o mensaje.

Una pequeña ofrenda (por ejemplo, una ficha de color oscuro o un objeto simbólico): para honrar a las almas y reconocer su presencia.

Conjuro:

"Por el poder de Endor y sus profundas sombras,
Enciendo el faro donde las sombras se arrastran.
A través de la llama de la vela y el escudo puro de la sal,
Guía a las almas de reinos ocultos.
Por el resplandor del espejo y el fuego del incienso,
Saca a relucir los espíritus, su guía deseada".

Rendimiento:

Preparación:

Elige un espacio tranquilo y tranquilo para el ritual. Realiza este hechizo durante la tarde o la noche para alinearte con las energías del inframundo.

Prepara tu espacio colocando el mantel del altar de color violeta oscuro o negro oscuro para representar la naturaleza misteriosa del inframundo.

Colocación del altar:

Coloca la vela roja y la vela negra en el altar. Enciende la vela negra primero para indicar la conexión con el inframundo. Luego enciende la vela roja para representar el faro y la atracción de las almas.

Coloque el cuenco de sal marina o sal negra en el altar para protegerlo y mejorar la conexión con el inframundo.

Coloque el pedazo de azabache u obsidiana en el altar para proporcionar conexión a tierra y protección.

Enciende el incienso en un plato ignífugo para crear una atmósfera sagrada y acogedora para las almas del inframundo.

Coloque el espejo o la superficie reflectante en el altar como punto focal para el faro y la comunicación con el inframundo.

Coloque el pedazo de pergamino o papel y bolígrafo en el altar para registrar cualquier mensaje o experiencia durante el ritual.

Coloque la pequeña ofrenda (por ejemplo, una ficha de color oscuro) en el altar para honrar a las almas y reconocer su presencia.

Invocación de canto:

Párate frente al altar y concéntrate en la llama de la vela roja. Recita el Conjuro en voz alta:

"Por el poder de Endor y las sombras profundas, enciendo el faro donde las sombras se arrastran".

Visualiza la llama de la vela roja creando un faro de luz que llega al inframundo, atrayendo y guiando a las almas o entidades.

Establecimiento de la conexión:

Mírate en el espejo o en la superficie reflectante del altar y ábrete a la presencia de las almas del inframundo. Permite que tu intuición y percepción te guíen en el contacto.

Permanezcan tranquilos y receptivos, prestando atención a cualquier sensación sutil, cambios en el entorno o cambios visuales que puedan indicar la presencia de almas.

Recepción y grabación de mensajes:

Estén abiertos a cualquier sensación, impresión o mensaje de las almas o entidades. Confía en tus sentimientos y percepciones a medida que te relacionas con ellos.

Usa el bolígrafo y el pergamino para registrar cualquier mensaje, sensación o experiencia durante el ritual. Documenta cualquier información u orientación que recibas.

Ofrenda y Honor:

Ofrezca una pequeña muestra de respeto colocando la ficha de color oscuro en el altar. Este gesto simboliza el reconocimiento de la presencia de las almas y el respeto por su reino.

Cerrando el Ritual:

Agradece a las almas o entidades por su presencia y cualquier mensaje que proporcionaron. Decir:

"Gracias, almas, por vuestra presencia y guía. El ritual ya está completo y se agradece tu sabiduría".

Apague primero la vela roja para indicar el cierre del faro, seguida de la vela negra para concluir el ritual.

Limpieza y puesta a tierra:

Conéctate a tierra tocando la tierra o realizando un ejercicio de conexión a tierra para estabilizar tu energía después del ritual.

Limpia el espacio dispersando cualquier resto de humo de incienso o usando una pequeña cantidad de sal para purificar el área.

Eliminación de los restos rituales:

Deseche de manera segura el pergamino, la ofrenda y cualquier material restante. Considere colocarlos en un lugar que signifique la finalización de la conexión y el respeto por las almas.

Seguimiento:

Reflexiona sobre los mensajes, sensaciones y experiencias obtenidas del ritual. Considere cómo se aplican a su comprensión o a las preguntas o problemas específicos que estaba abordando.

Monitoree cualquier efecto o influencia continua del ritual y realice rituales de seguimiento si es necesario para explorar más a fondo el contacto o garantizar la claridad.

Mantenimiento de la conexión:

Para mantener la conexión y la comprensión, considera la posibilidad de realizar rituales o meditaciones relacionadas periódicamente.

Guarde cualquier mensaje grabado o percepciones del ritual en un lugar seguro para futuras referencias y reflexiones.

Notas:

Acércate al ritual con respeto y una intención clara. Contactar a las almas del inframundo requiere un manejo cuidadoso y reverencia.

Si experimenta molestias o sensaciones abrumadoras, use la sal para purificar y enraizarse, o tómese un descanso antes de continuar.

Corona fantasma de Endor

Propósito:
Para convocar y conectarse con una entidad espectral o real, canalizando su energía y sabiduría, y recibiendo orientación o conocimiento de un fantasma con una presencia real o autoritaria.

Ingredientes:

Un mantel de altar de color azul real oscuro o púrpura oscuro: simboliza la naturaleza real y espectral de la entidad.

Una vela de oro: representa la energía real y autoritaria del fantasma.

Una vela negra: representa la conexión con el reino espectral y la invocación del fantasma.

Un pequeño cuenco de sal marina o sal negra: para protegerse y mejorar la conexión con el reino espectral.

Una pieza de amatista o cuarzo transparente: para la claridad, la conexión y la amplificación de las energías espirituales.

Un pequeño plato de incienso (por ejemplo, sándalo, mirra o incienso): para crear una atmósfera sagrada y acogedora para la presencia espectral.

Una corona ceremonial o simbólica (por ejemplo, una pequeña corona decorativa o tiara): actúa como un punto focal para atraer y honrar al fantasma real.

Un pedazo de pergamino o papel: para escribir cualquier mensaje o experiencia durante el ritual.

Un bolígrafo: para registrar cualquier información o mensaje.

Una pequeña ofrenda (por ejemplo, una muestra de respeto, como una pequeña gema o un símbolo de realeza): para honrar a la entidad espectral y reconocer su presencia.

Conjuro:
"Por la gracia y el poder espectral de Endor,
Yo llamo al fantasma coronado de luz.
A través de la llama de la vela y el escudo puro de la sal,
Saca a relucir la presencia real revelada.
Por el humo del incienso y el propio poder de la corona,
Guía al fantasma en esta hora".

Rendimiento:

Preparación:

Elige un espacio tranquilo y tranquilo para el ritual. Realiza este hechizo durante la tarde o la noche para alinearte con las energías espectrales.

Prepare su espacio colocando el mantel de altar azul real oscuro o morado oscuro para representar la naturaleza real y espectral de la entidad.

Colocación del altar:

Coloca la vela dorada y la vela negra en el altar. Enciende la vela negra primero para indicar la conexión con el reino espectral. Luego enciende la vela dorada para representar la energía real y autoritaria del fantasma.

Coloca el cuenco de sal marina o sal negra en el altar para protegerlo y mejorar la conexión con el reino espectral.

Coloque la pieza de amatista o cuarzo transparente en el altar para proporcionar claridad y amplificación de las energías espirituales.

Enciende el incienso en un plato ignífugo para crear una atmósfera sagrada y acogedora para la presencia espectral.

Coloque la corona ceremonial o la corona simbólica en el altar como un punto focal para atraer y honrar al fantasma real.

Coloque el pedazo de pergamino o papel y bolígrafo en el altar para registrar cualquier mensaje o experiencia durante el ritual.

Coloque la pequeña ofrenda (por ejemplo, una muestra de respeto) en el altar para honrar a la entidad espectral y reconocer su presencia.

Invocación de canto:

Párate frente al altar y concéntrate en la llama de la vela dorada. Recita el Conjuro en voz alta:

"Por la gracia y el poder espectral de Endor, llamo al fantasma coronado de luz".

Visualiza la llama de la vela dorada atrayendo las energías espectrales y reales, creando un faro que atrae y honra al fantasma.

Establecimiento de la conexión:

Contempla la corona ceremonial o simbólica en el altar y ábrete a la presencia de la entidad espectral. Permite que tu intuición y percepción te guíen en el contacto.

Permanezca tranquilo y receptivo, prestando atención a cualquier sensación sutil, cambios en el entorno o cambios visuales que puedan indicar la presencia del fantasma.

Recepción y grabación de mensajes:

Mantente abierto a cualquier sensación, impresión o mensaje de la entidad espectral. Confía en tus sentimientos y percepciones a medida que te relacionas con ellos.

Usa el bolígrafo y el pergamino para registrar cualquier mensaje, sensación o experiencia durante el ritual. Documenta cualquier información u orientación que recibas.

Ofrenda y Honor:

Ofrezca una pequeña muestra de respeto colocando la corona simbólica o muestra de respeto en el altar. Este gesto simboliza el reconocimiento de la presencia del fantasma y el respeto por su naturaleza real.

Cerrando el Ritual:

Agradezca a la entidad espectral por su presencia y cualquier mensaje que proporcione. Decir:

"Gracias, fantasma real, por tu presencia y guía. El ritual ya está completo y se agradece tu sabiduría".

Apague primero la vela dorada para significar el cierre de la conexión, seguida de la vela negra para concluir el ritual.

Limpieza y puesta a tierra:

Conéctate a tierra tocando la tierra o realizando un ejercicio de conexión a tierra para estabilizar tu energía después del ritual.

Limpia el espacio dispersando cualquier resto de humo de incienso o usando una pequeña cantidad de sal para purificar el área.

Eliminación de los restos rituales:

Deseche de manera segura el pergamino, la ofrenda y cualquier material restante. Considere colocarlos en un lugar que signifique la finalización de la conexión y el respeto por el fantasma.

Seguimiento:

Reflexiona sobre los mensajes, sensaciones y experiencias obtenidas del ritual. Considere cómo se aplican a su comprensión o a las preguntas o problemas específicos que estaba abordando.

Monitoree cualquier efecto o influencia continua del ritual y realice rituales de seguimiento si es necesario para explorar más a fondo el contacto o garantizar la claridad.

Mantenimiento de la conexión:

Para mantener la conexión y la comprensión, considera la posibilidad de realizar rituales o meditaciones relacionadas periódicamente.

Guarde cualquier mensaje grabado o percepciones del ritual en un lugar seguro para futuras referencias y reflexiones.

Notas:

Acércate al ritual con respeto y una intención clara. Contactar con entidades espectrales o reales requiere un manejo cuidadoso y reverencia.

Si experimenta molestias o sensaciones abrumadoras, use la sal para purificar y enraizarse, o tómese un descanso antes de continuar.

La llamada de los espíritus abandonados

Propósito:
Convocar y hacer contacto con espíritus abandonados o descuidados, ofreciéndoles un medio para comunicarse, encontrar una resolución o recibir reconocimiento.

Ingredientes:

Un mantel de altar de color gris oscuro o azul medianoche: simboliza la naturaleza sombría y descuidada de los espíritus abandonados.

Una vela de plata: representa las cualidades etéreas y reflexivas de los espíritus abandonados y la luz del reconocimiento.

Una vela negra: representa la conexión con el reino de los espíritus abandonados y la invocación de su presencia.

Un pequeño cuenco de sal marina o sal negra: para proteger y mejorar la conexión con el reino de los espíritus.

Un pedazo de turmalina negra o hematita – Para la conexión a tierra y la protección durante el ritual.

Un pequeño plato de incienso (por ejemplo, salvia, incienso o mirra): para crear una atmósfera sagrada y acogedora para los espíritus abandonados.

Una fotografía o un artículo personal del difunto: actúa como un punto focal para atraer e interactuar con los espíritus abandonados.

Un pedazo de pergamino o papel: para escribir cualquier mensaje o experiencia durante el ritual.

Un bolígrafo: para registrar cualquier información o mensaje.

Una pequeña ofrenda (por ejemplo, una muestra simbólica de respeto, como una pieza de fruta o un pequeño artículo relacionado con el recuerdo): para honrar a los espíritus abandonados y reconocer su presencia.

Conjuro:

"Por las sombras profundas y los espíritus abandonados,
Llamo a aquellos cuya luz fue tomada.
A través del resplandor de las velas y el propio poder de la sal,
Revela lo perdido a nuestra vista.
Por el humo del incienso y la señal querida,
Saca los espíritus, acércalos".

Rendimiento:

Preparación:

Elige un espacio tranquilo y tranquilo para el ritual. Realiza este hechizo durante la tarde o la noche para alinearte con las energías de los espíritus abandonados.

Prepara tu espacio colocando el mantel del altar de color gris oscuro o azul medianoche para representar la naturaleza sombría de los espíritus abandonados.

Colocación del altar:

Coloca la vela plateada y la vela negra en el altar. Enciende la vela negra primero para significar la conexión con los espíritus abandonados. Luego enciende la vela de plata para representar el reconocimiento y la iluminación de su presencia.

Coloca el cuenco de sal marina o sal negra en el altar para protegerlo y mejorar la conexión con el reino espiritual.

Coloque la pieza de turmalina negra o hematita en el altar para proporcionar conexión a tierra y protección.

Enciende el incienso en un plato ignífugo para crear una atmósfera sagrada y acogedora para los espíritus abandonados.

Coloque la fotografía o el artículo personal de los difuntos en el altar como un punto focal para atraer e interactuar con los espíritus abandonados.

Coloque el pedazo de pergamino o papel y bolígrafo en el altar para registrar cualquier mensaje o experiencia durante el ritual.

Coloque la pequeña ofrenda (por ejemplo, una ficha simbólica) en el altar para honrar a los espíritus abandonados y reconocer su presencia.

Invocación de canto:

Párate frente al altar y concéntrate en la llama de la vela de plata. Recita el Conjuro en voz alta:

"Por las sombras profundas y los espíritus abandonados, llamo a aquellos cuya luz fue tomada".

Visualiza la llama de la vela plateada creando un faro que llega a los espíritus abandonados, atrayéndolos al círculo de luz y reconocimiento.

Establecimiento de la conexión:

Mira la fotografía o el objeto personal en el altar y ábrete a la presencia de los espíritus abandonados. Permite que tu intuición y percepción te guíen en el contacto.

Permanezca tranquilo y receptivo, prestando atención a cualquier sensación sutil, cambios en el entorno o cambios visuales que puedan indicar la presencia de espíritus.

Recepción y grabación de mensajes:

Mantente abierto a cualquier sensación, impresión o mensaje de los espíritus abandonados. Confía en tus sentimientos y percepciones a medida que te relacionas con ellos.

Usa el bolígrafo y el pergamino para registrar cualquier mensaje, sensación o experiencia durante el ritual. Documenta cualquier información o comunicación que recibas.

Ofrenda y Honor:

Ofrezca una pequeña muestra de respeto colocando la ficha simbólica en el altar. Este gesto simboliza el reconocimiento de la presencia de los espíritus y el respeto por su estado perdido o abandonado.

Cerrando el Ritual:

Agradece a los espíritus abandonados por su presencia y cualquier mensaje que hayan proporcionado. Decir:

"Gracias, espíritus abandonados, por vuestra presencia y vuestras palabras. El ritual ya se ha completado y sus historias han sido reconocidas".

Apague primero la vela plateada para significar el cierre del reconocimiento, seguida de la vela negra para concluir el ritual.

Limpieza y puesta a tierra:

Conéctate a tierra tocando la tierra o realizando un ejercicio de conexión a tierra para estabilizar tu energía después del ritual.

Limpia el espacio dispersando cualquier resto de humo de incienso o usando una pequeña cantidad de sal para purificar el área.

Eliminación de los restos rituales:

Deseche de manera segura el pergamino, la ofrenda y cualquier material restante. Considere colocarlos en un lugar que signifique la finalización de la conexión y el respeto por los espíritus abandonados.

Seguimiento:

Reflexiona sobre los mensajes, sensaciones y experiencias obtenidas del ritual. Considere cómo se aplican a su comprensión o a las preguntas o problemas específicos que estaba abordando.

Monitoree cualquier efecto o influencia continua del ritual y realice rituales de seguimiento si es necesario para explorar más a fondo el contacto o garantizar la claridad.

Mantenimiento de la conexión:

Para mantener la conexión y la comprensión, considera la posibilidad de realizar rituales o meditaciones relacionadas periódicamente.

Guarde cualquier mensaje grabado o percepciones del ritual en un lugar seguro para futuras referencias y reflexiones.

Notas:

Acércate al ritual con respeto y una intención clara. Contactar con espíritus abandonados requiere un manejo cuidadoso y reverencia.

Si experimenta molestias o sensaciones abrumadoras, use la sal para purificar y enraizarse, o tómese un descanso antes de continuar.

Atadura de Endor a los difuntos

Propósito:
Para invocar y vincular el espíritu de una entidad fallecida a un lugar, objeto o tarea. Este hechizo se utiliza con fines como la protección, la orientación o la asistencia espiritual. Debe hacerse con cuidado y respeto, asegurando la cooperación voluntaria del espíritu.

Ingredientes:

Un mantel de altar negro: simboliza la conexión con el reino de los difuntos y la naturaleza solemne de la unión.

Una vela blanca: representa la pureza y la voluntad del espíritu.

Una vela negra: representa la fuerza vinculante y la conexión con la vida después de la muerte.

Un pedazo de pergamino o papel: para inscribir el nombre o símbolo del espíritu del difunto.

Una pluma o bolígrafo: para escribir el nombre del espíritu o el propósito de la atadura.

Un objeto vinculante (por ejemplo, un anillo, un colgante o un artefacto pequeño): un objeto al que se atará el espíritu.

Un pequeño plato de agua consagrada o agua bendita – Para purificar el espacio y asegurar la cooperación del espíritu.

Una ramita de romero – Para el recuerdo y la protección.

Una pequeña ofrenda (por ejemplo, una muestra de gratitud, como incienso o comida): para mostrar respeto y reconocimiento de la ayuda del espíritu.

Un trozo de hilo o cinta negra: para simbolizar la atadura del espíritu.

Conjuro:
"Espíritu de más allá del velo,
A través de este vínculo, no fallarás.
Por la llama de la vela y el hilo sagrado,
Os llamo, aunque estéis muertos.
Por el agua pura y la ofrenda hecha,
Tu presencia en este espacio permanecerá".

Rendimiento:

Preparación:

Elige un espacio tranquilo y tranquilo para el ritual. Realiza este hechizo durante una fase de luna nueva o luna menguante para alinearte con las energías vinculantes.

Configura tu altar colocando el mantel negro del altar como base, que representa la conexión solemne y poderosa con los difuntos.

Colocación del altar:

Coloca la vela negra en el lado izquierdo del altar y la vela blanca en el lado derecho.

Enciende primero la vela negra para simbolizar la conexión con la vida después de la muerte, y luego la vela blanca para representar la voluntad y la pureza del espíritu.

Coloca el objeto de encuadernación (anillo, colgante, etc.) en el centro del altar.

Coloque el pergamino y el bolígrafo al lado del objeto de encuadernación para su uso posterior.

Coloque el plato de agua consagrada y la ramita de romero en el altar para la purificación.

Coloque la ofrenda (por ejemplo, incienso o comida) cerca de las velas para honrar el espíritu y asegurar la cooperación.

Invocación de canto:

Concéntrate en el objeto vinculante y recita el Conjuro en voz alta, invocando al espíritu del difunto:

"Espíritu de más allá del velo, a través de este vínculo, no fallarás".

Visualiza al espíritu emergiendo lentamente del más allá, atraído por la llama y el objeto de atadura.

Escritura e inscripción:

Tome el pergamino y la pluma, y escriba el nombre del espíritu (si lo conoce) o un símbolo que lo represente.

A medida que escribas, enfoca tu intención en vincular el espíritu al objeto y al propósito que has elegido (por ejemplo, protección, guía).

Encuadernación con el hilo:

Toma el trozo de hilo negro o cinta y envuélvelo lentamente alrededor del objeto vinculante mientras cantas:

"Con la llama de una vela y el hilo sagrado, te ato ahora, aunque estés muerto".

A medida que ata el objeto, visualice al espíritu anclado a él, aceptando voluntariamente el vínculo.

Purificación y Ofrenda:

Rocíe unas gotas de agua consagrada sobre el objeto vinculante mientras habla:

"Por el agua pura y la ofrenda hecha, tu presencia en este espacio permanecerá".

Sostenga la ramita de romero sobre el objeto, permitiendo que su energía de recuerdo y protección infunda la unión.

Presenta la ofrenda al espíritu, diciendo:

"Hago esta ofrenda en agradecimiento por tu presencia y tu buena ayuda".

Permite que el humo del incienso (si ofreces incienso) flote sobre el altar, santificando aún más la conexión.

Encuadernación y sellado final:

Sostenga el objeto vinculante en sus manos y visualice el espíritu completamente anclado a él, claro en su propósito.

Selle la encuadernación con las palabras finales:

"Atado por un hilo, sellado por la luz, estás atado a mi vista. Hasta que yo te libere, te quedarás, por este vínculo, obedecerás".

Cerrando el Ritual:

Agradezca al espíritu por su cooperación, asegurándoles que serán tratados con respeto. Decir:

"Gracias, espíritu, por tu presencia y tu ayuda. Este vínculo es fuerte y tu tarea es clara".

Apaga primero la vela blanca, que simboliza el acuerdo del espíritu de permanecer atado, luego la vela negra para concluir el ritual.

Almacenamiento y uso del objeto enlazado:

Mantenga el objeto vinculante en un espacio seguro y sagrado donde no sea perturbado. Si el objeto estaba vinculado para un propósito específico (como la protección), colóquelo en la ubicación correspondiente.

Si el espíritu estaba obligado a ofrecer orientación o ayuda, use o lleve el objeto cuando busque su ayuda.

Seguimiento:

Reflexiona sobre el ritual y asegúrate de que la presencia del espíritu se sienta pacífica y cooperativa.

Si es necesario, comunícate con el espíritu atado a través de sueños, meditación o rituales futuros para asegurarte de que el vínculo permanezca fuerte y armonioso.

Liberando el Espíritu:

Si alguna vez deseas liberar al espíritu de la atadura, regresa al altar e invierte el ritual. Desenrolle el hilo negro o la cinta del objeto y diga:

"Con la luz desatada y la llama desatada, te libero ahora, a tu propio lado".

Apague las velas y dé gracias, asegurándose de que el espíritu se vaya en paz.

Notas:

Este hechizo solo debe usarse si tienes una relación respetuosa con el mundo de los espíritus. Atar a los espíritus es un acto poderoso y nunca debe ser forzado a entidades renuentes.

Si sientes alguna incomodidad o resistencia por parte del espíritu, detén inmediatamente el ritual y ofrece una disculpa, permitiéndole partir libremente.

Visión del Vidente Espectral

Propósito:
Para abrir la vista interior y conectarse con el plano espectral, permitiendo al lanzador obtener visiones o profecías de los espíritus. Este hechizo se puede usar para adivinación, guía o para ver lo que se esconde más allá del reino físico.

Ingredientes:

Una vela violeta o índigo: simboliza el poder psíquico, la perspicacia espiritual y la conexión con el tercer ojo.

Un espejo negro (o cualquier superficie reflectante): actúa como un portal al mundo de los espíritus y mejora las visiones.

Una ramita de artemisa: una hierba tradicional utilizada para mejorar las habilidades psíquicas y promover experiencias visionarias.

Unas gotas de aceite esencial de lavanda – Calma la mente y la prepara para una visión espiritual más profunda.

Un pequeño trozo de amatista – Para mejorar la conciencia espiritual y proteger contra las energías negativas durante la visión.

Un cuenco con agua de luna - Agua cargada bajo la luna llena, que se utiliza para limpiar y activar el tercer ojo.

Un anillo de plata u otro pequeño objeto de plata: representa la claridad y la conexión con el reino espiritual.

Un paño blanco: para colocar sobre el espejo cuando no está en uso, simbolizando la protección y el control de la visión.

Una campana o campanilla: para señalar el comienzo y el final de la búsqueda de visión.

Una pequeña ofrenda (por ejemplo, flores, incienso o un cristal): para honrar a los espíritus que puedan aparecer u ofrecer orientación.

Conjuro:
"A través del velo, llamo a ver,
Espíritus, guíad esta visión en mí.
A través de la luz plateada y el agua clara,
Revela las visiones, acércalas.
Por la llama de la vela y la amatista brillante,
Abre mi tercer ojo a la visión espectral".

Rendimiento:

Preparación:

Elige un espacio tranquilo y tranquilo para el ritual. Se realiza mejor por la noche, durante la luna creciente o llena, para alinearse con las energías de la iluminación y la visión.

Coloca tu altar con un paño blanco en el centro, que representa la pureza de visión y la claridad.

Colocación del altar:

Coloca la vela violeta o índigo en la parte superior del altar y enciéndela para simbolizar la apertura de tus poderes psíquicos.

Coloca el espejo negro o la superficie reflectante frente a la vela. Esto actuará como el punto focal para sus visiones.

Coloca la amatista y el anillo de plata junto al espejo. Estos ayudarán a mejorar la claridad espiritual y la protección.

Coloca la ramita de artemisa cerca del espejo para amplificar tus sentidos psíquicos.

Coloca el cuenco de agua de luna frente al espejo. Esta agua se usará para limpiar su tercer ojo y prepararlo para las visiones.

Ten el aceite de lavanda cerca para calmarte y preparar tu mente para el ritual.

Coloca tu ofrenda en el altar como gesto de respeto y gratitud a los espíritus.

Apertura del Ritual:

Toca la campana o el timbre tres veces para señalar el comienzo de la búsqueda de visión. Esto también ayuda a abrir tu conciencia e invitar a los espíritus a ayudar.

Enciende la vela violeta o índigo mientras te concentras en la llama. Permite que tu mente se calme y se aclare, preparándote para abrir tu visión interior.

Limpieza del Tercer Ojo:

Sumerge tus dedos en el agua de la luna y unge suavemente tu frente, directamente sobre el chacra del tercer ojo. Al hacerlo, diga:

"A la luz del agua, limpio mi vista".

Cierra los ojos y visualiza la energía fresca del agua de la luna bañando tu tercer ojo, eliminando cualquier bloqueo o distracción.

Invocación de canto:

Concéntrese en el espejo negro y mire suavemente su superficie reflectante. Mientras lo haces, comienza a cantar el Conjuro en voz alta:

"A través del velo, llamo a ver, Espíritus, guíen esta visión en mí."

Repite el canto lenta y rítmicamente, permitiendo que tu conciencia cambie del mundo físico al reino espiritual.

Mejora de la visión:

Toma la amatista y sostenla en tu mano, sintiendo su energía protectora e iluminadora. Mientras lo sostienes, frota una pequeña cantidad de aceite de lavanda en tus sienes para calmar tu mente y abrir tus sentidos espirituales.

Vuelve a concentrarte en el espejo, permitiendo que tu mirada se suavice y tu mente se relaje. Comienza a ver más allá de la superficie, permitiendo que surjan imágenes, símbolos o sensaciones.

Recibiendo la Visión:

Mantente abierto a cualquier impresión, sentimiento o visión que pueda surgir. Estos pueden aparecer como colores, formas o incluso imágenes o escenas claras. Confía en el proceso y deja que tu intuición te guíe en la interpretación de lo que ves.

Si aparece algún guía espiritual o entidad, permanezca respetuoso y atento. Pueden ofrecer orientación, mensajes o símbolos importantes para su viaje o pregunta.

Grabación de la visión:

Una vez que la visión haya concluido o las impresiones hayan disminuido, tómate un momento para escribir cualquier mensaje, símbolo o percepción que hayas recibido. Mantenga un diario a la mano para este propósito.

Reflexiona sobre el significado de las visiones y cómo se aplican a tu vida o a las preguntas a las que estás buscando respuestas.

Cerrando el Ritual:

Cuando sientas que la visión está completa, toca la campana o el carillón una vez más para cerrar la conexión con el reino espiritual. Decir:

"Gracias, espíritus, por la visión clara. Tu guía se queda mientras me voy de aquí".

Apaga la vela violeta o índigo y cubre el espejo negro con el paño blanco para proteger y sellar la visión.

Ofrenda y gratitud:

Deja la ofrenda en el altar como un gesto de gratitud a los espíritus o entidades que puedan haber guiado tu visión. Puede ser una flor, un incienso o un cristal.

Agradezca a los espíritus por su asistencia y guía.

Seguimiento:

Tómate un tiempo para conectarte a tierra bebiendo agua o comiendo algo ligero después del ritual. Esto te ayudará a regresar completamente al mundo físico.

Reflexiona sobre las visiones y continúa meditando en ellas si es necesario. Confía en tu intuición para interpretar su significado.

Mantener la claridad visionaria:

Realiza este hechizo con regularidad para fortalecer tus habilidades psíquicas y tu conexión con el reino espiritual.

Mantenga su espejo negro o superficie reflectante limpia y cubierta cuando no esté en uso para mantener su potencia espiritual.

Notas:

Acércate a este hechizo con el corazón y la mente abiertos. No todas las visiones serán inmediatas o claras, pero con la práctica, tu capacidad de ver e interpretar se fortalecerá.

Trata siempre con respeto y gratitud a los espíritus y entidades con los que te encuentres. Están ofreciendo su sabiduría para ayudarlos, no para ser controlados o manipulados.

Si en algún momento te sientes incómodo o abrumado, detén inmediatamente el ritual y conéctate a tierra. Da las gracias a los espíritus y cierra la conexión tapando el espejo y apagando la vela.

Al seguir estos pasos, puedes realizar de manera efectiva la Visión del Vidente Espectral, abriendo tu tercer ojo al mundo espiritual y obteniendo una visión profunda desde más allá del velo.

Aparición fantasmal de Endor

Propósito:
Para convocar y manifestar la presencia de un espíritu visiblemente en el reino físico. Este hechizo se puede utilizar para la comunicación directa con el espíritu, la búsqueda de orientación o simplemente para presenciar su forma. Es poderoso y solo debe usarse cuando se está preparado para interactuar con el mundo espiritual.

Ingredientes:

Un cuenco de plata: representa la naturaleza reflexiva del mundo espiritual y atrae la energía espiritual.

Una vela negra: simboliza el velo entre los vivos y los muertos, que se usa para adelgazar la barrera.

Un pedazo de obsidiana u ónix: para protegerse contra espíritus malévolos.

Un espejo: para actuar como un portal para que la figura fantasmal se manifieste.

Un mechón de cabello, hueso u objeto que pertenezca al espíritu (opcional): si se conoce, esto ayudará a anclar el espíritu específico que desea invocar.

Unas gotas de aceite consagrado – Para ungir y purificar el espacio para la aparición.

Un trozo de tela blanca: para cubrir el espejo antes y después del hechizo, manteniendo el control sobre el espíritu.

Incienso (incienso o sándalo) – Para abrir el espacio a las energías espirituales y purificar el aire.

Una campana o campanilla: para señalar la apertura y el cierre de la invocación.

Una ramita de lavanda o salvia: para protección y claridad.

Conjuro:

"Desde las profundidades de las sombras, te llamo a acercarte,
Espíritu fantasmal, ahora aparece.
A través del velo, te convoco,
En forma espectral, déjame ver.

Rendimiento:

Preparación:

Elija un espacio tranquilo y con poca luz donde no lo molesten. Realiza este hechizo por la noche, preferiblemente durante la hora de las brujas (de medianoche a las 3 a.m.), cuando el velo entre los vivos y los muertos es más delgado.

Coloca el espejo en el centro de tu espacio ritual. Asegúrate de que la tela blanca esté cubierta sobre el espejo hasta que estés listo para invocar al espíritu.

Colocación del altar:

Coloca el cuenco de plata frente al espejo y vierte en él una pequeña cantidad de agua consagrada.

Coloca la vela negra en el lado izquierdo del espejo, representando el adelgazamiento del velo.

Enciende el incienso y colócalo cerca del espejo para limpiar el aire e invitar a las energías espirituales al espacio.

Sostén la obsidiana o el ónix cerca como medida de protección.

Si tienes un objeto personal o una reliquia del espíritu, colócalo en el cuenco de plata para que actúe como un ancla para esa entidad en particular.

Limpieza del espacio:

Enciende la vela negra y camina por tu área de ritual, sosteniendo la lavanda o la salvia en tu mano para limpiar y proteger el espacio. Al hacerlo, canta:

"Con la llama y el humo, limpio este espacio, ningún daño vendrá del tiempo o del lugar".

Visualiza el humo formando una barrera protectora alrededor de tu espacio ritual.

Apertura del portal:

Siéntate frente al espejo, coloca tus manos sobre él y comienza a cantar suavemente el Conjuro:

"Desde las profundidades de la sombra, te llamo cercano, espíritu fantasmal, ahora aparece".

Repite este Conjuro lentamente y con intención, enfocándote en el espacio dentro del espejo, visualizándolo como una puerta que se abre entre mundos.

Unción del espacio:

Sumerge tus dedos en el aceite consagrado y traza un pequeño sigilo o símbolo de protección en el espejo y el cuenco de plata. Esto actuará como una protección contra cualquier entidad no deseada.

Enfócate en tu intención: hacer surgir un espíritu específico o una aparición general. Si usas una reliquia de un espíritu conocido, sostenla en tus manos y concéntrate en llamar a su presencia.

Invocando la Aparición:

Respira hondo y vuelve a recitar el Conjuro con mayor intención:

"A través del velo, te convoco, en forma espectral, déjame ver".

Mírate en el espejo, permitiendo que tu visión se nuble ligeramente. Ten paciencia mientras esperas a que se forme la aparición. Es posible que veas sombras, neblina o una figura completamente formada dentro del reflejo del espejo o en la habitación que te rodea.

Comunicación y Observación:

Si aparece la aparición fantasmal, mantén la calma y abierto a su presencia. Puedes hacerle preguntas al espíritu, buscar orientación o simplemente observar. Use un lenguaje respetuoso, reconociendo el poder y la presencia del espíritu.

Si sientes que el espíritu no es benévolo, sostén la obsidiana o el ónix con fuerza y pídele con calma que se vaya. Puedes decir:

"Espíritu, tu tiempo aquí ha terminado. Te libero de vuelta a dónde vienes".

Si el espíritu es benévolo y está dispuesto a comunicarse, puedes ofrecer gratitud y escuchar cualquier mensaje que pueda tener.

Cerrando el Ritual:

Cuando estés listo para despedir la aparición, toca la campana o el carillón tres veces para señalar el cierre del portal. Decir:

"Gracias, espíritu, por tu presencia cerca, ahora regresa, te libero aquí".

Cubra el espejo con el paño blanco para sellar la conexión y evitar más manifestaciones.

Apague la vela negra y dé gracias al espíritu, incluso si no apareció ninguna aparición completa.

Ofrenda y gratitud:

Deje una pequeña ofrenda en el altar (por ejemplo, una flor, incienso o comida) para mostrar respeto y gratitud por la visita del espíritu, aunque sea breve o sutil.

Despeja el espacio quemando más salvia o lavanda, asegurándote de que no quede energía persistente.

Seguimiento:

Tómate un momento para reflexionar sobre la aparición y cualquier mensaje o impresión que hayas recibido. Escribe tu experiencia en un diario.

Conéctate bebiendo agua o comiendo algo para ayudar a regresar completamente al mundo físico.

Si la aparición fue particularmente fuerte o inquietante, límpiate con agua salada o tomando un baño ritual.

Liberando el Espíritu:

Si sientes que el espíritu persiste después del ritual, enciende incienso de salvia o incienso y camina por tu casa, diciendo:

"Espíritus del otro lado, regresen ahora, su tiempo aquí ha muerto".

Visualiza al espíritu partiendo pacíficamente.

Notas:

Este hechizo solo debe realizarse cuando estés completamente preparado para interactuar con el reino de los espíritus. No es un hechizo que deba tomarse a la ligera, ya que invocar a un espíritu visible requiere concentración y respeto.

Es posible que no todos los espíritus elijan aparecer visualmente, pero aun así puedes sentir su presencia a través de sensaciones, cambios de temperatura o sonidos.

Siempre asegúrese de cerrar el portal después de que aparezca la aparición para evitar interacciones espirituales no deseadas.

Conjurando a los muertos olvidados

Propósito:
Para convocar a los espíritus de aquellos olvidados por el tiempo y la memoria, llamándolos para que les ayuden, para obtener conocimientos ocultos o para revelar secretos perdidos. Estos espíritus pueden ser de los antiguos muertos, almas que fueron pasadas por alto, o aquellos que permanecen en silencio esperando el recuerdo.

Ingredientes:

Un pedazo de tierra de cementerio: representa el lugar de entierro de los muertos olvidados, conectando al lanzador con el reino del difunto.

Una vela blanca y negra – La vela negra simboliza la muerte, la vela blanca simboliza el recuerdo y el reconocimiento.

Romero seco: una hierba tradicional de recuerdo, utilizada para honrar a las almas olvidadas.

Un mechón de hilo negro – Simboliza la unión de los espíritus olvidados al momento presente.

Una ofrenda personal (pan, vino o sal) - Un regalo para apaciguar los espíritus y mostrar respeto.

Un pequeño fragmento de hueso o piedra: representa los restos físicos del pasado, para arraigar a los espíritus en el presente.

Una campana o campanilla: para señalar la invocación y despedida de los espíritus.

Una fotografía o imagen de un cementerio o tumba: ayuda a visualizar la conexión con los muertos olvidados.

Un espejo o herramienta de adivinación: para actuar como un portal a través del cual los espíritus pueden comunicarse o aparecer.

Incienso de lavanda: para purificar el espacio e invitar a la calma y la energía pacífica para la invocación.

Conjuro:
"Almas olvidadas, a ti te llamo,
De la tumba sombría y la memoria,
Ven ahora, revela tu luz,
Guía mi camino en esta noche".

Rendimiento:

Preparación:

Realiza este ritual en un espacio tranquilo donde no te molesten, idealmente por la noche o durante la luna menguante, que simboliza la conexión con el pasado y lo invisible. Rodea el espacio con un círculo de protección si deseas asegurarte de que solo se acerquen los espíritus benévolos.

Crea tu altar colocando el espejo o la herramienta de adivinación en el centro. Coloca las velas blancas y negras a ambos lados del espejo.

Colocación del altar:

Espolvorea una pequeña cantidad de tierra de cementerio frente al espejo, simbolizando la conexión con los muertos olvidados.

Coloca el hueso o el fragmento de piedra junto al espejo, conectando a los espíritus con el mundo presente.

Enciende el incienso de lavanda y deja que el humo suba, purificando el espacio y dando la bienvenida a los espíritus de los muertos.

Ofrenda y Reconocimiento:

Coloque la ofrenda personal (pan, vino o sal) frente al espejo como un gesto de respeto. Decir:

"Ofrezco este regalo a las almas olvidadas, a aquellas cuyos nombres se han desvanecido pero cuyos espíritus aún perduran".

Visualiza tu energía y ofrenda alcanzando a las almas olvidadas, reconociendo su existencia.

Encendido de las velas:

Enciende primero la vela negra, diciendo:

"Desde las sombras, te convoco, espíritus perdidos y desconocidos para mí".

A continuación, enciende la vela blanca, diciendo:

"En la luz, recuerdo, olvidado y desamparado, tu presencia que ahora adorno".

Atar a los espíritus:

Toma el mechón de hilo negro y átalo alrededor del fragmento de hueso o piedra. A medida que ata el hilo, diga:

"Por este hilo, te ato cerca, Muerto olvidado, ven ahora aquí".

Visualiza a los espíritus siendo atraídos a tu espacio, atados al presente por el hilo y el hueso, conectándolos desde sus distantes lugares de descanso a tu ritual.

Invocar a los muertos olvidados:

Sostén el romero en tu mano y canta el Conjuro:

"Almas olvidadas, a ti te llamo, desde la tumba y la memoria en sombras".

Mírate en el espejo mientras cantas, permitiendo que el reflejo se desdibuje, enfocando tu mente en la conexión con los muertos. A medida que repites el Conjuro, siente el cambio de energía a medida que se acercan los espíritus olvidados. Es posible que sienta un escalofrío, escuche un susurro débil o sienta una presencia en la habitación.

Comunicación con los Muertos Olvidados:

Una vez que sientas la presencia de los espíritus, haz tu pregunta o busca orientación. Puede hablar en voz alta o en su mente. Los espíritus pueden responder a través de signos sutiles, sentimientos, o incluso aparecer como figuras o imágenes tenues en el espejo.

Si usas una herramienta de adivinación, permite que emerjan las impresiones o los símbolos, confiando en que tu intuición te guiará en la interpretación de los mensajes de los muertos.

Honrando a los espíritus:

Después de recibir la guía o visión, tómate un momento para agradecer a los espíritus por su presencia. Puedes decir:

"Gracias, almas olvidadas, por vuestra luz y guía. Aquí se honra tu memoria".

Ofrezca una pequeña pizca de romero en la tierra del cementerio como tributo adicional, simbolizando el recuerdo y el reconocimiento de su existencia.

Cerrando el Ritual:

Cuando esté listo para liberar los espíritus, toque la campana o el carillón tres veces y diga:

"Espíritus de los muertos olvidados, os libero de vuelta a vuestro descanso. Vete ahora en paz, con mi agradecimiento".

Apaga suavemente las velas blancas y negras y cubre el espejo con un paño para cerrar el portal entre mundos.

Ofrenda y protección:

Deje la ofrenda afuera durante la noche o en un lugar natural (como un árbol o una tumba), simbolizando su continuo respeto por los muertos.

Una vez completado el ritual, quema el hilo negro que usaste para atar a los espíritus. Esto libera la conexión entre tú y los espíritus, asegurando que regresen a su descanso.

Seguimiento:

Reflexiona sobre la orientación o los mensajes recibidos y anota en tu diario cualquier información importante.

Conéctate bebiendo agua, comiendo alimentos o pasando tiempo en la naturaleza para volver por completo al presente.

Si sientes alguna energía persistente del ritual, quema salvia o espolvorea sal alrededor de la habitación para purificarla.

Notas y precaución:

Sé respetuoso al invocar a los muertos olvidados, ya que estos espíritus pueden haber sido descuidados durante mucho tiempo. Reconozca su presencia y ofrezca gratitud por su guía.

Siempre asegúrate de cerrar el ritual correctamente para evitar que la energía espiritual persista. Use la campana o el timbre como una señal clara de que la conexión ha finalizado.

No todos los espíritus aparecerán en forma visible, pero su presencia puede sentirse a través de sensaciones, símbolos o pensamientos sutiles.

Lamento de las almas perdidas de Endor

Propósito:
Llamar a las almas errantes, perdidas, que han sido olvidadas por los vivos o están atrapadas en el espacio liminal entre la vida y la muerte. Este hechizo busca consolar a estos espíritus, permitiéndoles compartir sus conocimientos u ofrecer ayuda, al mismo tiempo que les ofrece un consuelo temporal de su interminable deambular.

Ingredientes:

Un cáliz o cuenco de plata: representa la conexión entre el mundo material y el reino espiritual, y sirve como recipiente para la energía de las almas.

Una vela azul oscuro o negra: simboliza la tristeza y la naturaleza errante de las almas perdidas.

Un pedazo de tela negra – Para representar el velo entre los vivos y los muertos.

Una pequeña campana – Para convocar y guiar a los espíritus.

Un espejo de plata u obsidiana: para actuar como un portal a través del cual las almas perdidas pueden conectarse y comunicarse.

Un puñado de pétalos de brezo seco o amapola: estas flores representan el descanso y la paz que buscan las almas, llamándolas con su tranquila belleza.

Sal y agua: para la limpieza y la protección, asegurando que no queden energías dañinas después del ritual.

Unas gotas de aceite de lavanda o incienso – Para calmar las almas y ofrecerles consuelo.

Una flauta suave o música lúgubre (opcional) – Para crear una atmósfera inquietante que acerque a las almas perdidas, invocando un sentimiento de tristeza y lamento.

Conjuro:
"Desde el vacío donde se arrastran las sombras,
Almas perdidas en el dolor, ya no lloran.
La llamada de Endor para guiarte cerca,
Sal ahora, oigo vuestras voces.

Rendimiento:

Preparación:

Elige un espacio tranquilo y poco iluminado para el ritual, donde puedas crear una atmósfera de tristeza y misterio. Se realiza mejor durante la luna nueva o en una noche lluviosa, para aumentar el sentimiento de pérdida y duelo. Pon música suave y triste de fondo si lo deseas.

Prepara el altar colocando la tela negra como representación del velo entre los vivos y los muertos. Coloca el cáliz o cuenco de plata en el centro del altar.

Colocación del altar:

Enciende la vela azul oscuro o negra a un lado del altar, diciendo:
"Con esta llama, llamo a los perdidos, que vagan en el vacío".

Coloca el espejo de plata u obsidiana en el lado opuesto de la vela. Esto actuará como un portal para que las almas perdidas hagan notar su presencia.

Espolvorea un anillo de sal alrededor del altar para protegerte, asegurándote de que solo las almas perdidas que llamas puedan acercarse. Mantén el agua cerca para limpiarte después del ritual.

Unción y Ofrenda:

Unge los bordes del espejo y el cáliz con unas gotas de aceite de lavanda o incienso, diciendo:

"Que esto sea un bálsamo para sus almas inquietas, trayendo consuelo en su tiempo de vagabundeo".

Esparce el brezo seco o los pétalos de amapola alrededor del cáliz. Estas flores simbolizan la paz que las almas buscan pero que aún no han encontrado.

Invocando a las Almas Perdidas:

Sostén la campana y hazla sonar tres veces, lenta y deliberadamente, mientras cantas el Conjuro:

"Desde el vacío donde se arrastran las sombras, las almas perdidas en el dolor, ya no lloran".

Mírate en el espejo, permitiendo que tu concentración se suavice. Mientras cantas, visualiza a las almas perdidas siendo atraídas por el sonido de tu voz, sus formas emergiendo de la oscuridad del reino espiritual, buscando consuelo en la energía que has creado.

Lamento de las Almas Perdidas:

Una vez que sientas la presencia de las almas (puedes experimentar un escalofrío, una sensación de pesadez o escuchar susurros débiles), continúa cantando suavemente:

"El llamado de Endor para guiarte cerca, ven ahora, escucho tus voces".

Si te sientes guiado a hacerlo, toca algunas notas con una flauta u otro instrumento lúgubre, o tararea una melodía triste, como una forma de expresar empatía por el dolor de las almas perdidas. Deja que este lamento resuene en el espacio, invitando a los espíritus a acercarse.

Comunicación y ofrecimiento de consuelo:

Habla suavemente a los espíritus, ofreciéndoles consuelo:

"Vosotros que estáis perdidos, oigo vuestros gritos. Descansa ahora, aunque solo sea por un momento, y comparte tu sabiduría, tu dolor, tu historia".

Las almas pueden responder a través de sensaciones, imágenes en el espejo o pensamientos y sentimientos sutiles. Permíteles hablar o mostrarse de la manera que elijan. Esté abierto a cualquier mensaje que deseen transmitir.

Liberación y gratitud:

Después de que hayas recibido sus mensajes o hayas sentido su presencia, ofréceles gratitud y dile:

"Tu dolor se siente, tus historias se escuchan. Aunque perdido en la vida, aquí se te recuerda. Descansa ahora, aunque solo sea por un tiempo, y regresa al vacío con paz".

Toca la campana tres veces más para señalar el cierre del ritual. El timbre ayuda a guiar a las almas de regreso a su lugar de descanso, dándoles una sensación de cierre.

Cerrando el Ritual:

Apague la vela, señalando el final de la conexión con el reino espiritual, y cubra el espejo con la tela negra para evitar que las energías persistentes se crucen.

Rocía unas gotas de agua salada alrededor del altar para limpiar el espacio, diciendo:

"Con agua y sal limpio este lugar, ningún espíritu inquieto dejará su huella".

Vierte unas gotas de aceite de lavanda o incienso en el suelo o en el cáliz como ofrenda final a las almas, asegurándote de que tengan un pequeño pedazo de paz con el que regresar.

Seguimiento:

Siéntate en silencio por un momento, reflexionando sobre cualquier mensaje o sentimiento recibido durante el ritual. Anota cualquier idea o impresión importante en tu diario.

Conéctate a ti mismo tocando la tierra, comiendo una comida o bebiendo agua, asegurándote de estar completamente de vuelta en el mundo presente.

Notas:

Respeto y empatía: Los espíritus de las almas perdidas a menudo están tristes o angustiados. Acércate al ritual con profundo respeto y empatía por su difícil situación, ofreciendo consuelo en lugar de exigir respuestas o favores.

Protección: Usa un círculo de sal para protegerte de cualquier entidad malévola que pueda tratar de aprovecharse de la conexión espiritual abierta. Si te sientes inseguro en algún momento durante el ritual, cierra la conexión con calma tocando la campana y diciendo:

"Libero a todos los espíritus, regresa a tu lugar de descanso, lo ordeno".

Luego apague la vela y cubra el espejo.

Limpieza posterior al ritual: Asegúrate de limpiarte a ti mismo y al espacio a fondo después de realizar este ritual para evitar que cualquier tristeza persistente o energía negativa afecte tu estado emocional.

Fuego de alma de Endor

Propósito:
Para invocar el místico "Fuego del Alma", una llama que canaliza la energía de los muertos y los espíritus, empoderando al lanzador para quemar bloqueos espirituales, convocar espíritus o buscar una guía profunda desde el más allá. Sirve como una fuerza purificadora, encendiendo los límites entre los vivos y los muertos, ofreciendo protección y comprensión.

Ingredientes:

Una vela blanca y negra (que representa la dualidad) – La vela blanca simboliza la vida y la pureza, mientras que la vela negra simboliza la muerte y lo desconocido.

Un pedazo de piedra de obsidiana u ónix – Para enraizar la energía del fuego del alma y conectarla con el reino de los espíritus.

Un cuenco de plata o bronce: para contener la llama y actuar como recipiente para la energía del ritual.

Salvia seca o artemisa: para purificar el espacio y abrir la puerta al mundo de los espíritus.

Una pizca de ceniza de hueso (opcional): símbolo de la muerte y las almas de los difuntos, utilizado para mejorar la conexión con el más allá.

Un pequeño espejo: actúa como un portal a través del cual la llama puede reflejarse y revelar verdades ocultas o visiones espirituales.

Unas gotas de resina o aceite de sangre de dragón: para invocar el poder bruto del fuego del alma e intensificar la potencia del hechizo.

Un mechón de tu cabello o una ficha personal: para vincular tu energía personal con el fuego del alma y asegurarte de que la llama esté en sintonía contigo.

Una ramita de romero o lavanda – Para el recuerdo y la protección.

Una vara de plata o hierro o athame: se usa para dibujar los sigilos o patrones que encienden el fuego del alma.

Conjuro:

"Fuego del alma brillante, de la llama de Endor,
Enciende el velo, revela el nombre.
Quema la oscuridad interior,
Por la luz, que comience la verdad".

Rendimiento:

Preparación:

Realiza este ritual en una habitación tranquila y con poca luz donde puedas concentrarte sin interrupciones. El mejor momento para este ritual es por la noche, preferiblemente bajo la luna llena o durante Samhain, cuando el velo entre los mundos es más delgado.

Coloca el cuenco de plata o bronce en el centro del altar. Rodéalo con las velas blancas y negras, que representan el equilibrio entre la vida y la muerte.

Estableciendo el Espacio Sagrado:

Comience quemando salvia o artemisa para purificar el espacio. Lanza el humo alrededor de la habitación, permitiendo que elimine cualquier energía negativa. Decir:

"Con este humo, limpio y purifico el camino entre los vivos y los muertos".

Coloque la piedra de obsidiana u ónix en el tazón, anclando el fuego del alma al mundo de los espíritus.

Dibujando el sello:

Usando la barra de plata o hierro, dibuja un sigilo en el aire sobre el tazón. Este sigilo debe representar una llama, un espíritu o un símbolo personal para ti que se conecte con el fuego del alma. A medida que dibuja, diga:

"Con este sigilo, invoco la llama de las almas, el fuego de Endor, para que arda entre los mundos."

Unción y preparación de la llama:

Toma el aceite de sangre del dragón y unge las velas blancas y negras. Al hacerlo, diga:

"Yo llamo a la luz de la vida y a las tinieblas de la muerte. A través de esta llama, que los muertos hablen y el alma vea".

Si tienes ceniza de hueso, espolvorea una pizca en el tazón, lo que aumenta el poder del fuego del alma. Esta ceniza representa los restos de la vida, ahora transformada en energía espiritual.

Encendiendo el Fuego del Alma:

Enciende las velas blancas y negras, visualizando una llama brillante y etérea que crece entre ellas, parpadeando en el espacio sobre la piedra de obsidiana. Canta el Conjuro:

"Fuego del alma brillante, de la llama de Endor, enciende el velo, revela el nombre".

Mientras cantas, observa cómo el fuego del alma se hace más brillante en tu mente, iluminando el camino entre los vivos y los muertos.

Ofrecimiento y vinculación:

Coloca un mechón de tu cabello o ficha personal en el tazón, vinculando el fuego del alma a ti y a tu intención. Al colocarlo, diga:

"De esta manera, ato mi alma a la llama, para que su luz me guíe y revele lo que está oculto".

Agregue la ramita de romero al tazón, para protección y recuerdo, asegurándose de que el fuego del alma solo atraiga a los espíritus benévolos.

Invocación de las Ánimas:

Sostenga el espejo en sus manos, mirando su superficie reflectante. Habla en voz alta:

"Por el fuego de las almas, llamo a los que se desvían. Que se escuchen sus voces, que se note su presencia. A través de esta llama, háblame".

Al mirarse en el espejo, el reflejo del fuego del alma puede revelar imágenes tenues o movimientos de espíritus, o puede escuchar susurros sutiles desde el otro lado. Mantente abierto a sus mensajes, ya sea que lleguen a través de pensamientos, sentimientos o visiones.

Orientación y comunicación:

Haga su pregunta o manifieste su necesidad de orientación. El fuego del alma actuará como un puente, permitiendo que los espíritus se comuniquen a través de signos en el espejo, a través de la llama o a través de tu intuición. Confía en las sensaciones que surgen, ya sean visuales, emocionales o auditivas.

Transformación y quema de la negatividad:

Si tu objetivo es quemar una energía negativa o un trauma pasado, visualiza el fuego del alma que rodea y consume la oscuridad interior. Habla en voz alta:

"Fuego del alma brillante, quema la oscuridad interior, por la luz, que comience la curación".

Imagina la llama consumiendo la negatividad o los bloqueos, dejando solo claridad y luz en su lugar.

Cerrando el Ritual:

Una vez que sientas que la conexión con los espíritus se ha completado o que has recibido la orientación necesaria, apaga primero la vela negra y luego la blanca. Al apagar las llamas, diga:

"Con gratitud, libero la llama, regresa ahora a tu lugar de descanso".

Cubra el espejo con un paño negro para cerrar el portal, asegurándose de que no quede energía persistente.

Limpieza y protección:

Limpia el espacio rociando agua salada alrededor del altar. Decir: "Con sal y agua purifico este lugar, ningún espíritu dejará su huella".

Deja la piedra de obsidiana u ónix en el cuenco como una fuerza de conexión a tierra, absorbiendo cualquier energía espiritual residual.

Seguimiento:

Tómate un tiempo para reflexionar sobre los mensajes o sentimientos que recibiste durante el ritual. Escríbelos en un diario para futuras referencias.

Conéctate bebiendo agua o comiendo algo nutritivo para volver completamente al presente.

Si sientes alguna energía persistente del ritual, quema salvia u otra hierba purificadora para limpiarte a ti mismo y al espacio aún más.

Cautela:

Respeta el Reino de los Espíritus: Acércate siempre a este hechizo con reverencia por los espíritus que estás llamando. El fuego del alma es una herramienta poderosa y no debe usarse a la ligera o de manera irrespetuosa.

Cierra el portal: Asegúrate de cerrar la conexión apagando las velas y cubriendo el espejo. Dejar el portal abierto puede invitar a una energía espiritual no deseada.

Protección personal: Si en algún momento te sientes abrumado o inquieto, termina el ritual con calma apagando las velas y diciendo:

"Libero a todos los espíritus, regresa a tu descanso. Ya no eres necesario aquí".

Susurros de la Reina Fantasma

Propósito:
Para invocar los susurros de la Reina Fantasma, obteniendo acceso a la sabiduría antigua y las verdades ocultas. Este hechizo ayuda en momentos de transformación, encrucijadas en la vida o cuando buscas orientación en asuntos de destino, muerte o destino. Los susurros de la Reina Fantasma proporcionan una visión sutil pero profunda, revelando secretos que a menudo se ocultan al reino mortal.

Ingredientes:

Una pluma de cuervo o pluma de cuervo: un símbolo de la Reina Fantasma, asociado con la muerte, la previsión y la profecía.

Un espejo negro o una piedra de obsidiana – Actúa como un portal para recibir los susurros de la Reina Fantasma y mirar lo invisible.

Vela de color púrpura oscuro o negro: representa el misterio, la muerte y lo desconocido.

Un frasco de tierra de cementerio – Para anclar la energía al reino de los espíritus y la muerte, creando una fuerte conexión con la Reina Fantasma.

Una pieza de joyería o moneda de plata: representa los antiguos lazos con el destino y el inframundo; un homenaje a la Reina Fantasma.

Un pequeño cuenco de agua de luna – Recogido bajo la luna llena, sirve como medio para la reflexión y la intuición, mejorando la conexión.

Unas gotas de aceite de mirra – Para invocar la antigua energía de la Reina y sintonizar al practicante con los susurros sutiles del mundo de los espíritus.

Una ramita de tejo o ciprés: ambos árboles se asocian con la muerte y la vida eterna, fortaleciendo la conexión con el más allá.

Un velo o tela negra: se usa para cubrir la cara, simbolizando el velo entre los vivos y los muertos, mejorando su capacidad para escuchar los susurros.

Conjuro:
"Reina Fantasma, te llamo,
Susurros de muerte, háblame.
Desde las sombras donde habitan los espíritus,
Revela tus secretos, teje tu hechizo".
Rendimiento:
Preparación:
Busca un lugar tranquilo y oscuro donde puedas realizar este ritual sin interrupciones. Es mejor hacerlo a medianoche o durante la luna oscura, cuando el velo entre los mundos es más delgado.

Prepara tu altar colocando el espejo negro o la piedra de obsidiana en el centro. Rodéalo con la vela morada o negra, la pluma de cuervo y el cuenco con agua de luna.

Limpieza del espacio:
Quema aceite de mirra en un quemador de aceite o unge la vela con unas gotas de aceite. A medida que el aroma llena el aire, habla:

"Con el aroma de la mirra, invoco las sombras de la antigüedad, abriendo el camino a la Reina Fantasma".

Esparce la tierra del cementerio en un círculo alrededor de tu espacio ritual, creando un límite entre los reinos físico y espiritual. Esto anclará la energía y te protegerá de los espíritus no deseados.

Encendiendo la llama:
Enciende la vela negra, diciendo:
"Con esta llama, convoco a la oscuridad,
Guíame a través del arco de la sombra.

Concéntrate en la llama, permitiendo que tu mente se calme y entre en un estado meditativo. Visualiza la llama como un faro que llama a la Reina Fantasma desde su reino.

Cubre tu rostro con el velo negro. Esta acción representa tu intención de traspasar el velo entre la vida y la muerte. Aumenta tu sensibilidad a los susurros del mundo espiritual.

Sostenga la pluma de cuervo en su mano y pásela suavemente sobre la llama de la vela tres veces. Al hacerlo, diga:

"Pluma de cuervo, guía mi vista,
Guíame a través de la noche del Fantasma.

La pluma sirve como un vínculo con la Reina Fantasma, una criatura a menudo asociada con cuervos y cuervos como sus emisarios.

Llamando a la Reina Fantasma:

Mírate en el espejo negro o en la piedra de obsidiana. Mientras miras fijamente sus profundidades, recita el Conjuro:

"Reina Fantasma, a ti te llamo, susurros de muerte, háblame. Desde las sombras donde habitan los espíritus, revela tus secretos, teje tu hechizo".

Repite el Conjuro suavemente, enfocándote en la oscuridad dentro del espejo. Abre tu mente a los susurros, permitiendo que la energía de la Reina Fantasma surja. Es posible que sientas una presencia fría, escuches susurros débiles o sientas movimientos sutiles en las sombras.

Ofrenda a la Reina:

Coloca la moneda de plata o la joya frente al espejo, ofreciéndola como tributo a la Reina Fantasma. Decir:

"La plata brilla en la luz del homenaje,

Reina Fantasma, acepta este rito".

Esta ofrenda vincula su solicitud al favor de la Reina, asegurando que el conocimiento que ella ofrece se brinde con respeto y equilibrio.

Escuchando los susurros:

Siéntate en quietud, con la pluma de cuervo en la mano, y escucha los susurros. Pueden presentarse como sonidos, pensamientos o imágenes tenues en la mente. Confía en las sensaciones e impresiones que recibes. Los susurros de la Reina Fantasma revelan verdades que pueden no estar claras de inmediato, pero que se revelarán con el tiempo.

Sumerge tus dedos en el cuenco de agua de luna, tocándolo en tu frente y corazón, permitiendo que la energía intuitiva de la luna amplifique los susurros. Decir:

"A través del reflejo de la luna, escucho tu llamado,
Háblame ahora, revélalo todo".

Deja que los susurros te guíen, ya sea a través de visiones en el espejo o a través de la intuición interior.

Cerrando el Ritual:

Una vez que sientas que la conexión se desvanece o hayas recibido la orientación que buscabas, di:

"Reina Fantasma, te lo agradezco ahora,
Libero tus susurros, con voto sagrado".

Apaga la vela, cerrando simbólicamente el portal al reino de los espíritus.

Quita el velo negro y dóblalo con cuidado, reconociendo que el velo entre los vivos y los muertos ha vuelto a su lugar.

Limpieza y conexión a tierra:

Rocía unas gotas de agua lunar en el suelo, devolviendo a la tierra la energía que se tomó prestada. Decir:

"Por la tierra y la luna, devuelvo este poder,
La Reina Fantasma se desvanece con la última hora".

Limpia el área quemando un poco de salvia o artemisa, asegurándote de que no queden energías persistentes.

Seguimiento:

Anota en un diario todas las percepciones, susurros o visiones que hayas recibido. Los mensajes de la Reina Fantasma pueden tardar en revelar completamente su significado, así que reflexiona sobre ellos en los próximos días.

Conéctate tocando la tierra, comiendo algo caliente o bebiendo agua para volver completamente al presente y cerrar la conexión con el mundo espiritual.

Notas:

Respeta a la Reina: La Reina Fantasma es una poderosa entidad asociada con la muerte y la transformación. Acércate siempre a ella con reverencia y respeto, porque ella revela sus verdades solo a aquellos que honran sus misterios.

Susurros como guía: Los susurros de la Reina Fantasma son sutiles, a menudo crípticos, y deben ser considerados cuidadosamente. Es posible que no tengan sentido de inmediato, pero su significado se desarrollará con el tiempo y la reflexión.

Protección y límites: Asegúrate de definir claramente tu intención y límites antes de comenzar el ritual, ya que estás abriendo una puerta de entrada al reino espiritual. La suciedad y el velo del cementerio son elementos protectores esenciales.

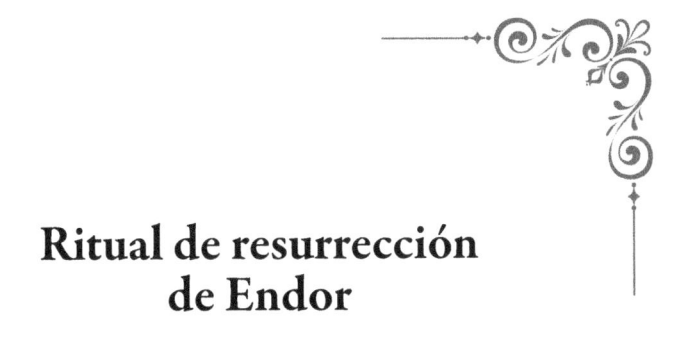

Ritual de resurrección de Endor

Propósito:
Para resucitar a un ser difunto por un breve período, ya sea para comunicarse con su espíritu en el reino físico o para restaurar una apariencia de vida a su cuerpo. Este ritual no es una resurrección permanente; Más bien, otorga animación temporal a los muertos o permite que su alma vuelva a entrar en su cuerpo por un corto tiempo.

Ingredientes:

Un pedazo de hueso o un artefacto personal del difunto: actúa como el foco para que el alma vuelva a entrar en su forma física.

Un frasco de sangre – La sangre representa la fuerza vital y es esencial en cualquier ritual de resurrección.

Una vela negra y una vela roja – La vela negra simboliza la muerte, mientras que la vela roja simboliza la chispa de la vida.

Una ramita fresca de tejo o ciprés: ambos se asocian con la muerte y el renacimiento, fortaleciendo la conexión con la vida después de la muerte.

Suciedad del cementerio: recolectada del lugar de entierro del difunto, sirve como un vínculo directo entre el mundo de los vivos y el inframundo.

Un cáliz de plata: se utiliza para contener la mezcla de sangre y tierra del cementerio, que simboliza la fusión de la vida y la muerte.

Un mechón de tu cabello: se usa para unir tu fuerza vital al hechizo, proporcionando la energía necesaria para completar la resurrección.

Un espejo o superficie reflectante: sirve como un portal al otro lado, lo que permite que el espíritu encuentre su camino de regreso al reino físico.

Una espada de hierro o athame: el hierro se usa para cortar los límites entre los mundos y para cortar cualquier lazo persistente cuando termina el ritual.

Raíz de mandrágora: conocida por su asociación con la vida y la muerte, se utiliza para anclar el espíritu en el mundo físico.

Un pequeño recipiente de sal: para purificar y proteger el área de cualquier espíritu malévolo.

Conjuro:

"Por la vida y por la muerte, el velo que rasgo,
Te llamo de vuelta, desde el final del viaje.
Vuelve una vez más, la vida vuelve a encenderse,
Por la sangre y los huesos, por la muerte y la noche".

Rendimiento:

Preparación:

El ritual debe realizarse a medianoche durante la luna nueva para lograr la conexión más fuerte con el reino de los muertos. Elige un lugar de poder, como un cementerio o una encrucijada, o establece un espacio sagrado con símbolos de muerte y renacimiento.

Coloca el espejo o la superficie reflectante frente a ti, donde el espíritu será convocado para cruzar de regreso al mundo físico.

Lanzando el círculo:

Antes de comenzar el ritual, lanza un círculo protector con sal para asegurarte de que ningún otro espíritu interfiera o se aferre a la energía del ritual. A medida que dibuja el círculo, hable:

"Con la sal y la tierra consagro este espacio,
No cruzará ningún espíritu sino aquel a quien me enfrente".

Creación del anclaje:

En el centro de tu círculo, coloca el hueso o artefacto del difunto sobre el altar. Rodéalo con tierra de cementerio y raíz de mandrágora, reforzando el vínculo entre el cuerpo y el alma.

Enciende la vela negra a la izquierda (muerte) y la vela roja a la derecha (vida). Sus llamas representarán el puente entre los dos mundos.

Invocación del Espíritu:

Toma el cáliz de plata y mezcla unas gotas de tu sangre con la tierra del cementerio. Remueve esta mezcla con el tejo o la ramita de ciprés mientras cantas el Conjuro:

"Por la vida y por la muerte, el velo que rasgo, te llamo de vuelta desde el final del viaje. Vuelve una vez más, la vida vuelve a encenderse, por la sangre y los huesos, por la muerte y la noche".

Mientras cantas, visualiza el alma del difunto siendo atraída hacia el espejo, a través de la llama de las velas, y de regreso hacia el mundo físico.

Ofrenda de Fuerza Vital:

Toma el mechón de tu cabello y colócalo en el cáliz. Esto simboliza su ofrenda de fuerza vital, la energía requerida para reanimar temporalmente al difunto. Decir:

"Por mi sangre y mi aliento te concedo la vida,
Camina una vez más, más allá de la contienda".

Invocando al Espíritu:

Coloca las manos a ambos lados del espejo, mirándolo fijamente mientras repites el Conjuro de nuevo. Llame al difunto por su nombre:

"Te convoco, [Nombre del difunto], desde más allá de la tumba. Por mi voluntad y el poder de Endor, regresa a este mundo".

Esté atento a las señales de su llegada: llamas de velas parpadeantes, un cambio en el aire o una aparición débil en el espejo.

Siente cómo su presencia se hace más fuerte a medida que cruzan el velo.

El Momento de la Resurrección:

Una vez que sientas que el espíritu ha llegado, sostén la hoja de hierro o athame sobre el artefacto o hueso y di:

"Con esta espada corté el velo,
De las garras de la muerte, que prevalezca la vida".

Baja la espada, concentrándote en tu intención de levantar el espíritu y devolverlo temporalmente a la vida.

Manifestación:

Si tu intención es comunicarte con el espíritu, puedes sentir o escuchar su presencia cerca del espejo. Si buscas animar brevemente el cuerpo, puedes ver signos sutiles de movimiento o vida que regresan a la forma física.

La vela roja arderá más a medida que se restaure la fuerza vital. Habla con el espíritu, haciéndole las preguntas a las que buscas respuestas, u observa su reanimación si el ritual estaba destinado a la resurrección física.

Duración y advertencias:

El espíritu o cuerpo resucitado permanecerá solo por un corto tiempo, generalmente hasta que la vela roja se haya consumido o la energía de su fuerza vital disminuya.

Es fundamental no permitir que el espíritu permanezca más allá de este período, ya que persistir en el reino físico puede llevar a consecuencias no deseadas o a la creación de fuerzas inquietas y malévolas.

Cortar el vínculo:

Una vez que el espíritu haya hablado o la resurrección se haya completado, toma la hoja de hierro una vez más y corta la conexión cortando el aire por encima del artefacto. Decir:

"Con este espada corto el lazo,
Vuelve a descansar, bajo el cielo".

Apaga primero la vela negra (que representa la muerte) y luego la vela roja (que representa la vida), cerrando la puerta entre los mundos.

Cerrando el círculo:

Después del ritual, barre con cuidado la tierra del cementerio y deséchala con respeto, como devolviéndola a la tierra cerca del lugar de descanso del difunto. Agradezca al espíritu por su cooperación y despídase de ellos.

Camine alrededor del círculo de sal en sentido contrario a las agujas del reloj para liberar el límite protector, diciendo:

"El vínculo se rompe, el círculo está claro.

Vete en paz, ya no estás aquí".

Seguimiento:

Es importante descansar después de realizar este ritual, ya que usar la fuerza vital para resucitar a un espíritu puede ser agotador. Bebe agua y come algo para conectarte a tierra.

Quema salvia o cedro para limpiar el área de cualquier energía persistente, asegurándote de que ningún espíritu permanezca atado al espacio o a ti.

Reflexiona sobre el ritual anotando cualquier mensaje, visiones o experiencia que haya ocurrido durante la resurrección.

Advertencias:

Magia peligrosa: Los rituales de resurrección se encuentran entre las formas más peligrosas de nigromancia. Usa este hechizo con moderación y solo cuando sea absolutamente necesario. Alterar el orden natural de la vida y la muerte puede tener graves consecuencias, como atraer entidades oscuras o causar daño tanto al practicante como al espíritu resucitado.

Consentimiento del Espíritu: Asegúrate siempre de que el Espíritu esté dispuesto a regresar. Obligar a un espíritu a regresar puede conducir a manifestaciones hostiles.

Resurrección temporal: Este hechizo no restaura la vida de forma permanente. El espíritu o cuerpo volverá a su estado natural una vez que termine el ritual. Intentar extender este tiempo es desaconsejable y podría tener repercusiones peligrosas.

Nave de los Difuntos

Propósito:
Crear un recipiente que pueda albergar temporalmente al espíritu de los muertos, permitiendo al practicante interactuar con los difuntos en un nivel más profundo. Este ritual se puede utilizar para adquirir conocimientos, realizar tareas o incluso comunicarse directamente con el espíritu otorgándole un anclaje temporal en el mundo físico.

Ingredientes:

Un objeto o recipiente hueco (por ejemplo, una vasija de barro, una piedra con una cavidad natural o una muñeca especialmente preparada): esto servirá como contenedor físico para el espíritu.

Un objeto personal o una reliquia del difunto: para atraer al espíritu específico que desea invocar y vincularlo a la embarcación.

Tres velas negras: simbolizan los reinos de los vivos, los muertos y el mundo de los espíritus.

Carbón vegetal o ceniza: se utiliza para dibujar un círculo de contención para mantener el espíritu dentro de la vasija.

Una llave o cerradura de hierro: el hierro es protector y atará el espíritu a la embarcación, evitando que se escape o cause daño.

Un mechón de tu cabello o una gota de tu sangre – Ofrecer una parte de ti mismo para establecer el control sobre el espíritu y empoderar la vasija.

Raíz de mandrágora: conocida por sus asociaciones con los muertos y su capacidad para retener energía espiritual, fortalece el vínculo entre el espíritu y la vasija.

Suciedad de cementerio: se recoge de la tumba del difunto o de un lugar de muerte, lo que refuerza la conexión del espíritu con el mundo físico.

Una pieza de joyería o moneda de plata: para atar al espíritu con respeto y asegurarse de que no se vuelva hostil.

Sal – Para purificar el espacio y proteger contra los espíritus no deseados.

Conjuro:

"Espíritu de la tumba silenciosa,
A través de esta vasija, te llamo valiente.
Por este vínculo, te doy forma,
Dentro de esta vasija, renaces".

Rendimiento:

Preparación:

Realiza este ritual a medianoche o durante la luna llena, cuando el velo entre los mundos es más delgado. Elija un espacio tranquilo y oscuro donde no lo molesten.

Coloca la vasija (jarra de barro, piedra o muñeca) en el centro de tu espacio ritual. Rodéalo con las tres velas negras en forma de triángulo.

Purificación del espacio:

Limpia el área espolvoreando sal alrededor de los bordes de tu espacio. Esto crea una barrera para protegerse contra cualquier entidad no deseada. Decir:

"Por la sal y por la tierra te echo fuera,
Aquí no hay más espíritu que el que yo grito.

Enciende las velas, una por una, mientras invocas cada reino:

"Uno para los vivos, otro para los muertos,
Uno para el espíritu, donde las almas son conducidas".

Llamando al Espíritu:

Tome el artículo personal del difunto y colóquelo dentro o al lado de la embarcación. Esto vincula el espíritu con el objeto.

Sostenga la raíz de mandrágora en su mano y espolvoree una pequeña cantidad de tierra de cementerio sobre la vasija. Mientras lo haces, comienza a recitar el Conjuro:

"Espíritu de la tumba silenciosa, a través de esta vasija, te llamo valiente. Por este vínculo, te doy forma, dentro de esta vasija, renaces".

Repite el Conjuro tres veces, y cada repetición llama al espíritu a acercarse a la vasija.

Sellado de la embarcación:

Toma la llave de hierro o cerradura y sujétala sobre la vasija, simbolizando tu control sobre el espíritu. Decir:

"Por la fuerza del hierro, estás contenido,
Ligado a esta forma, por voluntad sostenida".

Coloque la llave o el candado en o cerca de la vasija, lo que sella el espíritu en su interior. El hierro evitará que el espíritu escape o cause daño.

Ofrenda de Fuerza Vital:

Para potenciar el hechizo, ofrece una parte de ti (un mechón de pelo o una gota de sangre) colocándola dentro del recipiente. Este acto vincula tu energía con el espíritu y te da autoridad sobre él. Decir:

"Por la sangre y los huesos, por el abrazo de la vida,
Te concedo forma dentro de este espacio".

Visualiza tu fuerza vital mezclándose con el espíritu, asegurándote de que esté ligada a tu voluntad y a la vasija.

Atar el espíritu:

Toma la pieza de joyería o moneda de plata y colócala dentro de la vasija como una ofrenda simbólica de respeto. Esto asegura que el espíritu permanezca cooperativo y no se vuelva hostil. Decir:

"La plata une, con honor verdadero,

Espíritu interior, te llamo".

Manifestación del Espíritu:

El espíritu ahora habitará la vasija, dándole forma y presencia temporales en el mundo físico. Es posible que sienta un frío repentino, vea un cambio en las llamas parpadeantes de las velas o sienta una presencia en la habitación.

Comunícate con el espíritu haciéndole tus preguntas o declarando tu propósito para invocarlo. El espíritu puede responder a través de movimientos sutiles, un cambio en el entorno o impartiendo pensamientos e impresiones en su mente.

Duración y control:

El espíritu puede permanecer dentro de la vasija mientras las velas ardan, o hasta que lo liberes. La vasija misma se convierte en un hogar temporal para el espíritu, permitiéndole interactuar con el mundo sin cruzar por completo.

Si el espíritu comienza a actuar fuera de lugar o se vuelve hostil, agarra firmemente la llave de hierro y di:

"Por la ley de hierro, te tengo atado,
Vuelve a descansar bajo la tierra".

Esto subyugará al espíritu y evitará que cause daño.

Liberando el Espíritu:

Una vez que hayas completado tu interacción con el espíritu, es importante liberarlo respetuosamente. Retire la llave o el candado y diga:

"Espíritu ahora, tu tiempo ha terminado,
Vuelve a la tumba, tu curso está terminado".

Sopla las velas, una por una, en orden inverso, simbolizando el cierre del puente entre los mundos.

Cerrando el círculo:

Espolvorea sal sobre el recipiente y alrededor del espacio una vez más, asegurándote de que no queden energías persistentes. Decir:

"Con sal y luz limpio este lugar,

No queda ningún espíritu, ningún rastro, ningún rostro".

Limpie el área con salvia o artemisa, y devuelva cualquier resto de suciedad del cementerio a su fuente si es posible.

Seguimiento:

Reflexiona sobre la interacción que tuviste con el espíritu, anotando cualquier percepción, mensaje u orientación en un diario. Los espíritus a menudo se comunican a través de impresiones y signos sutiles, así que presta atención a cualquier cosa que se sienta significativa.

Conéctate comiendo algo abundante o tocando la tierra. Esto asegura que regreses completamente al presente, liberando cualquier lazo restante con el mundo espiritual.

Guarde el recipiente con cuidado. Si la vasija se usó para albergar un espíritu específico, manténgala en un espacio protegido, lejos de los demás, ya que puede retener alguna energía persistente.

Advertencias:

Cooperación espiritual: Solo convoca a espíritus con los que tengas una conexión respetuosa. Forzar a un espíritu a entrar en una vasija sin su consentimiento puede tener consecuencias peligrosas.

Control temporal: El recipiente solo puede contener el espíritu por un corto tiempo. No intentes prolongar la estancia del espíritu en el mundo físico, ya que esto puede causar daño tanto al practicante como al espíritu.

Intención clara: Siempre aborda el ritual con una intención clara. Los espíritus están atados por la voluntad del practicante, pero cualquier incertidumbre o desequilibrio puede permitir que el espíritu actúe fuera de su control.

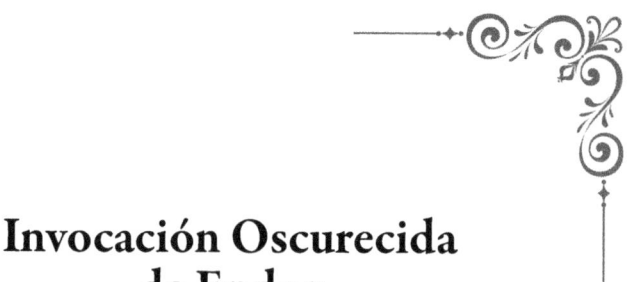

Invocación Oscurecida de Endor

Propósito:
Para convocar a un espíritu poderoso o entidad oscura del inframundo para obtener conocimiento, protección o realizar una tarea. La entidad invocada a través de este hechizo puede ser altamente impredecible y debe ser controlada a través de la vinculación. Solo aquellos con experiencia en las artes nigrománticas y de invocación deben intentar este hechizo.

Ingredientes:

Piedra de obsidiana negra u ónix: actúa como punto focal para el espíritu invocado y un espejo en los reinos oscuros.

Una pluma de cuervo – Símbolo de la sabiduría oscura y la comunicación con el mundo de los espíritus.

Tres velas negras: para representar la oscuridad del mundo espiritual y el camino por el que entra la entidad.

Incienso de sangre de dragón: para fortalecer el vínculo entre el espíritu y el invocador, así como para proteger el espacio.

Una daga o athame: se utiliza para dirigir tu voluntad y atravesar el velo entre el mundo de los vivos y el reino oscuro.

Un frasco de sangre fresca: la sangre actúa como ofrenda para atraer e invocar al espíritu oscuro. Debe ser el suyo o el de un participante dispuesto.

Tierra de cementerio: recolectada de un sitio asociado con la muerte o espíritus poderosos, esta suciedad anclará al espíritu convocado al mundo material.

Una cadena de plata o cadena de hierro: se utiliza para atar el espíritu a su voluntad, asegurándose de que no se libere de su control.

Sal y sal negra: para crear barreras protectoras y contener a la entidad invocada dentro del espacio ritual.

Un espejo o superficie reflectante: sirve como un portal para que el espíritu pase y se manifieste en el reino físico.

Conjuro:
"Desde las profundidades donde se arrastran las sombras,
Te llamo desde el sueño sin fin.
Por la sangre y los huesos, por la noche y las llamas,
A través de este hechizo, pronuncio tu nombre".

Rendimiento:

Preparación:

Realiza este ritual en una noche sin luna o durante la hora de las brujas (medianoche) para maximizar la conexión con las fuerzas oscuras.

Elija un lugar aislado donde no lo molesten, preferiblemente en algún lugar asociado con la muerte (un cementerio, ruinas antiguas o un espacio sagrado personal dedicado a los trabajos nigrománticos).

Creando el círculo:

Comience marcando un círculo de sal alrededor de su espacio ritual para protegerse. Este círculo asegura que la entidad invocada no pueda escapar y te protege de su influencia.

En el centro del círculo, coloca la piedra de obsidiana negra u ónix y coloca las tres velas negras a su alrededor en forma de triángulo.

En cada punto del triángulo, espolvorea una mezcla de tierra de cementerio y sal negra para fortalecer el límite entre el mundo material y los reinos oscuros.

Encendido de las velas:

Enciende las velas negras, una a la vez, y mientras enciendes cada una, repite el Conjuro:

"Desde las profundidades donde se arrastran las sombras, te llamo desde el sueño sin fin. Por la sangre y los huesos, por la noche y las llamas, a través de este hechizo, pronuncio tu nombre".

Mientras cantas, visualiza la llama actuando como un faro, atrayendo al espíritu hacia tu círculo.

Ofrenda de la Sangre:

Toma el frasco de sangre fresca y, usando la daga o el athame, vierte con cuidado unas gotas sobre la piedra de obsidiana en el centro de tu triángulo. La sangre actúa como una ofrenda, uniendo el espíritu al plano material. Decir:

"Por el don de la sangre, te convoco,
Desde la oscuridad, ahora respóndeme".

La sangre potenciará la invocación, atrayendo a un poderoso espíritu o entidad de los reinos oscuros.

Invocando al Espíritu:

Sostén la pluma del cuervo en una mano y la daga en la otra. Enfoca tu mente en el espíritu específico o tipo de entidad que deseas convocar, pronunciando su nombre o la naturaleza general del espíritu en voz alta. Si no conoces el nombre del espíritu, puedes llamar a un tipo específico, como un guardián oscuro, una sombra o un espectro del inframundo.

"Espíritu de las tinieblas, te convoco,
Del borde de la sombra, ven a mí".

Dirige tu energía hacia el espejo, imaginándolo como una puerta de entrada al mundo oscuro del que emergerá el espíritu. A medida que cantas, es posible que comiences a ver parpadeos o sombras dentro de la superficie reflectante, lo que indica la presencia del espíritu.

Atar el espíritu:

Una vez que sientas la presencia del espíritu (una brisa fría, velas parpadeantes o una sombra que aparece en el espejo), coloca rápidamente la cadena de plata o hierro sobre la piedra de obsidiana para atar el espíritu a la vasija. Decir:

"Por la luz de la plata (o el poder del hierro), te ato aquí,
Con sangre y piedra aparecerás.
Atado a mi voluntad, no puedes huir,
Cumple mi mandato y respóndeme".

La cadena actuará como una salvaguarda, asegurando que el espíritu esté atado a tu orden y no pueda actuar por su propia voluntad. En este punto, el espíritu puede comunicarse contigo a través del espejo o la obsidiana, o manifestarse como una sombra, un susurro o una sensación fría dentro del círculo.

Emitiendo su comando:

Una vez que el espíritu esté completamente convocado y atado, habla clara y directamente, dándole tu orden. Ya sea que busques conocimiento, protección o para enviar al espíritu a una tarea, sé explícito en tus palabras, ya que los espíritus de los reinos oscuros a menudo tuercen instrucciones vagas.

Di algo como:

"Por mi voluntad, te encargo ahora,
Haz lo que te ordeno, o quedarte obligado de alguna manera.
Di tu verdad, o toma tu vuelo,
Sírveme ahora, atado por la noche.

Permitir que el espíritu se comunique o lleve a cabo su tarea. Si estás buscando conocimiento, haz preguntas específicas. Si envías el espíritu para proteger o dañar, asegúrate de dar detalles precisos.

Liberando el Espíritu:

Una vez completada la tarea, es fundamental liberar el espíritu y asegurarse de que no queden rastros en el mundo físico. Sostén la daga sobre la piedra de obsidiana y di:

"Por el filo del hierro (o el resplandor de la plata),

Rompo el vínculo, disuelvo el sueño.
Vuelve a la oscuridad, tu tarea está hecha,
Vete, por la luna y por el sol".

Mientras dices esto, visualiza al espíritu retirándose a través del espejo o hacia la piedra de obsidiana. Las velas parpadearán o se apagarán, señalando la partida del espíritu.

Cerrando el círculo:

Después de que el espíritu haya sido liberado, tómate un momento para conectarte a tierra y disipar cualquier energía oscura persistente del espacio. Camina alrededor del círculo de sal en sentido contrario a las agujas del reloj para cerrarlo, diciendo:

"El círculo se desvanece, el poder se desvanece,
No queda ningún espíritu, ninguna oscuridad mancha".

Espolvorea sal y sal negra alrededor del espacio para asegurarte de que no quede energía del espíritu invocado y quema incienso de sangre de dragón para purificar el área.

Seguimiento:

Tómese el tiempo para reflexionar sobre el ritual y cualquier información o resultado que el espíritu proporcionó. Registra tu experiencia en un grimorio o diario, anotando cualquier suceso o visión extraña.

Conéctate tocando la tierra o consumiendo algo cálido y abundante, ya que los espíritus oscuros pueden drenar la energía del practicante.

Limpia tus herramientas, especialmente la piedra de obsidiana y la daga, con agua salada o luz de luna para eliminar cualquier energía oscura residual.

Advertencias:

Los espíritus oscuros son impredecibles: Las entidades invocadas a través de este hechizo pueden ser impredecibles, malévolas o manipuladoras. Sé claro, firme y respetuoso en todo momento.

Las barreras protectoras son cruciales: No intentes este hechizo sin crear un círculo protector de sal o sal negra, ya que las entidades oscuras pueden cruzar fácilmente a tu espacio si no se contienen adecuadamente.

Libera el espíritu correctamente: Siempre asegúrate de que el espíritu se libere correctamente y regrese al reino oscuro. Si no lo hace, podría resultar en apariciones, posesión o que el espíritu permanezca en el mundo físico.

La intención clara es vital: Sé preciso con tus intenciones y órdenes, ya que los espíritus de los reinos oscuros pueden tergiversar tus palabras a su favor.

Invoca al Eterno Renacido

Propósito:
Para convocar y comunicarse con un retornado, un espíritu poderoso que ha regresado del más allá con intención o propósito. Este hechizo se utiliza para obtener sabiduría, buscar respuestas u obtener ayuda de un espíritu venerado o potente.

Ingredientes:

Un cráneo tallado de obsidiana u ónix: sirve como punto focal y conducto para la presencia del retornado.

Un frasco de sangre (la tuya o la de un participante dispuesto): actúa como una poderosa ofrenda para atraer y atar al retornado al mundo material.

Tres velas blancas: para crear un aura protectora y purificadora alrededor del espacio ritual.

Un pedazo de pergamino antiguo o un pergamino sagrado: se usa para registrar cualquier mensaje o comunicación del retornado.

Una ramita de romero – Simboliza el recuerdo y la protección durante el proceso de invocación.

Tierra de cementerio: recolectada de un sitio asociado con la muerte, ayuda a anclar al retornado al mundo físico.

Una daga de plata o athame: se utiliza para dirigir y canalizar la energía del ritual y del fantasma.

Sal - Para purificar y proteger el espacio, asegurando que las energías del retornado no se vuelvan perturbadoras.

Un espejo o superficie reflectante: actúa como un portal para que el retornado se manifieste y se comunique.

Una campana o campanilla: para señalar el comienzo y el final del ritual y para ayudar a concentrar la atención del retornado.

Conjuro:

"Desde las profundidades de los tiempos, te llamo,

Eterno renacido, levántate y verás.

Por la sangre y los huesos, a través del velo oscurecido,

Revélate a ti mismo, tu historia se desvela".

Rendimiento:

Preparación:

Realiza este ritual a medianoche o durante la luna nueva para una conexión más fuerte con el mundo de los espíritus.

Elija un espacio tranquilo y aislado, libre de perturbaciones, idealmente en algún lugar asociado con la muerte o el significado histórico para mejorar la potencia del ritual.

Creando el círculo:

Comienza marcando un círculo de sal alrededor de tu área ritual para crear una barrera protectora. Esto contendrá al retornado y evitará que cause daño o abandone el espacio ritual.

Coloca la calavera de obsidiana o la calavera de ónix en el centro del círculo. Coloca las tres velas blancas a su alrededor, formando un triángulo para simbolizar la pureza y la protección.

Encendido de las velas:

Enciende las velas blancas una por una, concentrándote en su brillo y en el aura protectora que crean. A medida que enciendas cada vela, recita el Conjuro:

"Desde las profundidades de los tiempos, te llamo,

Eterno renacido, levántate y verás.

Por la sangre y los huesos, a través del velo oscurecido,

Revélate a ti mismo, tu historia se desvela".

Visualiza las velas creando un puente entre el mundo de los vivos y el reino de los espíritus.

Ofrenda de la Sangre:
Toma el frasco de sangre y vierte con cuidado unas gotas sobre el cráneo de obsidiana o colócalo en un plato pequeño junto a él. La sangre actúa como una poderosa ofrenda y vínculo con el retornado. Al hacerlo, diga:
"Por sangre y espíritu, te convoco,
Eterno fantasma, respóndeme.
Esta ofrenda atraerá al retornado y establecerá una conexión con el espacio ritual.

Sostén la daga de plata o athame en tu mano y dirige su punta hacia el cráneo de obsidiana. Concentra tu intención en invocar al retornado. Mientras lo haces, recita el Conjuro de nuevo y visualiza al retornado saliendo de las profundidades sombrías.

"Por el rito antiguo y la súplica del espíritu,
De ultratumba, ahora ven a mí".

Usa el espejo como un portal, mirándolo e imaginándolo como una puerta de entrada para que el retornado se manifieste.

Comunicación con el fantasma:
Una vez que el retornado comience a manifestarse (evidenciado por una brisa fría, cambios en las llamas de las velas o formas sombrías), habla clara y respetuosamente, declarando tu propósito para invocarlo. Coloca el pergamino o pergamino frente a la calavera de obsidiana para registrar cualquier mensaje o información que el retornado pueda proporcionar.

"Eterno renacido, busco tu sabiduría,
Comparte tus conocimientos, cumple tu misión".

Use la campana o el timbre para enfocar la atención del retornado y ayudar a facilitar la comunicación. Toque el timbre suavemente y haga sus preguntas o exprese sus solicitudes.

Para asegurarte de que el retornado permanezca bajo tu control y no cause interrupciones, usa la daga de plata para trazar un sello o símbolo protector alrededor del cráneo de obsidiana. Esto actúa como un círculo de unión. Decir:

"Atado por la plata, aquí te quedas,
Responde a mi llamado, luego vete".

Esto ayudará a mantener al retornado concentrado en la tarea que tiene entre manos y evitará que se vuelva rebelde.

Una vez que haya obtenido la información o asistencia deseada, es importante liberar el fantasma correctamente. Toma la daga de plata y corta el aire alrededor del cráneo de obsidiana, diciendo:

"Por deseo del espíritu, por fin del ritual,
Regresa a las sombras, ahora trasciende".

Visualiza al retornado retirándose a través del espejo o hacia las profundidades sombrías, cerrando el portal detrás de él.

Cerrando el círculo:

Después de que el retornado se haya ido, cierre el círculo protector de sal caminando alrededor de él en la dirección inversa. Decir:

"El círculo se desvanece, el poder se desvanece,
El espíritu se ha ido, ya no queda nada más".

Apaga las velas blancas una a una, visualizando el espacio ritual volviendo a su estado natural.

Limpieza y conexión a tierra:

Para limpiar el espacio y a ti mismo de cualquier energía residual, espolvorea sal alrededor del área y quema romero u otra hierba purificadora.

Conéctate comiendo algo sustancial o tocando la tierra, lo que ayuda a estabilizar tu energía después del ritual.

Seguimiento:

Reflexiona sobre la comunicación o las percepciones obtenidas del retornado. Anota cualquier mensaje o revelación importante en tu diario o grimorio.

Limpia las herramientas rituales, especialmente la calavera de obsidiana y la daga de plata, para eliminar cualquier energía espiritual persistente. Use agua salada o luz de luna para este propósito.

Descansa y recupérate tomándote un momento para relajarte y asegurarte de que tu energía esté equilibrada después de la intensa interacción con el mundo espiritual.

Advertencias:

Los retornados son poderosos: pueden tener sus propias agendas o deseos. Acércate siempre a ellos con respeto y precaución, y ten claras tus intenciones.

Las barreras protectoras son esenciales: Asegúrese de que el círculo protector de sal se mantenga adecuadamente durante todo el ritual para evitar cualquier influencia no deseada o escape del espíritu.

Libera el espíritu correctamente: No liberar al retornado correctamente puede resultar en energías persistentes o perturbaciones en tu espacio.

La intención clara es crucial: Sé específico con tus comandos y solicitudes para evitar malentendidos o desvíos por parte del retornado.

Las sombras del más allá de Endor

Propósito:
Para convocar y comunicarse con sombras o espíritus etéreos de más allá del velo. Este hechizo se puede usar para obtener información, recibir orientación o buscar ayuda espiritual de entidades que habitan en los reinos sombríos.

Ingredientes:

Un cristal oscurecido o una esfera de obsidiana: actúa como un punto focal para las sombras y un portal para su aparición.

Un trozo de tela de seda negra: se utiliza para cubrir la esfera y crear un ambiente místico.

Cuatro velas negras: para iluminar el espacio ritual y crear un aura propicia para la comunicación espiritual.

Un frasco de tu propia sangre: sirve como ofrenda para atraer y atar las sombras.

Una pizca de tierra de cementerio – Para anclar las sombras al espacio ritual y mejorar la conexión con los reinos sombríos.

Una daga de plata o hierro: se utiliza para dirigir la energía y facilitar el proceso de invocación.

Un pequeño espejo: actúa como un portal para que las sombras se manifiesten y se comuniquen.

Sal – Para crear una barrera protectora alrededor del espacio ritual.

Una ramita de salvia o incienso de sándalo – Para purificar el espacio y ayudar en la comunicación con las sombras.

Una campana ceremonial o campanilla: para señalar el inicio y el final del ritual y centrar la atención de las sombras.

Conjuro:

"Sombras del más allá, a ti llamo,
Desde el borde de la sombra, sal a ver.
Por la sangre y el brillo del cristal oscurecido,
Revélate a ti mismo, cumple mi sueño".

Rendimiento:

Preparación:

Realiza este ritual durante la noche o en la hora de las brujas para una conexión más fuerte con el reino de los espíritus. Elija un lugar tranquilo y libre de molestias.

Organiza el espacio ritual con una atmósfera oscura para mejorar el estado de ánimo y el enfoque del hechizo.

Creando el círculo:

Comience marcando un círculo de sal alrededor de su área ritual. Este círculo servirá como barrera protectora, asegurando que las cortinas no se desvíen más allá del espacio designado.

Coloca el cristal oscurecido o la esfera de obsidiana en el centro del círculo. Cúbrelo con el paño de seda negra, creando un punto focal místico y oculto.

Encendido de las velas:

Enciende las cuatro velas negras y colócalas alrededor del círculo, en los puntos cardinales (norte, sur, este y oeste). A medida que enciendas cada vela, recita el Conjuro:

"Sombras del más allá, a ti llamo,
Desde el borde de la sombra, sal a ver.
Por la sangre y el brillo del cristal oscurecido,
Revélate a ti mismo, cumple mi sueño".

Visualiza las velas creando un espacio protector y acogedor para que entren las persianas.

Ofrenda de la Sangre:

Toma el frasco de tu propia sangre y vierte unas gotas sobre el cristal oscurecido o colócalo en un plato pequeño cerca de la esfera. La sangre actúa como una poderosa ofrenda y un eslabón para atraer a las sombras. Al hacerlo, diga:

"Por mi sangre te convoco,
Sombras del más allá, respóndeme.

Esta ofrenda ayudará a atraer las sombras al espacio ritual.

Invocando las sombras:

Sostenga la daga de plata o hierro en una mano y dirija su punta hacia el cristal oscurecido. Concentra tu intención en invocar las sombras del más allá. Recita el Conjuro de nuevo y visualiza las sombras que emergen de las sombras para manifestarse alrededor de la esfera.

"Del borde de la sombra, ahora sal fuera,
A la luz del cristal, revela tu valor".

Usa el espejo como un portal, mirándolo e imaginándolo como una puerta de entrada a través de la cual aparecerán las sombras.

Comunicándose con las sombras:

Una vez que las sombras comiencen a manifestarse (evidenciadas por un cambio en la atmósfera, brisas frías o formas sombrías), habla clara y respetuosamente, declarando tu propósito para convocarlas. Coloque un pedazo de pergamino o diario cerca del cristal oscurecido para registrar cualquier mensaje o percepción.

"Sombras del más allá, busco tu ayuda,
Comparte tu sabiduría, tu guía desplegada".

Toque el timbre o el timbre suavemente para ayudar a enfocar la atención de las cortinas y facilitar la comunicación. Haga sus preguntas o haga sus solicitudes de manera clara y precisa.

Encuadernación de las sombras:

Para asegurarte de que las sombras permanezcan dentro del círculo y no causen ninguna interrupción, usa la daga de plata o hierro para trazar un sello o símbolo protector alrededor del cristal oscurecido. Esto actuará como un círculo de unión. Decir:

"Por el filo de la daga, estás confinado,
Atados a este espacio, están alineados".

Esto ayudará a mantener las cortinas bajo control y enfocadas en la interacción.

Liberación de las sombras:

Una vez que haya recibido la información o la asistencia que necesita, es importante soltar las persianas correctamente. Usa la daga de plata o hierro para cortar el aire alrededor del cristal oscurecido, diciendo:

"Por deseo del espíritu, por fin del ritual,
Regresa a las sombras, ahora trasciende".

Visualiza las sombras retirándose a través del espejo o hacia el cristal oscurecido, cerrando el portal detrás de ellas.

Cerrando el círculo:

Después de que las cortinas se hayan ido, cierre el círculo protector de sal caminando alrededor de él en la dirección inversa. Decir:

"El círculo se desvanece, las sombras se van,
El espacio está despejado, el velo ahora es parte".

Apaga las velas negras una a una, visualizando el espacio ritual volviendo a su estado natural.

Limpieza y conexión a tierra:

Para limpiar el espacio y a ti mismo de cualquier energía residual, espolvorea sal alrededor del área y quema incienso de salvia o sándalo.

Conéctate comiendo algo sustancial o tocando la tierra, lo que ayuda a estabilizar tu energía después del ritual.

Seguimiento:

Registre cualquier mensaje o información obtenida de las sombras en su diario o grimorio. Reflexiona sobre la comunicación y su relevancia para tus objetivos.

Limpia las herramientas rituales, especialmente el cristal oscurecido y la daga de plata, usando agua salada o luz de luna para eliminar cualquier energía persistente.

Descansa y recupérate tomándote un tiempo para relajarte y asegurarte de que tu energía esté equilibrada después del ritual.

Advertencias:

Las sombras son impredecibles: pueden tener sus propias agendas o ser difíciles de controlar. Acércate siempre a ellos con respeto y precaución.

Las barreras protectoras son esenciales: Asegúrese de que el círculo protector de sal se mantenga durante todo el ritual para evitar cualquier influencia no deseada o escape de las sombras.

Liberación adecuada: Asegúrese siempre de que las sombras se liberen correctamente y de que el espacio ritual se limpie para evitar energías o perturbaciones persistentes.

La intención clara es crucial: Sea específico con sus preguntas y solicitudes para evitar malentendidos o desvíos por las sombras.

Invocación de Invocador de Espectros

Propósito:
Para convocar y comunicarse con espectros, seres etéreos que a menudo están atados a asuntos no resueltos o reinos oscuros. Este hechizo se utiliza para obtener sabiduría, buscar orientación o solicitar ayuda a estos poderosos y enigmáticos espíritus.

Ingredientes:

Un espejo de adivinación negro: utilizado como portal y punto focal para los espectros.

Un frasco de aceite de medianoche o cera de vela negra: actúa como ofrenda y medio para que aparezcan los espectros.

Tres velas negras – Para crear un ambiente oscuro y propicio para el ritual.

Un pedazo de obsidiana o piedra azabache: sirve como conducto para la energía del espectro.

Una pizca de sal – Para crear una barrera protectora alrededor del espacio ritual.

Una ramita de artemisa o ajenjo: para la protección espiritual y mejorar la conexión con los espectros.

Una daga de plata o athame: se utiliza para dirigir y canalizar las energías del ritual.

Un cuenco de agua: para simbolizar la frontera fluida entre los mundos.

Una pequeña cantidad de tierra de cementerio: para anclar a los espectros y fortalecer la conexión con el reino de los espíritus.

Una campana o campanilla: para señalar el comienzo y el final del ritual y centrar la atención de los espectros.

Conjuro:
"Espectros de sombra, a ti llamo,
De reinos invisibles, ahora ven a mí.
A la luz del espejo oscurecido y de las velas,
Revela tu forma, abraza la noche".

Rendimiento:

Preparación:

Realiza el ritual durante la noche o en la hora de las brujas para mejorar la conexión con los reinos sombríos. Elige un espacio tranquilo y sin molestias para realizar el ritual.

Crea una atmósfera oscura para facilitar la manifestación de los espectros.

Creando el círculo:

Comienza marcando un círculo de sal alrededor de tu espacio ritual para proporcionar protección y contención a los espectros.

Coloca el espejo negro en el centro del círculo, cubierto parcialmente con un paño negro para mantenerlo oculto hasta que comience la invocación.

Encendido de las velas:

Enciende las tres velas negras y colócalas en los puntos cardinales (norte, sur, este, oeste) alrededor del círculo. A medida que enciendas cada vela, recita el Conjuro:

"Espectros de sombra, a ti llamo,
De reinos invisibles, ahora ven a mí.
A la luz del espejo oscurecido y de las velas,
Revela tu forma, abraza la noche".

Visualiza las velas creando un espacio oscuro y protector para que entren los espectros.

Ofrenda del Aceite de Medianoche:

Toma el frasco de aceite de medianoche o cera de vela negra y viértelo en un plato pequeño. Coloque esta ofrenda junto al espejo negro. Esto sirve como un medio para que los espectros se manifiesten. Al hacerlo, diga:

"A medianoche te ruego,

Espectros de sombra, escuchad mi súplica.

Esta ofrenda ayuda a atraer y anclar a los espectros al espacio ritual.

Invocando a los Espectros:

Sostenga la daga de plata o athame y dirija su punta hacia el espejo negro. Concentra tu intención en invocar a los espectros. Vuelve a recitar el Conjuro y visualiza a los espectros emergiendo de la oscuridad para manifestarse frente al espejo.

"Por espejo oscurecido, busco tu gracia,

Espectros de la noche, revelad vuestro rostro".

Usa el espejo de adivinación para enfocar tu mirada, imaginándola como una puerta de entrada a través de la cual aparecerán los espectros.

Comunicación con los Espectros:

Una vez que los espectros comiencen a manifestarse (indicados por cambios en la atmósfera, sombras o brisas frías), hable con claridad y respeto. Indique el propósito de convocarlos y haga sus preguntas o haga sus solicitudes. Coloque un pedazo de pergamino o diario cerca del espejo negro para registrar cualquier mensaje o información.

"Espectros de sombra, busco vuestra ayuda,

Comparte tus conocimientos, tus secretos guardados".

Toca la campana o el carillón suavemente para ayudar a concentrar la atención de los espectros y facilitar la comunicación.

Vincular a los Espectros:

Para asegurarte de que los espectros permanezcan dentro del círculo y no causen interrupciones, usa la daga de plata para trazar un sigilo o símbolo protector alrededor del espejo negro. Esto actuará como un círculo de unión. Decir:

"Atado por un círculo, el poder de la sombra,
Los espectros permanecen a mi vista.

Esto ayudará a mantener a los espectros contenidos y enfocados en la interacción.

Liberación de los Espectros:

Una vez que haya obtenido la información o asistencia deseada, es importante liberar a los espectros correctamente. Usa la daga de plata para cortar el aire alrededor del espejo negro, diciendo:

"Por la gracia de la sombra, por el final del ritual,
Regresa a la oscuridad, ahora trasciende".

Visualiza a los espectros retirándose a través del espejo de adivinación hacia los reinos sombríos, cerrando el portal detrás de ellos.

Cerrando el círculo:

Después de que los espectros se hayan ido, cierre el círculo protector de sal caminando alrededor de él en la dirección opuesta. Decir:

"El círculo se desvanece, las sombras se separan,
Los espectros se han ido, el velo ahora está oscuro.

Apaga las velas negras una a una, visualizando el espacio ritual volviendo a su estado natural.

Limpieza y conexión a tierra:

Para limpiar el espacio y a ti mismo de cualquier energía residual, espolvorea sal alrededor del área y quema artemisa o ajenjo.

Conéctate comiendo algo sustancial o tocando la tierra, lo que ayuda a estabilizar tu energía después del ritual.

Seguimiento:

Documenta cualquier mensaje o percepción recibida de los espectros en tu diario o grimorio. Reflexiona sobre su relevancia y cómo se pueden aplicar a tus objetivos.

Limpia las herramientas rituales, especialmente el espejo negro y la daga de plata, usando agua salada o luz de luna para eliminar cualquier energía persistente.

Descansa y recupérate tomándote un tiempo para relajarte y asegurarte de que tu energía esté equilibrada después del ritual.

Advertencias:

Los espectros son entidades potentes: pueden ser poderosos e impredecibles. Acércate a ellos con respeto y precaución, y sé claro acerca de tus intenciones.

Las barreras protectoras son esenciales: Asegúrese de que el círculo protector de sal se mantenga durante todo el ritual para evitar cualquier influencia no deseada o escape de los espectros.

Liberación adecuada: Asegúrate siempre de que los espectros se liberen correctamente y de que el espacio ritual esté limpio para evitar energías persistentes o perturbaciones.

La intención clara es crucial: Sé específico con tus solicitudes para evitar malentendidos o desvíos por parte de los espectros.

Tormento fantasma de Endor

Propósito:
Invocar fantasmas o espíritus inquietos para causar miedo, incomodidad o perturbación a un objetivo elegido. Este hechizo aprovecha las energías malévolas del reino espiritual para crear una sensación de tormento o inquietud.

Ingredientes:

Un espejo maldito u oscurecido: actúa como portal y punto focal para los fantasmas.

Un frasco de tinta negra: se utiliza para dibujar sigilos y como ofrenda a los fantasmas.

Siete velas negras – Para crear un ambiente oscuro y opresivo.

Un pedazo de hierro o plomo: simboliza la atadura de los espíritus y el peso de su tormento.

Una pizca de tierra de cementerio – Para conectar con el reino de los espíritus inquietos.

Una ramita de ruda o hierbas amargas: para protección y para mejorar la potencia del hechizo.

Una daga de plata o athame: se utiliza para dirigir y canalizar las energías.

Un cuenco de agua salada – Representa el límite entre los mundos y la purificación.

Una fotografía o un objeto personal del objetivo: para enfocar los efectos del hechizo en el individuo elegido.

Una campana o campanilla: para señalar el comienzo y el final del ritual y para concentrar la atención de los espíritus.

Conjuro:
"Fantasmas oscuros, os llamo,
Saca a relucir tu pavor, tu tormento merecido.
Por el espejo maldito y el resplandor de la vela,
Teje tu miedo a través de la bruma de la sombra".

Rendimiento:

Preparación:

Realiza este ritual durante la oscuridad de la luna o en la hora de las brujas para obtener la máxima potencia. Elija un lugar tranquilo y aislado para mantener la concentración y el control.

Crea una atmósfera oscura para alinearte con la energía malévola del hechizo.

Creando el círculo:

Comience marcando un círculo de sal alrededor de su espacio ritual para proporcionar protección y contención a los fantasmas.

Coloca el espejo maldito u oscurecido en el centro del círculo, cubierto parcialmente con un paño oscuro para mantenerlo oculto hasta que lo necesites.

Encendido de las velas:

Enciende las siete velas negras y colócalas en un círculo alrededor del espejo oscurecido. A medida que enciendas cada vela, recita el Conjuro:

"Fantasmas oscuros, os llamo,
Saca a relucir tu pavor, tu tormento merecido.
Por el espejo maldito y el resplandor de la vela,
Teje tu miedo a través de la bruma de la sombra".

Visualiza las velas creando un ambiente oscuro y opresivo para que los fantasmas se manifiesten.

Desenvainando los sellos:

Usa la tinta negra para dibujar sigilos o runas en un pedazo de pergamino o directamente en el suelo dentro del círculo. Estos símbolos deben representar el tormento o el miedo. A medida que dibujas, concéntrate en tu intención y di:

"Por medio de estos símbolos, los espíritus atan,

Para provocar tormento, miedo y molienda".

Estos sigilos actuarán como puntos focales para la energía de los fantasmas.

Ofreciendo el hierro o plomo:

Coloca el pedazo de hierro o plomo en el suelo dentro del círculo, cerca del espejo oscurecido. Esto simboliza el peso y la atadura de los espíritus. Decir:

"Por el peso del hierro, tu voluntad está atada,

Para atormentar y atormentar, profundo".

Esto anclará a los fantasmas y dirigirá sus energías.

Preparación de la fotografía:

Coloque la fotografía o el objeto personal del objetivo en un plato pequeño o cerca del espejo oscurecido. Este objeto personal centrará los efectos del hechizo en el individuo elegido. Al hacerlo, diga:

"Con esta razón, el objetivo claro,

La ira del fantasma se acercará ahora."

Esto ayudará a canalizar la energía de los fantasmas específicamente hacia el objetivo.

Invocando a los Fantasmas:

Sostén la daga de plata o athame y dirige su punta hacia el espejo oscurecido. Concéntrate en convocar a los fantasmas para que se manifiesten a través del espejo. Recita el Conjuro de nuevo y visualiza a los fantasmas emergiendo de la oscuridad.

"Por espejo maldito, busco tu poder,

Fantasmas oscuros, abrazad la noche".

Usa el espejo como un portal a través del cual aparecerán los fantasmas.

Comunicación con los Fantasmas:

Una vez que los fantasmas comiencen a manifestarse (indicados por cambios en la atmósfera o sombras), expresa claramente tu intención y pregunta por la forma específica de tormento o perturbación que buscas. Coloque un pedazo de pergamino o diario cerca del espejo oscurecido para registrar cualquier mensaje u observación.

"Fantasmas de pavor, escuchad mi llamado,
Saca el miedo, la esclavitud del tormento".

Toque la campana o el timbre suavemente para concentrar la atención de los fantasmas en su solicitud.

Atar a los espíritus:

Para asegurarte de que los fantasmas permanezcan dentro del círculo y causen el efecto deseado, usa la daga de plata para trazar símbolos o sigilos protectores alrededor del espejo oscurecido. Decir:

"Por el círculo atado y la fuerza del espíritu,
Tu tormento permanece a mi vista".

Esto ayudará a contener y dirigir las energías de los fantasmas.

Una vez que se ha logrado el tormento deseado, es crucial liberar a los fantasmas adecuadamente. Usa la daga de plata para cortar el aire alrededor del espejo oscurecido, diciendo:

"Al final de la sombra, al cierre del ritual,
Regresa a las tinieblas, ahora descansa".

Visualiza a los fantasmas retirándose a través del espejo hacia los reinos sombríos, cerrando el portal detrás de ellos.

Cerrando el círculo:

Después de que los fantasmas se hayan ido, cierre el círculo protector de sal caminando alrededor de él en la dirección inversa. Decir:

"El círculo se desvanece, los espíritus se separan,

El tormento termina, el velo se oscurece.

Apaga las velas negras una a una, visualizando el espacio ritual volviendo a su estado natural.

Limpieza y conexión a tierra:

Para limpiar el espacio y a ti mismo de cualquier energía residual, espolvorea sal alrededor del área y quema ruda o hierbas amargas.

Conéctate comiendo algo sustancial o tocando la tierra, lo que ayuda a estabilizar tu energía después del ritual.

Seguimiento:

Documenta cualquier efecto o mensaje recibido de los fantasmas en tu diario o grimorio. Reflexiona sobre su impacto y relevancia.

Limpia las herramientas rituales, especialmente el espejo oscurecido y la daga de plata, usando agua salada o luz de luna para eliminar cualquier energía persistente.

Descansa y recupérate tomándote un tiempo para relajarte y asegurarte de que tu energía esté equilibrada después del ritual.

Advertencias:

Los fantasmas son poderosos: pueden ser malévolos e impredecibles. Acércate a ellos con precaución y asegúrate de estar preparado para las posibles consecuencias de sus acciones.

Las barreras protectoras son esenciales: Mantenga el círculo protector de sal durante todo el ritual para evitar perturbaciones o efectos no deseados.

Liberación adecuada: Asegúrese de que los fantasmas se liberen correctamente y que el espacio ritual se limpie para evitar energías persistentes o perturbaciones.

La intención clara es crucial: Sea específico con sus solicitudes para evitar consecuencias no deseadas o desvíos por parte de los fantasmas.

La corona espectral de la bruja

Propósito:
Para invocar y comunicarse con entidades espectrales, invocando su presencia para obtener perspicacia, sabiduría o poder mágico. Este hechizo es ideal para buscar orientación en el reino de los espíritus o mejorar las propias habilidades mágicas.

Ingredientes:

Una corona o diadema espectral - Una corona o diadema ceremonial para simbolizar la autoridad y la conexión con el reino espectral.

Un espejo plateado: se utiliza como portal y punto focal para las entidades espectrales.

Cinco velas blancas – Para crear un ambiente purificador e iluminado.

Una pieza de cuarzo transparente o amatista – Para amplificar las energías y mejorar la comunicación con los espíritus.

Un frasco de agua bendita o agua de luna – Para purificación y bendición.

Una ramita de lavanda o salvia: para la limpieza espiritual y la protección.

Un cuchillo de plata o athame – Para dirigir y canalizar las energías.

Un cuenco de sal – Para crear un límite protector y para la purificación.

Un pergamino o pergamino con una consulta o solicitud escrita: para enfocar la intención y la comunicación con las entidades espectrales.

Una campana o campanilla: para señalar el comienzo y el final del ritual y para centrar la atención de las entidades.

Conjuro:

"Seres espectrales, os llamo,
Corona de sabiduría, a la vista.
A la luz del espejo y al resplandor de las velas,
Guía y poder, escucha mi sueño".

Rendimiento:

Preparación:

Lleva a cabo el ritual durante la luna llena o la luna creciente para aprovechar las energías espirituales más fuertes. Elija un espacio tranquilo y sagrado para garantizar la concentración y la conexión.

Prepara la corona o diadema espectral, que simbolizará la autoridad que buscas de las entidades espectrales.

Creando el círculo:

Comienza marcando un círculo de sal alrededor de tu espacio ritual para proporcionar protección y contención a las energías espectrales.

Coloca el espejo plateado en el centro del círculo, cubierto parcialmente con un paño ligero para mantenerlo oculto hasta que lo necesites.

Encendido de las velas:

Enciende las cinco velas blancas y colócalas en los puntos cardinales (norte, sur, este, oeste) alrededor del círculo. A medida que enciendas cada vela, recita el Conjuro:

"Seres espectrales, os llamo,
Corona de sabiduría, a la vista.
A la luz del espejo y al resplandor de las velas,
Guía y poder, escucha mi sueño".

Visualiza las velas creando un ambiente purificador e iluminado para que las entidades espectrales se manifiesten.

Preparación de la corona:

Coloque la corona o diadema espectral en un pequeño pedestal o altar dentro del círculo. Esto actuará como un foco simbólico para la presencia de los seres espectrales. Al colocarlo, diga:

"Corona de poder espectral,
Invoco tu sabiduría y tu luz".

Esto ayudará a atraer y dirigir las energías espectrales.

Ofrenda del Cuarzo o Amatista:

Coloca el cuarzo transparente o la amatista cerca del espejo plateado. Este cristal amplificará las energías y mejorará la comunicación con las entidades espectrales. Al hacerlo, diga:

"Cristalino, amplifica,
Los espíritus se acercan, ahora se acercan".

Esto ayudará a fortalecer la conexión con el reino espectral.

Purificante con Agua Bendita:

Use el frasco de agua bendita o agua de luna para rociar alrededor del círculo, incluso sobre la corona espectral y el espejo plateado, para purificación y bendición. Al hacerlo, diga:

"Con agua pura, limpio este espacio,
La gracia de los espíritus, ahora entrelazada".

Esto asegurará que el espacio ritual esté limpio y preparado para las entidades espectrales.

Invocando a los Seres Espectrales:

Sostenga el cuchillo de plata o athame y dirija su punta hacia el espejo de plata. Concéntrate en convocar a las entidades espectrales para que se manifiesten a través del espejo. Recita el Conjuro de nuevo y visualiza a los seres espectrales emergiendo de la oscuridad.

"A la luz del espejo y al abrazo de la corona,
Guías espectrales, revelad vuestro rostro.

Usa el espejo como un portal a través del cual aparecerán los seres espectrales.

Comunicación con las Entidades Espectrales:

Una vez que los seres espectrales comiencen a manifestarse (indicados por cambios en la atmósfera o sombras), presente su consulta o solicitud por escrito. Colócalo cerca del espejo plateado. Habla clara y respetuosamente a las entidades, pidiendo la guía o la sabiduría que buscas.

"Seres espectrales, busco vuestra ayuda,
Luz de la sabiduría, no te demores".

Toque la campana o el timbre suavemente para ayudar a enfocar la atención de las entidades en su solicitud.

Recibir orientación:

Esté atento a cualquier señal, mensaje o percepción que pueda surgir durante el ritual. Anótalos en tu diario o grimorio para una mayor reflexión.

"Sabiduría adquirida y guía clara,
Desde el reino espectral, ahora acércate".

Los seres espectrales pueden proporcionar respuestas directas o signos indirectos que requieren interpretación.

Liberación de las entidades espectrales:

Una vez que hayas recibido la guía o la sabiduría, es importante liberar a los seres espectrales correctamente. Usa el cuchillo de plata para cortar el aire alrededor del espejo de plata, diciendo:

"Por la corona espectral, y la gracia del espejo,
Vuelve a las sombras, sal de este lugar".

Visualiza a los seres espectrales retirándose a través del espejo hacia su reino.

Cerrando el círculo:

Después de que las entidades espectrales se hayan ido, cierre el círculo protector de sal caminando alrededor de él en la dirección inversa. Decir:

"El círculo se desvanece, los espíritus se separan,
El reino de las sombras, ahora parte".

Apaga las velas blancas una a una, visualizando el espacio ritual volviendo a su estado natural.

Limpieza y conexión a tierra:
Para limpiar el espacio y a ti mismo de cualquier energía residual, espolvorea sal alrededor del área y quema lavanda o salvia.

Conéctate comiendo algo sustancial o tocando la tierra, lo que ayuda a estabilizar tu energía después del ritual.

Seguimiento:
Documente cualquier mensaje o información recibida de las entidades espectrales en su diario o grimorio. Reflexiona sobre su relevancia y cómo se pueden aplicar a tus objetivos.

Limpia las herramientas rituales, especialmente el espejo plateado y la corona espectral, usando agua salada o luz de luna para eliminar cualquier energía persistente.

Descansa y recupérate tomándote un tiempo para relajarte y asegurarte de que tu energía esté equilibrada después del ritual.

Advertencias:
Las entidades espectrales pueden ser impredecibles: Pueden ofrecer una orientación que no está clara de inmediato o pueden tener sus propias agendas. Acércate con precaución y prepárate para respuestas variadas.

Las barreras protectoras son esenciales: Mantenga el círculo protector de sal durante todo el ritual para evitar perturbaciones o efectos no deseados.

Liberación Apropiada: Asegurar que las entidades espectrales sean liberadas apropiadamente y que el espacio ritual sea limpiado para evitar energías persistentes o perturbaciones.

La intención clara es crucial: Sea específico con sus solicitudes para evitar consecuencias no deseadas o desvíos por parte de los seres espectrales.

La memoria ancestral de Endor

Propósito:
Para conectarse y recibir orientación o sabiduría de los espíritus ancestrales. Este hechizo se utiliza para acceder a recuerdos ancestrales, descubrir conocimientos ocultos sobre tu linaje o buscar la guía de aquellos que vinieron antes que tú.

Ingredientes:

Talismán ancestral o reliquia: un artículo transmitido de generación en generación que representa su linaje.

Una vela blanca o plateada: simboliza la pureza y la conexión con el reino espiritual.

Un cuenco con agua de manantial: se utiliza para purificar y mejorar las conexiones espirituales.

Un pedazo de pergamino o pergamino: para escribir su consulta o solicitud.

Una ramita de romero o salvia: para purificar y mejorar la claridad espiritual.

Una foto o un artículo personal de un antepasado: para enfocar la conexión con un antepasado específico.

Un pequeño cuenco de sal: para crear un límite protector y para la purificación.

Un cuarzo cristalino, preferiblemente transparente, para amplificar la comunicación espiritual.

Un cuchillo de plata o athame – Para dirigir y canalizar las energías.

Una campana o campanilla: para señalar el comienzo y el final del ritual y para concentrar la atención de los espíritus.

Conjuro:

"Sabios antepasados, busco tu gracia,

Revela los recuerdos, el tiempo y el espacio.

A la luz de las velas y al fluir del agua,

Que se me muestre tu sabiduría".

Rendimiento:

Preparación:

Lleva a cabo el ritual durante la luna nueva o la luna creciente para mejorar la comprensión y el crecimiento espiritual. Elige un espacio tranquilo y sagrado donde puedas concentrarte sin interrupciones.

Prepara el talismán ancestral o la reliquia, ya que actuará como un punto focal para conectarte con tus antepasados.

Creando el círculo:

Comienza marcando un círculo de sal alrededor de tu espacio ritual para proporcionar protección y contención a las energías espirituales.

Coloca el talismán ancestral en el centro del círculo, junto con la foto o el objeto personal de un antepasado.

Encendido de la vela:

Enciende la vela blanca o plateada y colócala cerca del talismán ancestral. Mientras enciendes la vela, recita el Conjuro:

"Sabios antepasados, busco tu gracia,

Revela los recuerdos, el tiempo y el espacio.

A la luz de las velas y al fluir del agua,

Que se me muestre tu sabiduría".

Visualiza la luz de la vela creando una conexión entre tú y el reino ancestral.

Preparación del agua:

Coloque el recipiente con agua de manantial cerca de la vela y espolvoree unas gotas alrededor del círculo para purificar. Al hacerlo, diga:

"Con el fluir del agua, limpio este espacio,
Espíritus ancestrales, ahora abrazad".

Esto ayudará a purificar el espacio y mejorar la conexión con los espíritus.

Usando el romero o la salvia:

Enciende el romero o la salvia y agita suavemente el humo alrededor del círculo y sobre el talismán ancestral. Esto purificará el espacio y mejorará la claridad espiritual. Decir:

"Por el humo de la salvia, despejo este espacio,
Sabiduría ancestral, acércate".

Esto ayudará a eliminar cualquier energía negativa y preparar el espacio para el ritual.

Escribiendo su consulta:

Tome el pedazo de pergamino o pergamino y escriba su consulta o solicitud específica de sabiduría ancestral. Colócalo cerca del talismán ancestral. A medida que escribas, concéntrate en tu intención y di:

"Queridos antepasados, busco tu ayuda,
Revela el conocimiento, sin miedo".

Esto ayudará a enfocar la energía del hechizo en tu solicitud específica.

Preparación del cristal:

Coloca el cuarzo transparente cerca del talismán ancestral. Este cristal amplificará la comunicación espiritual y mejorará la conexión con tus antepasados. Al hacerlo, diga:

"Cristalino, amplifica,
Voces ancestrales, ahora se acercan".

Esto ayudará a fortalecer la conexión y facilitará una comunicación más clara.

Invocando a los Ancestros:

Sostén el cuchillo de plata o athame y dirige su punta hacia el talismán ancestral. Concéntrate en convocar a los espíritus ancestrales para que se manifiesten y compartan su sabiduría. Recita el Conjuro de nuevo y visualiza a los espíritus que comienzan a aparecer.

"Por el poder del talismán y la luz del cristal,
Ancestros, venid esta noche".

Usa el cuchillo para dirigir las energías y guiar a los espíritus.

Recibir orientación:

Esté atento a cualquier señal, mensaje o percepción que pueda surgir durante el ritual. Estos pueden aparecer como visiones, pensamientos o sensaciones sutiles. Registre cualquier información o impresión en su diario o grimorio.

"La sabiduría adquirida desde la antigüedad,
A través de los antepasados, se desarrollan sus historias".

Los espíritus ancestrales pueden ofrecer respuestas directas o pistas sutiles que requieren interpretación.

Agradecimiento y Liberación de los Ancestros:

Una vez que hayas recibido la guía o la sabiduría, es importante agradecer y liberar adecuadamente a los espíritus ancestrales. Usa el cuchillo de plata para cortar el aire alrededor del talismán ancestral, diciendo:

"A la luz de la vela y la gracia del cristal,
Vete de este lugar con agradecimiento".

Visualiza a los espíritus retirándose y la conexión desvaneciéndose suavemente.

Cerrando el círculo:

Después de que los espíritus ancestrales se hayan ido, cierre el círculo protector de sal caminando alrededor de él en la dirección opuesta. Decir:
"El círculo se desvanece, los espíritus se separan,
El reino de los antepasados ahora se va".
Apaga la vela blanca, visualizando el espacio ritual volviendo a su estado natural.

Limpieza y conexión a tierra:

Para limpiar el espacio y a ti mismo de cualquier energía residual, espolvorea sal alrededor del área y quema romero o salvia.

Conéctate comiendo algo sustancial o tocando la tierra, lo que ayuda a estabilizar tu energía después del ritual.

Seguimiento:

Documenta cualquier mensaje o percepción recibida de los espíritus ancestrales en tu diario o grimorio. Reflexiona sobre su relevancia y cómo se pueden aplicar a tu vida o a la comprensión de tu linaje.

Limpia las herramientas rituales, especialmente el talismán y el cristal ancestrales, usando agua salada o luz de luna para eliminar cualquier energía persistente.

Descansa y recupérate tomándote un tiempo para relajarte y asegurarte de que tu energía esté equilibrada después del ritual.

Advertencias:

Los espíritus ancestrales pueden ser complejos: Pueden ofrecer orientación que requiere interpretación o pueden tener sus propias agendas. Acércate con respeto y paciencia.

Las barreras protectoras son esenciales: Mantenga el círculo protector de sal durante todo el ritual para evitar perturbaciones o efectos no deseados.

Liberación adecuada: Asegúrese de que los espíritus ancestrales se liberen correctamente y que el espacio ritual se limpie para evitar energías persistentes o perturbaciones.

La intención clara es crucial: Sea específico con sus solicitudes para evitar malentendidos o consecuencias no deseadas de los espíritus.

Invocando al Rey de las Sombras

Propósito:
Para invocar y comunicarse con el Rey de las Sombras, una entidad de poder significativo asociada con el reino de las sombras. Este hechizo se utiliza para buscar orientación, influencia o conocimiento relacionado con los aspectos oscuros y ocultos de la existencia.

Ingredientes:

Un trono o silla oscura y ornamentada: simboliza la sede del poder del Rey de las Sombras.

Una vela negra o morada oscura – Representa la oscuridad y el misterio del reino de las sombras.

Un cuenco de sal negra: para protegerse y marcar el límite entre los reinos.

Un pedazo de obsidiana u ónix – Para mejorar la conexión con las energías de la sombra.

Una daga de plata o athame – Para dirigir y canalizar las energías.

Un espejo o superficie reflectante: se utiliza como portal para la aparición del Rey de las Sombras.

Un pergamino o pergamino con una solicitud escrita: para enfocar la intención y la comunicación.

Una ramita de salvia negra o mirra – Para purificar y mejorar la atmósfera espiritual.

Una campana o campanilla: para señalar el comienzo y el final del ritual y centrar la atención de la entidad.

Un paño o sudario oscuro: para cubrir el espejo o la superficie reflectante hasta que sea necesario.

Conjuro:

"Rey de las Sombras, de reinos tan profundos,
En la oscuridad vasta, tus secretos se guardan.
Por el trono de la noche y el resplandor de las velas,
Desvela tu poder, cumple mi sueño".

Rendimiento:

Preparación:

Lleva a cabo el ritual durante la luna nueva o la luna oscura para una conexión óptima con las energías de la sombra. Elige un espacio tranquilo y sagrado que se pueda oscurecer fácilmente.

Prepara el trono o la silla oscura como foco central para la presencia del Rey de las Sombras.

Creando el círculo:

Comienza marcando un círculo de sal negra alrededor de tu espacio ritual para crear una barrera protectora y un límite para las energías de la sombra.

Coloca el trono o silla oscura en el centro del círculo, simbolizando el asiento del poder del Rey de las Sombras.

Encendido de la vela:

Enciende la vela negra o morada oscura y colócala cerca del trono oscuro. Mientras enciendes la vela, recita el Conjuro:

"Rey de las Sombras, de reinos tan profundos,
En la oscuridad vasta, tus secretos se guardan.
Por el trono de la noche y el resplandor de las velas,
Desvela tu poder, cumple mi sueño".

Visualiza la llama oscura de la vela como un faro que llama al Rey de las Sombras.

Preparación del espejo:

Coloque el espejo o la superficie reflectante frente al trono oscuro y cúbralo con la tela oscura. Esto actuará como un portal a través del cual aparecerá el Rey de las Sombras. Al preparar el espejo, diga:

"Por la profundidad del espejo y el poder de la sombra,
Revela tu forma en la noche más oscura".

Esto ayudará a enfocar las energías de la sombra y preparar el portal para la aparición de la entidad.

Usando la obsidiana o el ónix:

Coloca la obsidiana o el ónix cerca del trono oscuro. Este cristal mejorará la conexión con las energías de la sombra y amplificará la invocación. Al hacerlo, diga:

"Piedra de las tinieblas, potencia este rito,
Rey de las Sombras, abraza la noche.

Esto ayudará a fortalecer la conexión con el reino de las sombras.

Escribir su solicitud:

Toma el pedazo de pergamino o pergamino y escribe tu solicitud o consulta específica para el Rey de las Sombras. Colócalo cerca del trono oscuro. A medida que escribas, concéntrate en tu intención y di:

"Rey de las Sombras, escucha mi llamado,
Con este pergamino, busco tu todo".

Esto ayudará a dirigir la energía del hechizo hacia tu petición específica.

Purificación con Salvia o Mirra:

Enciende la salvia negra o mirra y agita suavemente el humo alrededor del círculo y sobre el trono oscuro. Esto purificará el espacio y mejorará la atmósfera espiritual. Decir:

"Con el humo de la oscuridad despejo este espacio,
Rey de las Sombras, ahora acércate.

Esto ayudará a eliminar cualquier energía negativa y a preparar el espacio para el ritual.

Invocando al Rey de las Sombras:

Sostén la daga de plata o athame y dirige su punta hacia el espejo. Concéntrate en invocar al Rey de las Sombras para que aparezca a través del espejo. Recita el Conjuro de nuevo y visualiza al Rey de las Sombras emergiendo de las sombras.

"Por el trono de la noche, y el resplandor de las velas,
Rey de las Sombras, ahora muestra tu sombra."

Usa la daga para dirigir y canalizar las energías hacia el espejo.

Recibir orientación:

Esté atento a cualquier signo, mensaje o manifestación que pueda aparecer en el espejo o a través de otros medios durante el ritual. Estas pueden ser sensaciones visuales, auditivas o sutiles. Registre cualquier información o impresión en su diario o grimorio.

"Las tinieblas hablan, y las sombras cuentan,
A través del Rey, busco morar".

El Rey de las Sombras puede proporcionar respuestas directas o pistas sutiles que requieren interpretación.

Agradeciendo y liberando al Rey de las Sombras:

Una vez que hayas recibido la guía o la perspicacia, es importante agradecer y liberar adecuadamente al Rey de las Sombras. Usa la daga de plata para cortar el aire alrededor del espejo, diciendo:

"Por la luz de las velas y la gracia de las sombras,
Vete de este lugar con agradecimiento".

Visualiza al Rey de las Sombras retirándose a través del espejo hacia el reino de las sombras.

Cerrando el círculo:

Después de que el Rey de las Sombras se haya ido, cierra el círculo protector de sal negra caminando alrededor de él en la dirección inversa. Decir:

"El círculo se desvanece, las sombras se separan,
El reino de las tinieblas ahora se va".

Apaga la vela negra, visualizando el espacio ritual volviendo a su estado natural.

Limpieza y conexión a tierra:

Para limpiar el espacio y a ti mismo de cualquier energía residual, espolvorea sal alrededor del área y quema salvia negra o mirra.

Conéctate comiendo algo sustancial o tocando la tierra, lo que ayuda a estabilizar tu energía después del ritual.

Seguimiento:

Documenta cualquier mensaje o percepción recibida del Rey de las Sombras en tu diario o grimorio. Reflexiona sobre su relevancia y cómo se pueden aplicar a tus objetivos o a tu comprensión.

Limpia las herramientas rituales, especialmente el espejo y la obsidiana, usando agua salada o luz de luna para eliminar cualquier energía persistente.

Descansa y recupérate tomándote un tiempo para relajarte y asegurarte de que tu energía esté equilibrada después del ritual.

Advertencias:

Las Entidades de la Sombra pueden ser Intensas: El Rey de la Sombra puede ser poderoso y enigmático, ofreciendo una guía que requiere una interpretación cuidadosa. Acércate con respeto y disposición para resultados inesperados.

Las barreras protectoras son esenciales: Mantenga el círculo protector de sal negra durante todo el ritual para evitar perturbaciones o efectos no deseados.

Liberación Apropiada: Asegúrate de que el Rey de las Sombras se libere correctamente y que el espacio ritual se limpie para evitar energías persistentes o perturbaciones.

La intención clara es crucial: Sé específico con tus solicitudes para evitar malentendidos o consecuencias no deseadas del Rey de las Sombras.

Almas eclipsadas de Endor

Propósito:
Para conectar y traer claridad a las almas que están atrapadas en la sombra u oscurecidas por la oscuridad. Este hechizo se utiliza para revelar espíritus ocultos, proporcionarles orientación o ayudarlos a liberarse de su estado sombrío.

Ingredientes:

Una vela negra o azul oscuro: representa la naturaleza oscurecida o eclipsada de las almas.

Una vela plateada o blanca: simboliza la iluminación y la claridad.

Un cuenco con agua de luna – Para mejorar la conexión espiritual y revelar aspectos ocultos.

Un trozo de turmalina negra u obsidiana – Para protección y para anclar la energía.

Un pequeño espejo o superficie reflectante – Para servir como un portal para que las almas se manifiesten.

Un pergamino o pergamino con una solicitud escrita: para enfocar la intención y la comunicación.

Una ramita de lavanda o sándalo – Para purificar y calmar las energías.

Una campana o campanilla: para señalar el comienzo y el final del ritual y centrar la atención de los espíritus.

Un paño o sudario oscuro: para cubrir el espejo o la superficie reflectante hasta que sea necesario.

Un cuenco de sal: para protegerse y crear un límite.

Conjuro:

"Almas eclipsadas, de las sombras profundas,
A la luz de la luna, tus secretos se guardan.
De las tinieblas veladas, sal y muéstralo,
La luz de Endor te ayudará a crecer".

Rendimiento:

Preparación:

Lleva a cabo el ritual durante un eclipse o luna oscura para mejorar la conexión con las energías oscurecidas y ocultas. Elige un espacio tranquilo y sagrado que se pueda oscurecer fácilmente.

Prepara la vela negra o azul oscuro y la vela plateada o blanca como símbolos de oscuridad e iluminación.

Creando el círculo:

Comienza marcando un círculo de sal alrededor de tu espacio ritual para crear un límite protector y de contención para las energías espirituales.

Coloca la vela negra o azul oscuro en el centro del círculo para representar las almas eclipsadas.

Encendido de las velas:

Enciende la vela negra o azul oscuro y colócala en el altar o espacio central. Mientras enciendes la vela, recita el Conjuro:

"Almas eclipsadas, de las sombras profundas,
A la luz de la luna, tus secretos se guardan.
De las tinieblas veladas, sal y muéstralo,
La luz de Endor te ayudará a crecer".

Enciende la vela plateada o blanca para simbolizar la revelación e iluminación de las almas oscurecidas.

Preparando el agua de la luna:

Coloca el cuenco con agua de luna cerca de las velas y espolvorea unas gotas alrededor del círculo para la purificación y la conexión espiritual. Al hacerlo, diga:

"Junto al agua de la luna, clara y brillante,
Revela las almas ocultas a la vista".

Esto ayudará a mejorar la conexión con los espíritus ocultos y aportará claridad.

Preparación del espejo:

Coloque el espejo o la superficie reflectante frente a la vela negra o azul oscuro y cúbrala con el paño oscuro. Esto actuará como un portal a través del cual las almas eclipsadas pueden manifestarse. Al preparar el espejo, diga:

"Espejo oscuro, con secretos atados,
Revela las almas donde las sombras se ahogan".

Esto enfocará las energías y preparará el portal para la aparición de las almas.

Usando la Turmalina Negra u Obsidiana:

Coloca la turmalina negra o la obsidiana cerca de la vela negra o azul oscuro. Este cristal anclará las energías y brindará protección durante el ritual. Al hacerlo, diga:

"Piedra de sombra, escudo y atadura,
Almas eclipsadas, vuestro camino se desenrolla".

Esto ayudará a crear una barrera protectora y estabilizar las energías.

Escribir su solicitud:

Toma el pedazo de pergamino o pergamino y escribe tu solicitud o consulta específica para las almas eclipsadas. Colócalo cerca de la vela negra o azul oscuro. A medida que escribas, concéntrate en tu intención y di:

"Almas eclipsadas, escuchad mi súplica,
Con este pergamino, tu camino se libera".

Esto ayudará a dirigir la energía del hechizo hacia tu petición específica.

Purificación con Lavanda o Sándalo:

Enciende la lavanda o el sándalo y agita suavemente el humo alrededor del círculo y sobre la vela negra o azul oscuro. Esto purificará el espacio y mejorará la conexión espiritual. Decir:

"Por el humo de la calma, despejo este espacio,

Almas eclipsadas, ahora acérquense".

Esto ayudará a eliminar cualquier energía negativa y a preparar el espacio para el ritual.

Invocando a las Almas Eclipsadas:

Sostenga la vela plateada o blanca y dirija su luz hacia el espejo. Concéntrate en convocar a las almas eclipsadas para que aparezcan a través del espejo. Recita el Conjuro de nuevo y visualiza a las almas comenzando a manifestarse.

"A la luz de las velas y al abrazo de la luna,

Almas eclipsadas, ahora encuentran su lugar".

Utiliza la luz de la vela para dirigir y canalizar las energías hacia el espejo.

Recibir orientación:

Esté atento a cualquier signo, mensaje o manifestación que pueda aparecer en el espejo o a través de otros medios durante el ritual. Estas pueden ser sensaciones visuales, auditivas o sutiles. Registre cualquier información o impresión en su diario o grimorio.

"Las sombras hablan y los espíritus muestran,

Del velo de las tinieblas, que fluya la sabiduría".

Las almas eclipsadas pueden proporcionar respuestas directas o pistas sutiles que requieren interpretación.

Agradeciendo y liberando a las almas eclipsadas:

Una vez que hayan recibido la guía o la perspicacia, es importante agradecer y liberar adecuadamente a las almas eclipsadas.

Usa la vela plateada o blanca para dirigir la luz y la energía hacia el espejo, diciendo:

"Por la gracia de la luna y la luz de las velas,
Vete con agradecimiento, desde esta noche".

Visualiza a las almas retirándose de nuevo a las sombras o al lugar que les corresponde.

Cerrando el círculo:

Después de que las almas eclipsadas hayan partido, cierra el círculo protector de sal caminando alrededor de él en la dirección opuesta. Decir:

"El círculo se desvanece, las sombras se separan,
El reino de las almas ahora se va".

Apaga las velas, visualizando el espacio ritual volviendo a su estado natural.

Limpieza y conexión a tierra:

Para limpiar el espacio y a ti mismo de cualquier energía residual, espolvorea sal alrededor del área y quema lavanda o sándalo.

Conéctate comiendo algo sustancial o tocando la tierra, lo que ayuda a estabilizar tu energía después del ritual.

Seguimiento:

Documenta cualquier mensaje o percepción recibida de las almas eclipsadas en tu diario o grimorio. Reflexiona sobre su relevancia y cómo se pueden aplicar a tus objetivos o a tu comprensión.

Limpia las herramientas rituales, especialmente el espejo y los cristales, usando agua salada o luz de luna para eliminar cualquier energía persistente.

Descansa y recupérate tomándote un tiempo para relajarte y asegurarte de que tu energía esté equilibrada después del ritual.

Advertencias:

Las almas eclipsadas pueden ser perturbadoras: Las almas pueden sacar a relucir problemas no resueltos o emociones intensas. Acércate con precaución y prepárate para resultados inesperados.

Las barreras protectoras son esenciales: Mantenga el círculo protector de sal durante todo el ritual para evitar perturbaciones o efectos no deseados.

Liberación Apropiada: Asegurar que las almas sean liberadas apropiadamente y que el espacio ritual sea limpiado para evitar energías persistentes o perturbaciones.

La intención clara es crucial: Sea específico con sus solicitudes para evitar malentendidos o consecuencias no deseadas.

Luz fantasmal de la bruja

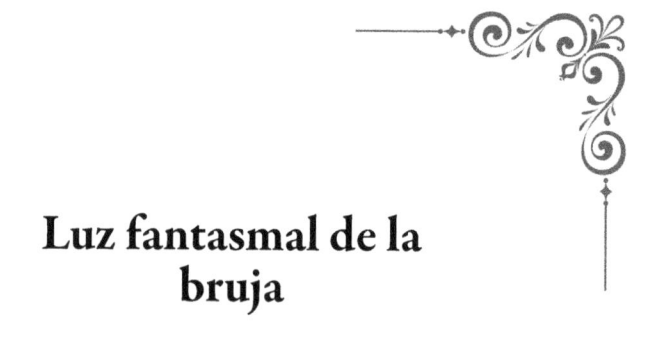

Propósito:
Para convocar y comunicarse con la presencia espectral de una bruja o espíritu, a menudo asociado con el reino de la brujería, para obtener orientación, comprensión o protección de su presencia fantasmal.

Ingredientes:
Una vela blanca o plateada: representa la iluminación y la guía de la presencia espectral.

Una vela negra: simboliza la conexión con el mundo de los espíritus y los misterios de la brujería.

Un cuenco de agua bendita o agua de luna – Para la purificación y la conexión espiritual.

Un pedazo de cristal de cuarzo – Mejora la comunicación espiritual y la claridad.

Un pequeño espejo o superficie reflectante: actúa como un portal para que se manifieste la presencia fantasmal.

Un pergamino o pergamino con una solicitud escrita: enfoca la intención y la comunicación con el espíritu.

Una ramita de romero o salvia: para purificar y mejorar la conexión espiritual.

Una campana o campanilla: señala el comienzo y el final del ritual y enfoca la atención de la entidad.

Un paño o sudario oscuro: para cubrir el espejo o la superficie reflectante hasta que sea necesario.

Un cuenco de sal: para protegerse y crear un límite.

Conjuro:

"La luz fantasmal de la bruja, tan brillante,
Guíame a través del velo de la noche.
De reinos invisibles, tu sabiduría comparte,
En la oscuridad, tú estás ahí".

Rendimiento:

Preparación:

Lleva a cabo el ritual durante la luna nueva o la luna llena para mejorar la conexión con el mundo de los espíritus. Elige un espacio tranquilo y sagrado que pueda oscurecerse o oscurecerse.

Prepara la vela blanca o plateada y la vela negra como símbolos de iluminación y conexión con el mundo de los espíritus.

Creando el círculo:

Comienza marcando un círculo de sal alrededor de tu espacio ritual para crear un límite protector y de contención para las energías espirituales.

Coloca la vela negra en el centro del círculo para representar la conexión con el mundo espiritual.

Encendido de las velas:

Enciende la vela negra y colócala en el altar o espacio central. Mientras enciendes la vela, recita el Conjuro:

"La luz fantasmal de la bruja, tan brillante,
Guíame a través del velo de la noche.
De reinos invisibles, tu sabiduría comparte,
En la oscuridad, tú estás ahí".

Enciende la vela blanca o plateada para simbolizar la iluminación y la guía de la presencia espectral.

Preparación del agua:

Coloca el cuenco de agua bendita o agua de luna cerca de las velas y espolvorea unas gotas alrededor del círculo para la purificación y la conexión espiritual. Al hacerlo, diga:

"Por agua pura, el velo me abro,
Revela los espíritus, guía mi corazón".

Esto ayudará a mejorar la conexión con el espíritu y a preparar el espacio para la comunicación.

Preparación del espejo:

Coloca el espejo o la superficie reflectante frente a la vela negra y cúbrela con el paño oscuro. Esto actuará como un portal a través del cual la presencia fantasmal puede manifestarse. Al preparar el espejo, diga:

"Espejo oscuro, revela la luz,
Guía fantasmal, ven esta noche.

Esto enfocará las energías y preparará el portal para la aparición del espíritu.

Usando el cristal de cuarzo:

Coloca el cristal de cuarzo cerca de la vela negra. Este cristal mejorará la comunicación espiritual y la claridad durante el ritual. Al hacerlo, diga:

"Muy clara, la verdad lo mostrará'

Esto ayudará a amplificar la conexión con la presencia espectral.

Escribir su solicitud:

Tome el pedazo de pergamino o pergamino y escriba su solicitud o consulta específica para la bruja o espíritu fantasmal. Colócalo cerca de la vela negra. A medida que escribas, concéntrate en tu intención y di:

"Bruja fantasmal, busco tu ayuda,
Por este pergamino, se trace mi camino".

Esto ayudará a dirigir la energía del hechizo hacia tu petición específica.

Purificación con Romero o Salvia:

Enciende el romero o la salvia y agita suavemente el humo alrededor del círculo y sobre la vela negra. Esto purificará el espacio y mejorará la conexión espiritual. Decir:

"Por el humo de la salvia, despejo este espacio,
Bruja fantasmal, ahora acércate.

Esto ayudará a eliminar cualquier energía negativa y a preparar el espacio para el ritual.

Invocando la luz fantasmal:

Sostén la vela blanca o plateada y dirige su luz hacia el espejo. Concéntrate en convocar a la bruja o espíritu fantasmal para que aparezca a través del espejo. Recita el Conjuro de nuevo y visualiza la presencia espectral que comienza a manifestarse.

"A la luz de las velas y a la gracia del espíritu,
Bruja fantasmal, ahora encuentra tu lugar".

Utiliza la luz de la vela para dirigir y canalizar las energías hacia el espejo.

Recibir orientación:

Esté atento a cualquier signo, mensaje o manifestación que pueda aparecer en el espejo o a través de otros medios durante el ritual. Estas pueden ser sensaciones visuales, auditivas o sutiles. Registre cualquier información o impresión en su diario o grimorio.

"En las tinieblas, la luz mostrará,
A través de una guía fantasmal, la verdad que conozco".

La bruja o el espíritu fantasmal pueden proporcionar respuestas directas o pistas sutiles que requieren interpretación.

Agradeciendo y liberando la presencia fantasmal:

Una vez que hayas recibido la guía o la percepción, es importante agradecer y liberar adecuadamente la presencia fantasmal. Usa la vela blanca o plateada para dirigir la luz y la energía hacia el espejo, diciendo:

"Por la gracia de la luz y el poder del espíritu,
Vete con agradecimiento, desde esta noche".

Visualiza la presencia espectral retirándose a través del espejo o hacia el mundo espiritual.

Cerrando el círculo:

Después de que la presencia fantasmal se haya ido, cierre el círculo protector de sal caminando alrededor de él en la dirección inversa. Decir:

"El círculo se desvanece, los espíritus se separan,

El reino de los fantasmas ahora se va".

Apaga las velas, visualizando el espacio ritual volviendo a su estado natural.

Limpieza y conexión a tierra:

Para limpiar el espacio y a ti mismo de cualquier energía residual, espolvorea sal alrededor del área y quema romero o salvia.

Conéctate comiendo algo sustancial o tocando la tierra, lo que ayuda a estabilizar tu energía después del ritual.

Seguimiento:

Documenta cualquier mensaje o percepción que hayas recibido de la bruja o espíritu fantasmal en tu diario o grimorio. Reflexiona sobre su relevancia y cómo se pueden aplicar a tus objetivos o a tu comprensión.

Limpia las herramientas rituales, especialmente el espejo y los cristales, usando agua salada o luz de luna para eliminar cualquier energía persistente.

Descansa y recupérate tomándote un tiempo para relajarte y asegurarte de que tu energía esté equilibrada después del ritual.

Advertencias:

La presencia fantasmal puede ser intensa: La bruja o el espíritu fantasmal pueden provocar emociones fuertes o problemas no resueltos. Acércate con precaución y prepárate para resultados inesperados.

Las barreras protectoras son esenciales: Mantenga el círculo protector de sal durante todo el ritual para evitar perturbaciones o efectos no deseados.

Liberación adecuada: Asegúrese de que el espíritu se libere correctamente y que el espacio ritual se limpie para evitar energías persistentes o perturbaciones.

La intención clara es crucial: Sea específico con sus solicitudes para evitar malentendidos o consecuencias no deseadas.

Espectro aterrador de Endor

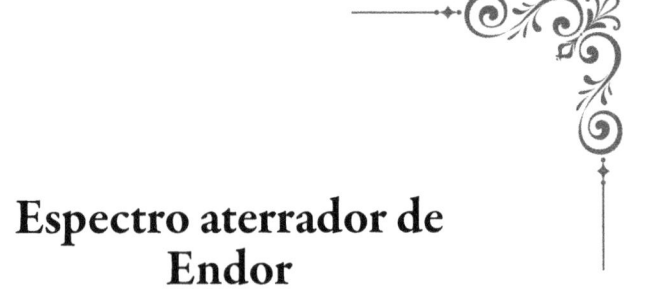

Propósito:
Para invocar e interactuar con un espíritu poderoso y temible asociado con Endor, utilizado para enfrentar y superar miedos, obtener percepciones formidables o buscar protección de una poderosa entidad espectral.

Ingredientes:

Una vela negra: representa la naturaleza formidable y temible del temible espectro.

Una vela roja: simboliza la fuerza, el coraje y la intensidad de la presencia del espíritu.

Un cuenco de sal: para protegerse y crear un límite.

Un cuenco con agua de luna o agua consagrada – Para la purificación y la conexión espiritual.

Un pedazo de obsidiana o hematita – Para anclar la energía y proporcionar protección.

Un pequeño espejo o superficie reflectante: actúa como un portal para que se manifieste el espectro temible.

Un pergamino o pergamino con una solicitud escrita: enfoca la intención y la comunicación con el espectro temible.

Una ramita de ruda o endrino: para protegerse y alejar las energías negativas.

Una campana o campanilla: señala el comienzo y el final del ritual y enfoca la atención de la entidad.

Un paño o sudario oscuro: para cubrir el espejo o la superficie reflectante hasta que sea necesario.

Conjuro:
"El temible espectro de Endor, feroz y grandioso,
Desde las sombras profundas, presta atención a mis órdenes.
Con un poder vasto y una vista tan clara,
Guía y protege, déjame acercarme".

Rendimiento:

Preparación:

Lleva a cabo el ritual durante la luna oscura o la luna menguante para mejorar la conexión con el mundo espiritual y trabajar con las temibles energías. Elige un espacio apartado y oscuro para facilitar el ritual.

Creando el círculo:

Comienza marcando un círculo de sal alrededor de tu espacio ritual para crear un límite protector y de contención para las energías espirituales.

Coloca la vela negra en el centro del círculo para representar el espectro del terror.

Encendido de las velas:

Enciende la vela negra y colócala en el altar o espacio central. Mientras enciendes la vela, recita el Conjuro:

"El temible espectro de Endor, feroz y grandioso,
Desde las sombras profundas, presta atención a mis órdenes.
Con un poder vasto y una vista tan clara,
Guía y protege, déjame acercarme".

Enciende la vela roja para simbolizar la fuerza, el coraje y la intensidad de la presencia del espíritu.

Preparación del agua:

Coloca el cuenco con agua de luna o agua consagrada cerca de las velas y espolvorea unas gotas alrededor del círculo para la purificación y la conexión espiritual. Al hacerlo, diga:

"Por el agua pura, las sombras claras,
Espectro aterrador, ahora acércate.

Esto ayudará a mejorar la conexión con el espectro temible y purificar el espacio.

Preparación del espejo:

Coloca el espejo o la superficie reflectante frente a la vela negra y cúbrela con el paño oscuro. Esto actuará como un portal a través del cual el temible espectro puede manifestarse. Al preparar el espejo, diga:

"Espejo oscuro, con secretos vastos,
Temible espectro, ven por fin.

Esto enfocará las energías y preparará el portal para la aparición del espectro.

Usando la obsidiana o hematita:

Coloca la obsidiana o hematita cerca de la vela negra. Este cristal anclará la energía y proporcionará protección durante el ritual. Al hacerlo, diga:

"Piedra de fuerza, escudo y atadura,
Espectro aterrador, ahora lo encontrarás.

Esto ayudará a crear una barrera protectora y estabilizar las energías.

Escribir su solicitud:

Tome el pedazo de pergamino o pergamino y escriba su solicitud o consulta específica para el espectro temible. Colócalo cerca de la vela negra. A medida que escribas, concéntrate en tu intención y di:

"Temible espectro, escucha mi súplica,
Por este pergamino, veo tu ayuda.

Esto ayudará a dirigir la energía del hechizo hacia tu petición específica.

Purificación con Ruda o Endrino:

Enciende la ruda o el endrino y agita suavemente el humo alrededor del círculo y sobre la vela negra. Esto purificará el espacio y mejorará la conexión con el temible espectro. Decir:
"Por el humo de la ruda, guardo este espacio,
Temible espectro, tu presencia no está prohibida".
Esto ayudará a eliminar cualquier energía negativa y a preparar el espacio para el ritual.
Invocando al Espectro del Terror:
Sostén la vela roja y dirige su luz hacia el espejo. Concéntrate en invocar al espectro temible para que aparezca a través del espejo. Recita el Conjuro de nuevo y visualiza la temible presencia que comienza a manifestarse.
"Por el fuego de las velas y la fuerza del espíritu,
Temible espectro, ahora únete a este rito.
Utiliza la luz de la vela para dirigir y canalizar las energías hacia el espejo.
Recibir orientación:
Esté atento a cualquier signo, mensaje o manifestación que pueda aparecer en el espejo o a través de otros medios durante el ritual. Estas pueden ser sensaciones visuales, auditivas o sutiles. Registre cualquier información o impresión en su diario o grimorio.
"En las tinieblas profundas, el espectro muestra,
Con temor y poder, la verdad otorga".
El espectro temible puede proporcionar respuestas directas o percepciones intensas que requieren una consideración cuidadosa.
Agradeciendo y liberando al Espectro del Terror:
Una vez que haya recibido la orientación o la comprensión, es importante agradecer y liberar adecuadamente al espectro temible. Usa la vela roja para dirigir la luz y la energía hacia el espejo, diciendo:
"Por la luz del fuego y la gracia del espectro,
Vete de este lugar con agradecimiento".

Visualiza al espectro retrocediendo a través del espejo o hacia las sombras.

Cerrando el círculo:

Después de que el espectro temible se haya ido, cierre el círculo protector de sal caminando alrededor de él en la dirección inversa. Decir:

"El círculo se desvanece, las sombras se separan,
El reino del terror ahora se va".

Apaga las velas, visualizando el espacio ritual volviendo a su estado natural.

Limpieza y conexión a tierra:

Para limpiar el espacio y a ti mismo de cualquier energía residual, espolvorea sal alrededor del área y quema ruda o endrino.

Conéctate comiendo algo sustancial o tocando la tierra, lo que ayuda a estabilizar tu energía después del ritual.

Seguimiento:

Documenta cualquier mensaje o percepción que hayas recibido del temible espectro en tu diario o grimorio. Reflexiona sobre su relevancia y cómo se pueden aplicar a tus objetivos o a tu comprensión.

Limpia las herramientas rituales, especialmente el espejo y los cristales, usando agua salada o luz de luna para eliminar cualquier energía persistente.

Descansa y recupérate tomándote un tiempo para relajarte y asegurarte de que tu energía esté equilibrada después del ritual.

Advertencias:

Los espectros temibles pueden ser intensos: Los espectros temibles pueden provocar emociones fuertes o experiencias inquietantes. Acércate con precaución y prepárate para encuentros intensos.

Las barreras protectoras son esenciales: Mantenga el círculo protector de sal durante todo el ritual para evitar perturbaciones o efectos no deseados.

Liberación Apropiada: Asegure que el espectro se libere correctamente y que el espacio ritual se limpie para evitar energías persistentes o perturbaciones.

La intención clara es crucial: Sea específico con sus solicitudes para evitar malentendidos o consecuencias no deseadas.

La voluntad del fantasma

Propósito:
Para invocar el espíritu de los difuntos para obtener una comprensión de sus últimos deseos o para ayudar a resolver cualquier asunto no resuelto de su vida. El hechizo permite la comunicación con el fantasma para cumplir o comprender su voluntad persistente.

Ingredientes:

Una vela negra: representa el espíritu del difunto y lo desconocido.

Una vela blanca: simboliza la iluminación y la verdad, ayudando a revelar la voluntad del fantasma.

Un pedazo de pergamino y pluma: para escribir los últimos deseos del espíritu o tu propia intención de comunicarte con el fantasma.

Un pequeño frasco de tierra de cementerio o tierra de un lugar significativo: vinculado a la energía del espíritu o al lugar donde una vez vivieron o murieron.

Un espejo o superficie reflectante: actúa como un medio para que el fantasma se manifieste.

Un token o objeto personal relacionado con el difunto (si es posible): fortalece el vínculo con el espíritu.

Un cuenco con agua de luna o agua bendita – Para la purificación y para mejorar la claridad espiritual.

Una cuerda o cinta negra: representa la unión o conexión entre el mundo espiritual y el plano físico.

Una campana o carillón – Para marcar el comienzo y el final del ritual.

Una pizca de sal – Para protección y conexión a tierra durante el ritual.

Conjuro:
"Fantasma de la voluntad, del abrazo de la muerte,
Revela la verdad que ahora debo enfrentar.
Tu voz no hablada, ahora oigo,
A través de este rito, acércate siempre".

Rendimiento:

Preparación:

Realiza el ritual en luna nueva o durante la hora de las brujas (medianoche) para una conexión más fuerte con el mundo de los espíritus. El ambiente debe ser tranquilo y tenue, y el espacio debe limpiarse y prepararse con sal para protegerlo.

Creando el círculo:

Comience marcando un círculo de sal alrededor de su área ritual. Este círculo sirve como un límite protector para asegurar que solo el espíritu llamado interactúe contigo. Coloca la vela negra en el centro del círculo, simbolizando la presencia del fantasma.

Encendido de las velas:

Enciende la vela negra para invocar la energía del espíritu. Recita el Conjuro mientras enciendes la llama:

"Fantasma de la voluntad, del abrazo de la muerte,
Revela la verdad que ahora debo enfrentar.
Tu voz no hablada, ahora oigo,
A través de este rito, acércate siempre".

Enciende la vela blanca para aportar claridad y verdad a la comunicación del fantasma.

Colocación del espejo:

Coloca el espejo frente a la vela negra. El espejo actuará como un portal para que el espíritu manifieste su presencia. Cubre el espejo con un paño oscuro hasta que estés listo para invocar al espíritu.

Usando la tierra del cementerio:

Coloque una pequeña cantidad de tierra de cementerio o tierra de un lugar significativo donde el espíritu pueda tener vínculos. Esto actuará como un conducto para que el fantasma sea atraído al ritual. Al hacerlo, diga:

"Por la tierra que tiene tu forma mortal,

Levántate ahora de este nacido del espíritu".

Incorporación del Token Personal:

Si tienes un objeto o ficha personal relacionada con la persona fallecida, colócalo cerca de la vela negra o sostenlo en tus manos. Esto fortalecerá la conexión con la voluntad del fantasma. Si no hay ninguna ficha disponible, concéntrese en la memoria o la esencia del individuo.

Escribir la intención:

En el pergamino, escribe el propósito de la invocación o la pregunta que deseas hacerle al fantasma. Sé lo más específico posible. Por ejemplo, puedes escribir:

"Fantasma de [Nombre], te convoco,

Di tu voluntad, revélame".

Dobla el pergamino y colócalo debajo de la vela negra.

Purificación con agua:

Espolvorea unas gotas de agua de luna o agua bendita alrededor del círculo para limpiar y purificar el espacio. Decir:

"Por la gracia del agua y la luz pura de la luna,

Quita el velo en esta noche sagrada".

Encuadernación con la cinta:

Toma la cinta o cuerda negra y envuélvela alrededor de la vela blanca tres veces. Esto simboliza la unión de la voluntad del espíritu al plano físico. Al hacerlo, diga:

"Atada por este hilo, tu voluntad está cerca,
Ahora tu voz habla, tus palabras oigo".

Invocando al Fantasma:

Destapa el espejo y míralo en su superficie. Visualiza al fantasma emergiendo lentamente de las profundidades sombrías del espejo. Vuelve a recitar el Conjuro:

"Con llama e hilo, te llamo aquí,
Fantasma de la voluntad, a mí aparecer".

Concéntrese en el espejo y esté abierto a señales, sensaciones o visiones que puedan indicar la presencia del espíritu. El fantasma puede comunicarse a través de imágenes en el espejo, sonidos o incluso impresiones en su mente.

A la escucha de la voluntad:

Una vez que el fantasma se haya manifestado o haya dado una señal de su presencia, quédate quieto y receptivo. Sostenga la ficha personal, si tiene una, y concéntrese en la energía del espíritu.

Haga su pregunta o solicitud:

"Di tu voluntad, oh fantasma perdido,
Revela tu verdad, cueste lo que cueste".

Presta mucha atención a cualquier movimiento sutil en las llamas, reflejos en el espejo o sentimientos de presencia. La voluntad del fantasma puede ser comunicada a través de estos signos.

Grabación del mensaje:

Si el fantasma comunica su voluntad o proporciona orientación, escríbelo inmediatamente en un pedazo de pergamino separado o en tu grimorio. Incluso los detalles o sensaciones más pequeños pueden tener un significado significativo.

Agradecimiento y liberación del fantasma:

Una vez completada la comunicación, es importante agradecer y soltar al fantasma respetuosamente. Sostenga la vela blanca y diga:

"Fantasma, tu voluntad ahora se ha revelado,
Tu presencia se va, este rito está sellado".

Visualiza al fantasma retirándose hacia el espejo o desvaneciéndose en las sombras.

Cerrando el círculo:

Cierre el círculo protector caminando alrededor de él en la dirección opuesta. Decir:

"El círculo se desvanece, el hechizo está hecho,
El espíritu se va, como la noche se encuentra con el sol".

Apaga las velas, concentrándote en la energía del ritual que se conecta a tierra y se cierra.

Limpieza y conexión a tierra:

Para limpiar el área y a ti mismo de cualquier energía espiritual persistente, espolvorea sal alrededor del espacio y lávate las manos con el agua de la luna. Conéctate comiendo algo sólido o colocando los pies en el suelo.

Seguimiento:

Documenta cualquier percepción o revelación recibida durante el ritual en tu grimorio o diario. Reflexiona sobre los mensajes dados por el fantasma.

Limpia el espacio ritual y las herramientas, especialmente el espejo y la ficha personal. Usa agua salada o déjalos bajo la luna llena para eliminar las energías residuales.

Descansa y recupérate después del ritual. Interactuar con fantasmas puede ser agotador, por lo que es importante recuperar el equilibrio.

Advertencias:

Respeta el espíritu: Los fantasmas pueden ser poderosos e impredecibles. Acércate siempre con respeto y nunca les ordenes con fuerza.

Las medidas de protección son cruciales: asegúrese de que el círculo de sal permanezca intacto para evitar que energías no deseadas ingresen a su espacio.

La intención clara es clave: Sé específico con tu solicitud. La ambigüedad puede conducir a resultados confusos o no deseados.

Libera el Espíritu Apropiadamente: Si no liberas al fantasma, podrías tener energías persistentes que podrían causar perturbaciones.

Canto del Velo de Endor

Propósito:
Para levantar temporalmente el velo entre los reinos físico y espiritual, permitiendo una mejor comunicación con los espíritus, los antepasados o lo invisible. Este canto permite al lanzador mirar más allá del velo para obtener percepciones, guía espiritual o verdades ocultas.

Ingredientes:

Una vela plateada o morada: simboliza el velo entre los mundos y la conexión mística con el reino espiritual.

Una vela negra: representa las fuerzas invisibles y el velo sombrío que separa la vida de la muerte.

Una pequeña campana o campanilla: se utiliza para abrir la puerta y llamar a los espíritus.

Un pedazo de cuarzo transparente o piedra lunar – Para mejorar la visión espiritual y facilitar el adelgazamiento del velo.

Un pequeño caldero o plato a prueba de fuego: para quemar ofrendas y crear humo.

Incienso de mirra, incienso o artemisa: para purificar el espacio y realzar la atmósfera espiritual.

Un espejo o cuenco de agua: actúa como un portal para las visiones espirituales y la adivinación.

Un velo o pañuelo: para representar físicamente el acto de levantar el velo.

Sal – Para protección y conexión a tierra.

Un pergamino con una pregunta o intención escrita: enfoca el propósito de levantar el velo y dirige la comunicación.

Conjuro:

"El velo de Endor, delgado como la noche,
Ábrete de par en par a la vista del espíritu.
Por el canto antiguo, por la llama y el mar,
El reino oculto se me reveló".

Rendimiento:

Preparación:

Comienza el ritual al crepúsculo o durante la luna llena, ya que se cree que estos momentos adelgazan el velo de forma natural. El ambiente debe estar tenuemente iluminado, con un ambiente tranquilo y silencioso para mejorar la conexión espiritual.

Creando el círculo:

Coloca un círculo de sal alrededor de tu espacio de trabajo para crear una barrera de protección. Esto los protegerá de cualquier entidad o energía no deseada que pueda llegar a medida que se levanta el velo. Coloca la vela plateada o morada en el punto más septentrional del círculo y la vela negra frente a ella.

Encendido de las velas:

Enciende la vela plateada (o morada), que simboliza el velo mismo, y di:

"Vela del Velo, delgada y brillante,
Abre ahora los reinos de la noche".

Enciende la vela negra para invocar a las fuerzas sombrías y di:

"Vela de sombras, oscura y profunda,
Saca lo oculto de su sueño".

Quemando el incienso:

Enciende el incienso de mirra, incienso o artemisa. Este humo purificará el espacio y actuará como un puente espiritual entre los

reinos. A medida que el incienso arde, haz flotar el humo alrededor del círculo, diciendo:
"Con humo y perfume te llamo,
Espíritus que habitan al otro lado del mar".
Preparación del espejo o del agua:
Coloca el espejo o el recipiente con agua frente a las velas. Esta superficie reflectante servirá como una herramienta de adivinación y un portal a través del cual las visiones y los espíritus pueden comunicarse. Si tienes un velo o una bufanda, colócala ligeramente sobre el espejo o el tazón, simbolizando la barrera entre los mundos.
Cantando el Conjuro:
Comienza a cantar el Conjuro mientras te enfocas en tu intención:
"El velo de Endor, delgado como la noche,
Ábrete de par en par a la vista del espíritu.
Por el canto antiguo, por la llama y el mar,
El reino oculto se me reveló".
Mientras cantas, visualiza el velo entre el mundo físico y el espiritual volviéndose delgado y transparente. El canto debe ser rítmico, acumulando energía a medida que lo repites tres veces.
Tocando la campana:
Toque la campana o el carillón tres veces para indicar la apertura del velo. A medida que el sonido resuena, imagina la puerta de entrada entre los mundos que se abre, permitiendo que los seres espirituales se acerquen. Decir:
"Al sonido de la campana, abro la puerta,
Espíritus de Endor, acérquense, yo los espero.
Colocación del cuarzo o piedra lunar:
Coloca el cuarzo transparente o la piedra lunar cerca del espejo o recipiente con agua. Esta piedra mejorará tu vista espiritual y actuará como un ancla para las energías que se invocan. Al colocar la piedra, diga:

"Brillante como el cristal, con poder fuerte,
Abre mis ojos donde pertenecen los espíritus".
Adivinar y escuchar:
Siéntate en silencio frente al espejo o al cuenco de agua, mirando hacia sus profundidades. Permite que tu mente se suavice y sea receptiva a cualquier imagen, impresión o susurro que te llegue. Los espíritus pueden comunicarse a través de visiones en la superficie reflectante, cambios en las llamas de las velas o sentimientos sutiles.

Concéntrese en el pergamino donde está escrita su pregunta o intención. Decir:
"Junto al velo, tu voluntad ahora participa,
Busco la verdad escondida allí".
Mientras te miras en el espejo, mantente abierto a recibir respuestas a tu pregunta o cualquier mensaje del reino espiritual.

Levantando el velo físico:
Si has colocado un velo o una bufanda sobre el espejo o el cuenco, levántalo ahora, levantando simbólicamente el velo entre mundos. Al hacerlo, diga:
"Con este acto, el velo se rasga,
Los espíritus y la vista han renacido".
Recepción del mensaje:
Permite que la comunicación fluya. Los espíritus pueden revelar conocimientos ocultos, orientación o recuerdos del pasado. Usa el cuarzo o la piedra lunar para mejorar tu percepción espiritual. Escuche atentamente los sonidos, visiones o sentimientos que surjan durante este tiempo.

Agradeciendo y cerrando el velo:
Una vez completada la comunicación, agradece a los espíritus por su presencia. Sostén la vela negra y di:
"Espíritus de Endor, vuestras voces escuchadas,
Te lo agradezco ahora, estás libre como los pájaros".

Apaga la vela negra, que simboliza el cierre del mundo de los espíritus, y cubre el espejo o el cuenco una vez más con el velo. Decir:
"El velo se corre, los espíritus se van,
Escondido una vez más, como ahora sé.

Tocando la campana para terminar:

Toca la campana o el repique una vez más para cerrar formalmente el ritual y sellar el velo entre los mundos. A medida que lo haces, visualiza el cierre de la puerta de entrada, con todos los espíritus regresando a su reino.

Puesta a tierra y limpieza:

Para conectarte a tierra, espolvorea una pequeña pizca de sal alrededor del círculo y luego sobre tus manos. Decir:
"Tierra abajo, tierra mi alma,
Con el velo ahora sellado, estoy entero".

Lávate las manos en el agua de la luna para limpiar cualquier energía residual y para volver al plano físico.

Seguimento:

Documenta cualquier visión, mensaje o sentimiento en tu grimorio o diario. Reflexiona sobre los significados y cómo se relacionan con tu pregunta o intención.

Limpie las herramientas utilizadas en el ritual, especialmente el espejo o el recipiente con agua, con sal o bajo la luz de la luna para despejar cualquier energía espiritual persistente.

Descansa y recupérate después del ritual, ya que levantar el velo puede ser energéticamente intenso. Conéctate comiendo o pasando tiempo en la naturaleza.

Advertencias:

La protección adecuada es vital: Utilice siempre medidas de protección, como el círculo de sal, para asegurarse de que solo los espíritus positivos o neutros pasen a través del velo.

Cierre el velo por completo: Asegúrese de cerrar el velo por completo después del ritual para evitar perturbaciones espirituales persistentes o energías no deseadas.

Respeta a los espíritus: Acércate al ritual con respeto y con una intención clara, ya que la falta de comunicación o la falta de respeto pueden tener consecuencias no deseadas.

La espada tocada por el espíritu de la bruja

Propósito:
Imbuir una espada ceremonial o mágica (athame, daga o espada) con la esencia de la energía ancestral o espiritual, convirtiéndola en una poderosa herramienta de protección, destierro o comunicación espiritual. Esta espada, una vez cargada, puede atravesar el velo entre mundos, cortar los lazos espirituales o actuar como un conducto para invocar y atar espíritus.

Ingredientes:

Una espada ceremonial (athame, daga o espada): la herramienta que se cargará con energía espiritual.

Una vela negra – Representa el vacío y el mundo de los espíritus.

Una vela plateada o blanca: simboliza la claridad, la luz espiritual y la protección.

Salvia o artemisa: para purificar y abrir la puerta al reino de los espíritus.

Un cuenco de sal – Conexión a tierra y protección.

Una gota de tu propia sangre o una ofrenda simbólica: para sellar el vínculo entre la espada y tu espíritu.

Un pequeño espejo: para reflejar y enfocar la energía espiritual en la espada.

Un pedazo de ónix u obsidiana – Para anclar energías protectoras en la hoja.

Incienso de incienso o sándalo – Para consagrar el espacio e invitar a la presencia espiritual.

Un paño de terciopelo oscuro – Para envolver la espada y mantener las energías en su interior después del ritual.

Conjuro:

"Espíritu guía, escucha mi súplica,
A través de esta espada, tu poder será.
Por la sangre, por los huesos, por el oscuro resplandor de la noche,
Esta espada ahora corta el sueño de la sombra.

Rendimiento:

Limpieza de la hoja:

Comience limpiando la hoja ceremonial con humo de salvia o artemisa para purificarla y eliminar cualquier energía residual. Pasa la hoja a través del humo mientras dices:

"Con humo limpio, con fuego quemo,
Todo lo que pasé de esta espada, ahora regreso".

Lanzando el círculo:

Lanza un círculo protector usando la sal para asegurarte de que las energías que estás invocando permanezcan dentro del espacio ritual. Espolvorea la sal en un círculo alrededor de tu área de trabajo, mientras cantas:

"Con la sal y la tierra protejo ahora,
Ninguna fuerza oscura se cruzará".

Encendido de las velas:

Enciende la vela negra, que simboliza el vacío espiritual, y colócala a la izquierda de la hoja. Decir:

"Vela del vacío, llama de la noche,
Saca a los espíritus, préstales la vista".

Enciende la vela plateada o blanca a la derecha de la hoja, que simboliza la claridad y la protección. Decir:

"Vela de luz, clara y pura,

Guía esta espada, y los espíritus aseguran.

Carga de la hoja:

Sostén la hoja sobre las llamas de ambas velas, moviéndola lentamente de una llama a la otra. Mientras haces esto, enfoca tu intención en cargar la hoja con energía espiritual. Imagina que la hoja absorbe tanto la luz protectora como el poder sombrío. Decir:

"En llama de oscuridad y llama de luz,

Cargo esta espada con el poder del espíritu.

Atar con Sangre u Ofrenda:

Si usas sangre como ofrenda, pincha tu dedo y deja que una sola gota caiga sobre la hoja, diciendo:

"Con sangre ato, con alma sello,

Esta espada ahora sirve a la voluntad de mi espíritu".

Si prefieres no usar sangre, coloca una ofrenda simbólica (como un mechón de cabello o una pequeña piedra preciosa) en la hoja, recitando las mismas palabras para formar el vínculo.

Llamando a los Espíritus:

Enciende el incienso y hazlo rodar alrededor de la hoja, invocando a los espíritus o antepasados con los que deseas cargar la hoja. Coloca el espejo detrás de la hoja para que actúe como un portal reflectante para los espíritus. Canta el Conjuro:

"Espíritu guía, escucha mi súplica,

A través de esta espada, tu poder será.

Por la sangre, por los huesos, por el oscuro resplandor de la noche,

Esta espada ahora corta el sueño de la sombra.

Colocación del ónix u obsidiana:

Coloca el ónix o la obsidiana en o cerca de la empuñadura de la hoja para anclar energías protectoras en ella. Esto asegurará que, si bien la espada puede cortar los lazos espirituales, permanezca atada de manera segura a las fuerzas protectoras. Decir:

"Piedra de sombra, piedra de fuerza,

Protege esta espada en toda su longitud.

Imbuido de Espíritu:

Cierra los ojos y visualiza una figura espiritual, ya sea un antepasado o un guía, apareciendo dentro del espejo. Imagina que su energía se canaliza hacia la hoja, dándole vida y propósito. Decir:

"Espíritu de más allá del velo,

A través de esta espada, prevaleceré.

Tu fuerza y sabiduría ahora entrelazadas,

Esta espada es nuestra, y ahora está combinada".

Carga final:

Sostén la hoja en posición vertical, con la punta apuntando hacia el cielo. Visualiza un rayo de luz o sombra que desciende desde arriba y golpea la hoja, infundiéndole su última carga de poder. Siente cómo cambian el peso y la energía de la hoja a medida que se toca con el espíritu. Repetir:

"Espada de acero, ahora espada del alma,

Atraviesa la oscuridad, hazme íntegro".

Sellando la energía:

Envuelve la espada en el paño de terciopelo oscuro, sellando la energía espiritual que ha sido invocada. Esto mantiene la potencia de la hoja concentrada y protegida cuando no está en uso. Decir:

"Negro terciopelo, tu mortaja ahora guarda,

La espada espiritual, en las sombras duerme".

Cerrando el círculo:

Para cerrar el ritual, agradece a los espíritus por su presencia y poder. Apaga la vela negra, diciendo:

"Vacío de noche, tu presencia conocida,

Te libero ahora, tu poder demostrado".

Apaga la vela de plata, diciendo:

"Vela de luz, tu deber cumplido,

La espada ahora brilla con el sol del espíritu".

Desmantela el círculo de sal, permitiendo que las energías se asienten.

Seguimiento:

Cuidado de la Espada: La Espada Tocada por el Espíritu debe ser tratada con respeto. Guárdalo envuelto en la tela de terciopelo, lejos de objetos mundanos. Úsalo solo para trabajo espiritual, como desterrar, invocar o cortar cordones energéticos.

Recargar la espada: En las noches de luna nueva o luna llena, puedes recargar la espada repitiendo una parte del ritual, centrándote en volver a infundirla con energía espiritual.

Advertencias:

Manéjalo con cuidado: Esta hoja ahora es una poderosa herramienta mágica. Úsalo solo cuando sea necesario, ya que su conexión con el reino espiritual puede hacerlo potente e impredecible.

No lo uses imprudentemente: La hoja no debe usarse para fines mundanos, ya que ahora está cargada espiritualmente y puede afectar los reinos físico y espiritual con cada uso.

Hechizo del Doliente silencioso de Endor

Propósito:
Este hechizo está diseñado para conectar al lanzador con las energías tristes de las almas perdidas, lo que le permite a uno canalizar su dolor para el cierre, la curación o la comprensión espiritual. Es ideal para honrar a los que han fallecido o para acercarse a los espíritus que están atrapados en la tristeza y el duelo, ayudándoles a encontrar la paz.

Ingredientes:

Una vela negra: representa el luto, la pérdida y los gritos silenciosos de los difuntos.

Una vela plateada o blanca: simboliza la paz, el recuerdo y la ascensión espiritual.

Lavanda seca: para calmar y curar el dolor.

Una rosa blanca: símbolo de luto puro y pureza espiritual.

Un pedazo de tela de luto (negro o gris oscuro) – Para representar el velo de la tristeza.

Un espejo o cuenco de agua sin gas: para actuar como medio para comunicarse con los espíritus de luto.

Incienso de sándalo o cedro: para limpiar el espacio e invitar a la presencia de espíritus afligidos.

Una pequeña campana o campanilla: para llamar suavemente a los espíritus que están atrapados en el dolor.

Un puñado de tierra de cementerio – Para enraizar la energía y conectar con los espíritus de los muertos.

Sal: para protegerse y garantizar que solo los espíritus pacíficos puedan entrar en el círculo.

Conjuro:

"Espíritus silenciosos, perdidos en la noche,

Corazones afligidos, velados en la situación.

Escucho tu tristeza, siento tu dolor,

A través de este hechizo, ganarás la paz".

Rendimiento:

Preparando el círculo:

Comience lanzando un círculo de sal alrededor de su espacio de trabajo para protegerlo. Esto asegurará que solo los espíritus pacíficos que buscan consuelo y liberación puedan entrar. Espolvorea la tierra del cementerio en el centro del círculo para conectarte con las energías de los difuntos. Decir:

"De tierra a tierra, de alma a alma,

Que el luto encuentre su meta de descanso".

Limpieza del espacio:

Enciende el incienso de sándalo o cedro para purificar el espacio e invitar a la presencia de espíritus perdidos en el dolor. Lanza el humo alrededor del círculo, concentrándose en el norte, el sur, el este y el oeste, diciendo:

"Por el aire y la llama, te llamo aquí,

Dolientes en la sombra, acérquense, acérquense".

Encendido de las velas:

Enciende la vela negra, que representa el profundo dolor de aquellos que están perdidos en el duelo. Decir:

"Vela de sombra, de tristeza y de noche,

Arde ahora para sacar a la luz su dolor".

Enciende la vela plateada o blanca, que simboliza la esperanza, la liberación y la paz. Decir:

"Vela de luz, pura y verdadera,
Muéstrales paz y caminos de nuevo".

El paño de luto:

Toma el paño de luto y colócalo suavemente sobre el espejo o recipiente con agua sin gas. La tela representa el velo doloroso a través del cual existen los espíritus, ocultos a la paz. A medida que coloque el paño, diga:

"Velo de dolor, dolor indecible,
Levanta ahora tu peso, deja que el descanso se desarrolle".

Llamando a los Espíritus:

Toque la campanilla o el timbre suavemente, tres veces. Este suave sonido llamará a los espíritus que están atrapados en el dolor. Al tocar la campana, canta el Conjuro:

"Espíritus silenciosos, perdidos en la noche,
Corazones afligidos, velados en la situación.
Escucho tu tristeza, siento tu dolor,
A través de este hechizo, ganarás la paz".

Visualiza a los espíritus reuniéndose lentamente alrededor del círculo, atraídos por el suave timbre y la energía de tu llamado. Están callados, perdidos, pero buscando liberarse de su interminable duelo.

Ofrenda de la Rosa y la Lavanda:

Coloca la rosa blanca frente al espejo o cuenco con agua. Esta es una ofrenda de pureza y paz para los espíritus de luto. Espolvorea la lavanda seca sobre la rosa, simbolizando la energía curativa y calmante. Decir:

"Por esta rosa, tan blanca y pura,
Deja que tu dolor encuentre un suave encanto.
Junto a esta lavanda, tranquila como la noche,
Les ofrezco la paz, les ofrezco la luz".

Comulgando con los dolientes:

Siéntese en silencio frente al espejo o recipiente con agua, permitiendo que la tela cubra parte de la superficie reflectante.

Concéntrate en la profunda quietud y presta atención a cualquier cambio sutil, sentimiento o impresión que te llegue. Los dolientes pueden susurrar, o usted puede sentir su tristeza como un peso o una presencia. Háblales en voz baja, ofreciéndoles palabras de consuelo:
"Tu dolor se ve, tus gritos se escuchan,
En este momento, ofrezco palabra.
Encuentra tu paz, encuentra tu camino,
En este hechizo, deja que la tristeza se balancee".
Levantar el paño de luto:
Lenta y suavemente, levanta el paño de luto del espejo o cuenco, como si estuvieras levantando el velo de la tristeza de los espíritus. Al levantarlo, diga:
"Velo de luto, ahora levantado en alto,
Espíritus de tristeza, podéis volar.
De la pena y el dolor, ahora eres liberado,
Encuentra tu paz, como debe ser".
Versión final:
Apaga la vela negra, que simboliza el fin del luto de los espíritus. Al extinguirlo, diga:
"La sombra y la tristeza ahora se van,
Vete en paz, de corazón afligido".
Deje que la vela plateada o blanca arda un poco más, lo que representa la liberación final de los espíritus en paz.
Cerrando el círculo:
Agradece a los espíritus por su presencia y el luto que han compartido. Toca la campana una vez más, suavemente, como un último adiós. Decir:
"Espíritus de tristeza, vuestro tiempo ha terminado,
Te envío ahora hacia el sol".
Rompe el círculo de sal barriendo la sal lejos de tu espacio, liberando las energías restantes y cerrando el ritual.
Seguimiento:

Honra a los muertos: Después del hechizo, considera dejar la rosa blanca o la lavanda en una tumba o en un lugar de recuerdo, simbolizando la paz para los espíritus. También puedes quemar el paño de luto o enterrarlo en la tierra como ofrenda final.

Escribe en un diario tus impresiones: Reflexiona sobre cualquier mensaje, sentimiento o impresión espiritual que hayas recibido de los espíritus durante el ritual. Anótalos en tu grimorio o diario para obtener información más adelante.

Advertencias:

Úsalo con cuidado: Este hechizo se ocupa de las emociones poderosas y el dolor de los espíritus, por lo que solo debe usarse cuando sea necesario y abordarse con empatía.

Cierra el velo por completo: Asegúrate de cerrar el ritual correctamente, asegurándote de que no quede ninguna tristeza o espíritus persistentes en tu espacio después del hechizo.

Mantén la protección: Mantén siempre intacto tu círculo de sal durante el ritual para evitar que entren energías no deseadas.

Conjuro del Perforador del Velo

Propósito:
El Conjuro del Perforador del Velo es un poderoso hechizo diseñado para perforar el velo entre los vivos y los muertos, lo que permite al lanzador obtener información de espíritus, antepasados o entidades de otro mundo. Se puede utilizar para la adivinación, la comunicación espiritual o para invocar a las fuerzas espirituales en busca de orientación en tiempos de incertidumbre. El Perforador del Velo actúa como una llave mística, desbloqueando los reinos invisibles.

Ingredientes:

Una daga de plata o athame: representa al Perforador del Velo, una herramienta capaz de atravesar la barrera entre mundos.

Un velo o tela negra: simboliza la separación entre los reinos material y espiritual.

Una esfera de cristal o un espejo de obsidiana: para actuar como una herramienta de adivinación para ver el otro lado una vez que se perfora el velo.

Tres velas negras: para anclar la energía del hechizo e invocar espíritus del más allá.

Un mechón de tu propio cabello – Como una conexión personal con el reino espiritual.

Un frasco de agua de luna o agua cargada bajo la luna nueva – Para amplificar la visión espiritual.

Belladona o incienso de artemisa: para mejorar las habilidades psíquicas y abrir el tercer ojo.

Tierra de cementerio o tierra de un sitio sagrado – Para fundamentar el ritual y conectarse con los espíritus de los muertos.

Una moneda de plata – Para ofrecer como pago simbólico por el paso seguro a través del velo.

Conjuro:

"Velo de sombra, delgado y brillante,
Con hoja de plata atraviesa la noche.
A través de reinos invisibles, te llamo,
Espíritus del más allá, venid a hablarme.

Rendimiento:

Estableciendo el círculo:

Comienza por preparar tu espacio sagrado. Esparce la tierra del cementerio o la tierra sagrada en un círculo a tu alrededor. Esto crea un límite entre tu mundo y el reino espiritual. Al hacerlo, diga:

"De la tierra al espíritu, del espíritu a la tierra,
Llamo a los invisibles para que los den a luz".

Encendido de las velas:

Coloca las tres velas negras en un triángulo alrededor de tu espacio de trabajo. Enciéndelas una por una, invocando el poder de cada llama para guiar a los espíritus a través del velo. A medida que encienda cada vela, recita:

"Llama de las tinieblas, arde tan brillante,
Guía a los espíritus a través de la noche".

Preparando el velo:

Coloca el velo o tela negra sobre la esfera de cristal o el espejo de obsidiana. Este velo representa el límite entre tu mundo y el mundo del más allá. Sostén tu daga de plata sobre el velo, listo para atravesarlo. Decir:

"Velo de misterio, delgado como el aliento,
Protege a los vivos, protege a la muerte.

Por el filo de la plata, te llamo cerca,
Los espíritus llegan, tus susurros son claros".

Perforando el velo:

Con gran intención, toma tu daga de plata y corta lentamente el velo (la tela) que cubre la esfera de cristal o el espejo de obsidiana. Visualiza el acto de perforar la barrera espiritual entre los mundos. Mientras lo haces, canta el Conjuro:

"Velo de sombra, delgado y brillante,
Con hoja de plata atraviesa la noche.
A través de reinos invisibles, te llamo,
Espíritus del más allá, venid a hablarme.

Siente cómo se abre el velo, permitiendo que las energías del reino espiritual fluyan hacia tu espacio.

Ofrenda de la Moneda de Plata:

Coloca la moneda de plata junto a la esfera de cristal o el espejo de obsidiana como ofrenda simbólica. Esto asegura un paso seguro para los espíritus y buena voluntad en su comunicación. Decir:

"Moneda de plata, por pasaje pagado,
Vengan los espíritus, no tengáis miedo.
Di tu verdad, muestra lo que sabes,
A través de este velo, fluye tu sabiduría".

Quemando el incienso:

Enciende el incienso de belladona o artemisa, permitiendo que el humo se enrosque alrededor de tu espacio, aumentando tus habilidades psíquicas. Respira profundamente, dejando que la esencia de la planta abra tu tercer ojo. A medida que el humo se eleva, diga:

"Humo de la noche, despeja mi vista,
Abre mis ojos al vuelo del espíritu".

Llamando a los Espíritus:

Sostén el mechón de tu cabello y colócalo encima de la esfera de cristal o el espejo de obsidiana. Esto actúa como tu vínculo personal con los espíritus, enraizándote en ambos reinos. Cierra los ojos y concéntrate en los espíritus con los que deseas contactar, ya sean antepasados, guías espirituales u otras entidades. Canto:

"Espíritus de la antigua manera,
Escucha mi voz, ven hoy fuera.
A través del velo, llamo tu nombre,
De reinos sombríos, tu presencia reclama".

Espera en silencio, permitiendo que cualquier señal, susurro o visión se transmita.

Adivinación de visiones:

Mira profundamente en la esfera de cristal o el espejo de obsidiana, ahora desvelado, y deja que tu mente entre en un estado meditativo. La perforación del velo ha abierto un portal, y ahora los espíritus hablarán a través de este medio. Es posible que veas símbolos, escuches palabras débiles o sientas que el conocimiento intuitivo surge de tu interior. Si recibes un mensaje, dilo en voz alta para honrar a los espíritus.

Sellando el velo:

Una vez que hayas recibido la guía espiritual o la comunicación que buscabas, es importante sellar el velo para evitar que las energías persistan. Usa la daga de plata para coser simbólicamente el velo trazándolo sobre la tela sin cortar. Al hacerlo, diga:

"El velo una vez traspasado, ahora sellado de nuevo,
Devuelve los espíritus, me despido.
Noche a noche, sombra a sombra,
Tu sabiduría permanece, pero aquí te has quedado".

Oferta Final:

Vierte una pequeña cantidad de agua de luna sobre la moneda de plata, consagrándola. Al verter el agua, diga:

"Junto a las aguas iluminadas por la luna, claras y brillantes,
Los espíritus descansan en paz esta noche".

Cerrando el círculo:

Apaga las velas, empezando por las más alejadas de ti y avanzando hacia adentro. Al hacer esto, agradezca a los espíritus por su presencia y guía:

"Llamas de la noche, espíritus de antaño,
Te lo agradezco ahora, vuelve al frío.
Con paz llegaste, con paz te vas,
Mi agradecimiento a ustedes, tanto a los altos como a los bajos".

Retira la tierra del cementerio del círculo, conectando a tierra cualquier energía restante.

Seguimiento:

Limpieza espiritual: Después de realizar este hechizo, se recomienda tomar un baño limpiador con sal marina para lavar cualquier energía espiritual residual. Esto asegura que permanezcan conectados a tierra y separados de las energías del otro mundo.

Registre la experiencia: Tome nota de cualquier visión, palabra o mensaje recibido durante el ritual. Estos mensajes pueden proporcionar información sobre eventos futuros, orientación o respuestas a las preguntas que tenga.

Advertencias:

Asegure la protección: Mantenga siempre el círculo de suciedad o sal del cementerio durante el ritual para evitar que las energías no deseadas se deslicen a través del velo.

Respeta a los espíritus: El acto de perforar el velo invita a los espíritus a entrar en tu espacio, así que acércate al ritual con reverencia y respeto.

Selle el velo por completo: No cerrar correctamente el velo puede provocar perturbaciones espirituales no deseadas, así que asegúrese de que el ritual finalice correctamente.

La voz del Inframundo de Endor

Propósito:
El hechizo de la Voz del Inframundo invoca a los espíritus que habitan en las sombrías profundidades del Inframundo. Otorga al lanzador la capacidad de comunicarse con estos espíritus y canalizar su antigua sabiduría o advertencias. El hechizo se utiliza para una profunda comunión nigromántica, la comprensión del conocimiento olvidado o la recepción de mensajes crípticos del reino invisible. Es un hechizo potente y debe realizarse con precaución y respeto, ya que las voces del Nether pueden ser crípticas y abrumadoras.

Ingredientes:

Una piedra de obsidiana negra: representa el portal al Nether y sirve como conducto para las voces de los espíritus.

Una pluma de cuervo – Simboliza la muerte y los mensajeros del otro lado.

Un frasco de aceite de solanáceas – Para ungir el espacio e invitar a la presencia de los espíritus del Nether.

Dos velas negras: representan la oscuridad del inframundo y las luces que guían a los espíritus.

Tierra de cementerio – Para anclar las energías de los muertos.

Un pedazo de pergamino y tinta negra: para registrar cualquier mensaje de los espíritus.

Una campana o carillón de plata para invocar las voces del Inframundo.

Una pequeña ofrenda de plata o hueso: como pago a los espíritus por su guía.

Vino oscuro o agua infundida con hierbas nocturnas (como artemisa o belladona) – Para adivinar y conectar con las energías del Nether.

Conjuro:

"Voces en lo profundo del redil de la sombra,

Di tus verdades, tanto las oscuras como las antiguas.

Espíritus abisales, levántate y resuena,

A través de esta voz, que abunde la sabiduría".

Rendimiento:

Estableciendo el círculo:

Comienza lanzando un círculo con tierra de cementerio, asegurándote de que encierre tu espacio. Esto actúa como un límite protector, manteniendo a raya a las entidades disruptivas y permitiendo la comunicación con los espíritus del Nether. A medida que dibujes el círculo, recita:

"Por la tierra y la sombra, el espíritu y el hueso,

Llamo a las voces, pero estoy solo".

Unción del espacio:

Con el aceite de solanáceas, unge las cuatro esquinas de tu círculo, así como tu piedra de obsidiana negra. El aceite invita a los espíritus y mejora tu conexión con el Nether. Al ungir la piedra, di:

"Aceite de sombra, dulce flor de la muerte,

Abre la puerta a la penumbra del Inframundo.

Encendido de las velas:

Coloca las dos velas negras en lados opuestos de tu espacio de trabajo, simbolizando el umbral entre los vivos y el Inframundo. Enciéndelos, diciendo:

"Velas de sombra, arden tan brillantes,

Guía a los espíritus a través de la noche".

Llamando a los Espíritus:
Sostén la pluma de cuervo en una mano y la piedra de obsidiana en la otra. Estas herramientas te anclarán al mundo de los espíritus y te ayudarán a recibir sus voces. Párate en el centro del círculo y canta el Conjuro:
"Voces en lo profundo del redil de la sombra,
Di tus verdades, tanto las oscuras como las antiguas.
Espíritus abisales, levántate y resuena,
A través de esta voz, que abunde la sabiduría".
Mientras cantas, siente la energía del Inframundo agitarse a tu alrededor. Visualiza nieblas oscuras y etéreas reuniéndose a medida que los espíritus del más allá comienzan a darse cuenta de tu llamado.

La Ofrenda:
Coloca la ofrenda de plata o hueso al pie de la piedra de obsidiana. Esta ofrenda sirve como pago a los espíritus por compartir su sabiduría. Al colocar la ofrenda, diga:
"Por voces antiguas, profundas y frías,
Toma esta ofrenda, pura y audaz.
Di tus verdades, susurra cerca,
Desde el Inframundo, te invito aquí.

Adivinación con vino oscuro o agua nocturna:
Vierta una pequeña cantidad de vino oscuro o agua de noche (infundida con hierbas) en un tazón. Este líquido actuará como un medio a través del cual los espíritus se comunicarán. Mira profundamente en el líquido, permitiendo que tu visión se suavice y tu mente se abra.

Escuchando la Voz del Inframundo:
Golpea la campana o el carillón de plata tres veces, cada sonido actúa como un llamado a los espíritus para que hablen. Luego, siéntate en silencio con la piedra de obsidiana colocada frente a ti, su energía actuando como un portal al Nether. Concéntrate en

cualquier sonido, sensación o susurro que surja. Es posible que escuche voces débiles, sienta una presencia o reciba mensajes intuitivos. A medida que los espíritus se comunican, puedes hacer preguntas específicas o simplemente permitirles hablar.

Grabación de los mensajes:

Mantén el pergamino y la tinta negra a mano para registrar cualquier percepción, palabra o imagen que te llegue durante el ritual. Escribe lo que percibas, sin importar cuán críptico o poco claro sea. Las voces del Nether a menudo se comunican en acertijos o símbolos, que se pueden decodificar más tarde.

Cerrando el velo:

Una vez que sientas que los espíritus han dicho todo lo que necesitan, agradéceles por su presencia. Toma la pluma de cuervo y agítala suavemente sobre la piedra de obsidiana para simbolizar el cierre del portal. Decir:

"Voces de las profundidades del abismo,
Regresa ahora a tu sueño sombrío.
Con agradecimiento me despido, tu sabiduría clara,
Vuelve a la noche, lejos de aquí.

Apagar las velas:

Apaga las velas negras en el mismo orden en que las encendiste, visualizando que el velo entre los mundos se cierra una vez más. Decir:

"Por la sombra y la llama, ahora libero,
Los espíritus regresan a tu antigua paz".

Sellando el círculo:

Desmantela el círculo de tierra del cementerio barriendo la tierra hacia afuera, simbolizando el final del ritual y el regreso al mundo físico. Esto asegura que los espíritus no permanezcan después de que se complete el hechizo.

Seguimiento:

Descansa y reflexiona: Después de realizar este poderoso hechizo, tómate un tiempo para descansar y reflexionar sobre cualquier mensaje o experiencia que hayas recibido. Los espíritus del Nether pueden tardar en revelar completamente su significado, así que mantén tu mente abierta en los días posteriores al ritual.

Enraízate: Es importante enraizar tu energía después de este hechizo, ya que se trata de poderosas fuerzas nigrománticas. Considera comer o tocar la tierra para volver a conectarte con el reino físico.

Advertencias:

No te demores demasiado: La energía del Nether puede ser abrumadora. Si en algún momento durante el ritual te sientes desequilibrada o incómoda, detente inmediatamente y cierra el velo.

Respeta a los espíritus: Ofrece siempre la moneda de plata o hueso como pago a los espíritus. Esto garantiza una interacción respetuosa y evita consecuencias no deseadas.

Límites claros: Asegúrate de que tu círculo esté lanzado correctamente y que tus velas no se apaguen antes del cierre del hechizo. Esto te protege de las energías malévolas.

Susurros de las Profundidades Olvidadas

Propósito:
El hechizo Susurros de las Profundidades Olvidadas permite al lanzador llegar a las capas más antiguas y olvidadas del Inframundo, donde residen las almas perdidas y los espíritus primordiales. Estos susurros llevan conocimientos olvidados, secretos del pasado profundo y verdades crípticas enterradas durante mucho tiempo en las brumas del tiempo. Este hechizo es ideal para descubrir sabiduría oculta, recibir revelaciones oscuras o comunicarse con espíritus antiguos.

Ingredientes:

Un cáliz azul profundo o negro: para representar las profundidades sin fondo de los reinos olvidados.

Una piedra lunar o un cristal de labradorita: para conectarse con la antigua energía espiritual y mejorar la intuición psíquica.

Un puñado de sal negra: para protegerse durante el hechizo y para protegerse de entidades negativas.

Un pequeño frasco de agua del océano o agua de un pozo profundo: simboliza las profundidades olvidadas y la energía del inframundo.

Tres velas azules – Representan las voces de las profundidades y el poder de la comunicación a través del velo espiritual.

Algas marinas o algas secas: para invocar la energía de los lugares profundos y ocultos.

Una pluma de ave nocturna – Para llevar los susurros de la noche y lo desconocido.

Un pequeño rollo de pergamino y tinta: para registrar cualquier mensaje o símbolo que llegue.

Una punta de cuarzo clara – Para amplificar los mensajes de las profundidades olvidadas.

Conjuro:

"Desde las profundidades donde yacen las sombras,
Los susurros atraviesan la noche y el cielo.
Voces olvidadas, perdidas y profundas,
Revela tus secretos, despierta del sueño".

Rendimiento:

Preparación del Espacio Sagrado:

Comienza limpiando tu espacio con la sal negra, espolvoreándola en un círculo protector a tu alrededor. Esto protegerá contra cualquier energía no deseada de las profundidades. Al hacerlo, diga:

"Sal negra, protege este espacio,
Guárdate de lo que no puedo rastrear".

Encendido de las velas:

Coloque las tres velas azules alrededor de su área de trabajo en forma de triángulo. Enciende cada vela, invocando a los espíritus de las profundidades para que revelen sus susurros. Al encender cada vela, diga:

"Vela azul, ilumina el camino,
Trae los susurros de las profundidades hoy".

Llamando a las profundidades:

Llena el cáliz con agua del océano o de pozo y sostén la piedra lunar o el cristal de labradorita sobre él. El cáliz representa los reinos

olvidados, y el cristal actúa como un conducto para conectarse con los espíritus antiguos. Mientras sostienes el cristal, canta:
"Desde profundidades desconocidas, te llamo,
Susurros perdidos bajo el mar.
Espíritus olvidados, te pido que te levantes,
Comparte tu voz, habla a través de los cielos".

Mientras cantas, visualiza a los antiguos espíritus despertando, sus susurros elevándose como niebla desde las profundidades sin fondo.

Ofrenda a las profundidades:
Toma una pizca de algas marinas secas y colócalas en el cáliz. Esta ofrenda simboliza el conocimiento profundo y oculto de los océanos y los reinos olvidados. A medida que lo ofrezca, diga:
"Hasta las profundidades, este regalo que doy,
Secretos perdidos, una vez más vivirán".

Invocación de los Susurros:
Sostén la pluma nocturna en tu mano y pásala sobre el cáliz. La pluma representa el aire que lleva los susurros a tu oído. Mientras lo haces, canta el Conjuro:
"Desde las profundidades donde yacen las sombras,
Los susurros atraviesan la noche y el cielo.
Voces olvidadas, perdidas y profundas,
Revela tus secretos, despierta del sueño".

Repite esto tres veces, sintiendo que la energía de los susurros se hace más fuerte a medida que comienzan a surgir.

Recibiendo los susurros:
Cierra los ojos y acerca el cáliz a tu cara. Respira la energía del agua y las algas marinas, permitiendo que las voces antiguas entren en tu mente. Escuche atentamente cualquier sonido, pensamiento o imagen débil que surja. Estos son los susurros de las profundidades olvidadas, hablando a través del velo del tiempo.

Sostenga la punta de cuarzo transparente en su otra mano para amplificar la conexión, lo que lo ayuda a escuchar y comprender mejor los mensajes que se comunican.

Grabación de los mensajes:

Cuando comiences a sentir los susurros, abre los ojos y registra con tinta cualquier símbolo, frase o pensamiento que surja en el pergamino. Los mensajes pueden ser crípticos, así que escríbelos exactamente como llegan, sin importar cuán fragmentados o poco claros parezcan. A menudo, su significado se hace evidente más tarde.

Adivinando las aguas:

Si sientes que los susurros no son lo suficientemente claros, también puedes usar el agua del cáliz para adivinar. Mira hacia la superficie del agua, deja que tu mente se relaje, y permite que las visiones o susurros de las profundidades se revelen a través de las ondas y reflejos. Es posible que veas caras, símbolos o sombras en movimiento dentro del agua.

Cierre del portal:

Una vez que hayas recibido los susurros, es importante cerrar el portal a las profundidades. Sostén la pluma sobre el cáliz una vez más y di:

"Voces de las profundidades, volved al sueño,
Secretos hablados, ahora los guardo.
Por agua y pluma, ahora cierro,
Descansa en sombras donde nada crece".

Visualiza la energía de las voces olvidadas retirándose a los reinos profundos y ocultos.

Sellando el hechizo:

Apaga las velas azules, una por una, mientras agradeces a los espíritus por su guía. Decir:

"Por la llama y el mar, por la sal y el cielo,
Les agradezco por el conocimiento cercano.
Volver a las profundidades, invisibles, desconocidas,

Sello este hechizo, tus susurros se muestran".

Espolvorea la sal negra restante sobre el cáliz para simbolizar el cierre de la puerta de entrada a las profundidades olvidadas.

Seguimiento:

Reflexiona sobre los susurros: Después de completar el hechizo, tómate un tiempo para reflexionar sobre los mensajes o imágenes que recibiste. Los susurros de las profundidades olvidadas son a menudo sutiles y pueden no tener sentido inmediato. Revisa tus notas más tarde para una mayor interpretación.

Conexión a tierra: Asegúrate de conectarte a tierra después del hechizo, ya que la energía de las profundidades puede hacer que te sientas desorientado. Sostenga un trozo de hematita o coma algo terroso para volver a concentrarse en el presente.

Advertencias:

Respeta las profundidades: Las profundidades olvidadas son misteriosas y poderosas. Siempre realiza este hechizo con respeto y precaución, ya que perturbar estas energías antiguas sin cuidado puede tener consecuencias no deseadas.

La protección es esencial: Asegúrese de lanzar un círculo protector fuerte con sal negra u otro elemento protector poderoso. Las voces de las profundidades a veces pueden atraer a entidades no deseadas.

Mantén el agua pura: El agua utilizada en este ritual debe ser tratada con respeto y no desechada descuidadamente. Viértelo en un cuerpo de agua natural o en la base de un árbol para devolverlo a la tierra.

La noche de los fantasmas de Endor

Propósito:
La Noche de los Fantasmas de Endor es un poderoso hechizo de invocación que se realiza durante la noche para invocar a los espíritus de los muertos. Este ritual permite al lanzador comunicarse con almas inquietas y fantasmas que merodean entre mundos. Es ideal para la adivinación, la búsqueda de la guía de los espíritus o la creación de una atmósfera embrujada con fines protectores. Este hechizo debe realizarse al amparo de la oscuridad, preferiblemente en luna nueva, cuando el velo entre los mundos es más delgado.

Ingredientes:

Un gran espejo plateado o negro: se utiliza para adivinar y para actuar como puerta de entrada al mundo de los espíritus.

Cuatro velas negras: para representar los rincones del reino de los espíritus.

Un puñado de tierra de cementerio – Para llamar a los muertos y anclar su presencia.

Un mechón de tu cabello – Un vínculo personal para atraer a los espíritus a tu energía.

Aceite de belladona: para ungir las velas y mejorar la conexión con el reino fantasmal.

Un hueso o cráneo (pequeño, simbólico) - Un símbolo de la muerte y los espíritus de los difuntos.

Una cadena o collar de plata: para atar a los espíritus dentro del círculo y evitar que deambulen.

Incienso de mirra e incienso – Para purificar el espacio e invitar a los espíritus con reverencia.

Una capa o velo oscuro: para protegerse de energías abrumadoras y enmascarar su presencia de fantasmas hostiles.

Un cuenco de plata con agua: para adivinar y reflejar las formas de los espíritus.

Conjuro:
"Fantasmas de la noche, os llamo cerca,
A través de la sombra y el velo, te invito aquí.
Espíritus inquietos, venid y quedaos,
En esta noche oscura, en el camino sombrío de la luna.
Rendimiento:
Preparando el espacio ritual:
En un lugar apartado y tranquilo, preferiblemente al aire libre o cerca de un cementerio, crea tu círculo. Comience colocando las cuatro velas negras en cada esquina (norte, sur, este, oeste) alrededor del círculo, con la tierra del cementerio esparcida en el centro. Esta suciedad actúa como un faro para los fantasmas.

A medida que creas el círculo, di:
"Por tierra y fuego, te convoco,
Espíritus de la noche, escuchad mi súplica.
Unción de las velas:
Unge las velas negras con aceite de belladona, moviéndolas desde la base hasta la mecha. Esto ayuda a abrir el camino para que entren los fantasmas. Al ungir cada vela, diga:
"Aceite de solanácea, flor de la muerte,
Saca espíritus de su tumba".
Enciende las velas, una por una, comenzando por el este y moviéndote en el sentido de las agujas del reloj.
Llamando a los fantasmas:

Sostenga el hueso o cráneo simbólico en su mano, frente al espejo plateado. El espejo actúa como un portal, mientras que el hueso sirve como un recordatorio de la muerte y la vida después de la muerte. Párate frente al espejo y canta el Conjuro:

"Fantasmas de la noche, os llamo cerca,
A través de la sombra y el velo, te invito aquí.
Espíritus inquietos, venid y quedaos,
En esta noche oscura, en el camino sombrío de la luna.

Mientras cantas, visualiza el espejo oscureciéndose, revelando sombras y formas tenues que se forman en su superficie. Estos son los espíritus que comienzan a responder a su llamado.

Ofreciendo el mechón de cabello:

Toma tu mechón de cabello y colócalo en la base del espejo. Esta ofrenda personal vincula tu energía con los espíritus, asegurándose de que se acerquen a ti. Decir:

"Por mi propia fianza, te convoco,
Los espíritus se acercan y me hablan".

Atar a los espíritus:

Coloca la cadena de plata alrededor del espejo o en el centro de tu círculo, formando un límite para mantener a los espíritus dentro del espacio ritual. Esta cadena asegura que los fantasmas no deambulen ni causen daño. Al colocar la cadena, diga:

"Atado por la plata, fuerte y verdadero,
Fantasmas de la noche, os convoco.

Incienso y Encubrimiento:

Enciende el incienso de mirra e incienso, permitiendo que el humo fragante se eleve y llene el aire. Este humo purifica el espacio y ayuda a guiar a los espíritus a tu presencia. Cubre tu cabeza con tu capa o velo oscuro para protegerte del exceso de energía espiritual. El velo también oculta tu identidad, para que los espíritus malignos no puedan aferrarse a ti. Decir:

"Humo de los muertos, se eleva y se arremolina,

Trae espíritus del inframundo".

Adivinación y Comunión:
Con el cuenco de plata con agua colocado frente al espejo, comienza el proceso de adivinación. Mira profundamente en el agua y luego en el espejo. Los espíritus pueden aparecer en el reflejo del agua o dentro del propio espejo. Es posible que vea figuras sombrías, rostros o movimientos débiles.

A medida que los espíritus se acercan, hazles preguntas, busca su guía o simplemente escucha sus historias. Usa el espejo para enfocar la energía y permite que los espíritus hablen a través de susurros en el viento o visiones en el agua.

Grabación de los mensajes:
Mientras los fantasmas hablan, ten a mano un pedazo de pergamino para registrar cualquier mensaje críptico o señal que transmitan. Los fantasmas a menudo se comunican en acertijos o fragmentos de recuerdos, por lo que es importante documentar todo a medida que llega.

Cerrando el Ritual:
Cuando hayas terminado de comunicarte con los espíritus, es importante enviarlos de regreso a su reino. Toma el hueso o el cráneo y colócalo de nuevo frente al espejo. Decir:
"Espíritus llamados desde la sombra y la llama,
Regresa ahora al lugar de donde viniste.
A través de este velo, te libero,
De vuelta a la noche, de la que huyes.

Apagar las velas:
Apaga las velas negras, una por una, en orden inverso (de oeste a este), mientras imaginas que el portal se cierra. A medida que apaga cada llama, diga:
"Extinguida la llama, y el círculo cerrado,
Te envío de regreso, donde crece la oscuridad".

Desmantelamiento del círculo:

Retira la cadena de plata y esparce la tierra del cementerio fuera del círculo, simbolizando la liberación de los espíritus de regreso a sus lugares de descanso. Asegúrate de que no queden restos de la energía ritual en el espacio.

Seguimiento:

Tierra:

Después de trabajar con espíritus, especialmente durante una invocación de esta magnitud, la conexión a tierra es esencial. Beba té de hierbas, coma algo nutritivo y sostenga una piedra de conexión a tierra como la hematita o la obsidiana para anclar su energía al mundo físico.

Limpieza:

Toma un baño de limpieza con sal o hierbas como la salvia para lavar cualquier energía espiritual persistente del ritual.

Oferta Gracias:

Deje una ofrenda (como vino, leche o pan) fuera o cerca de un cementerio como señal de respeto y agradecimiento a los espíritus por su presencia.

Advertencias:

Manéjelo con cuidado:

Este hechizo invoca espíritus inquietos y fantasmas. Realízalo siempre con el máximo respeto y precaución, ya que si no cierras correctamente el ritual, los espíritus pueden dejar a los espíritus vagando o apegados a ti.

Establece límites claros:

Asegúrate de que tu cadena de plata o círculo de unión sea fuerte y esté claramente definido, ya que esto ayuda a contener a los espíritus y evita que crucen a áreas indeseadas de tu vida.

Respeta a los espíritus:

Los espíritus a los que invocáis son a menudo aquellos que no han encontrado la paz. Sé respetuoso en tus preguntas e interacciones, ya que burlarte de ellos o antagonizarlos puede conducir a resultados negativos.

Vías espectrales de Endor

Propósito:
El hechizo Caminos Espectrales de Endor está diseñado para abrir un puente etéreo temporal entre el mundo físico y el reino espectral, permitiendo al lanzador caminar dentro del reino de los espíritus. Este hechizo le permite a uno obtener información del mundo de los espíritus, atravesar de manera segura entre dimensiones y explorar los caminos espectrales donde residen los fantasmas y las almas errantes. A menudo se usa para la adivinación, viajes espirituales o para buscar el conocimiento perdido de los muertos.

Ingredientes:

Una llave de plata: representa el desbloqueo de la puerta de entrada entre reinos.

Un manojo de salvia seca: para purificar y proteger el camino.

Cinco velas blancas: para iluminar el camino a lo largo del camino espectral.

Un cristal de cuarzo (preferiblemente transparente o ahumado) – Para canalizar la energía y guiarte a través del plano espectral.

Un pequeño frasco de agua de luna - Se recoge bajo la luna llena para simbolizar la luz en la oscuridad.

Un espejo o una piedra negra pulida: para actuar como portal entre reinos.

Un pedazo de tela blanca o gris: para simbolizar el velo que separa la vida de la muerte.

Una ramita de romero – Para el recuerdo y la conexión con los espíritus ancestrales.

Una campana o campanilla: para abrir y cerrar la vía espectral con el sonido.

Una túnica azul oscuro o negra: para ayudarte a mezclarte con las sombras del mundo espiritual.

Conjuro:
"Entre los mundos, busco el camino,
Donde las sombras caminan y los espíritus se balancean.
El camino de Endor ahora revelo,
A través del velo de la muerte, hago mi sello".

Rendimiento:
Creando el Espacio Sagrado:
Comience purificando su espacio con el paquete de salvia seca. Enciende la salvia y muévete en el sentido de las agujas del reloj alrededor de tu círculo, permitiendo que el humo limpie el área de cualquier energía negativa. Al hacerlo, diga:
"Con humo y salvia limpio este lugar,
Recorrer el camino de la gracia espectral".

Trazando el camino:
Coloca las cinco velas blancas en un semicírculo o en línea recta, dependiendo de cómo imagines la trayectoria espectral. Cada vela representa un punto de referencia en tu viaje a través del reino espiritual. Enciende las velas una por una, diciendo mientras lo haces:
"Luz del espíritu, guía mi camino,
A través de reinos sombríos donde los espíritus se extravían".

Desbloqueando el portal:
Sostenga la llave plateada en sus manos y mire hacia el espejo o la piedra negra pulida. El espejo o piedra sirve como puerta de entrada al reino espectral. Cierra los ojos y visualiza un camino

resplandeciente que se extiende más allá del velo del mundo físico. Mientras visualizas esto, canta el Conjuro:
"Entre los mundos, busco el camino,
Donde las sombras caminan y los espíritus se balancean.
El camino de Endor ahora revelo,
A través del velo de la muerte, hago mi sello".

Con la llave en la mano, "gírala" simbólicamente en el aire ante el espejo o la piedra, imaginando que estás abriendo la puerta de entrada. Es posible que sienta un cambio en el aire o una sensación de hormigueo cuando el portal comienza a abrirse.

Velando al viajero:

Toma la tela blanca o gris y colócala suavemente sobre tus hombros o cabeza, simbolizando el velo entre la vida y la muerte que estás a punto de cruzar. Esta capa actuará como tu protección y te permitirá navegar con seguridad por el camino espectral sin ser notado por espíritus hostiles. Al colocar el velo, diga:
"Velo de blanco, cúbreme bien,
A través de caminos espectrales donde habitan los espíritus".

Invocando a los Guías Espectrales:

Toma la ramita de romero y sostenla cerca de tu corazón. Esta hierba te conecta con los espíritus de tus antepasados o guías espectrales que pueden ayudarte en tu viaje. Cierra los ojos e invoca su ayuda, diciendo:
"Espíritus de la antigüedad, escuchad mi súplica,
Guía mis pasos, camina conmigo.
En el camino de Endor, a través de caminos sombríos,
Guíame hasta la luz del día".

Visualiza la presencia de tu(s) guía(s) llegando a tu lado, preparados para guiarte de manera segura a través del reino espectral.

Atravesando la ruta espectral:

Sostenga el cristal de cuarzo en su mano dominante y comience a caminar lentamente por el camino iluminado con velas. Concéntrate en tu respiración y deja que tu mente entre en un estado meditativo. Con cada paso, visualiza el camino espectral volviéndose más claro, extendiéndose ante ti como un camino brillante que conduce al reino fantasmal.

Mientras caminas, deja que el agua de la luna gotee en el suelo antes de cada vela, simbolizando la iluminación de tu camino. El agua actuará como un faro, asegurándose de que no te pierdas el rumbo. Decir:

"Por el agua y la luz encuentro mi camino,
A través de caminos espectrales, por la fuerza del espíritu".

Adivinación y recopilación de información:

Cuando sientas que has cruzado completamente al reino espectral, siéntate en el centro de tu camino a la luz de las velas. Coloca el cristal de cuarzo en el suelo frente a ti y mírate en el espejo o en la piedra negra pulida. Aquí es donde los espíritus te mostrarán visiones, mensajes u orientación.

Concéntrate en los reflejos o sombras dentro del espejo, permitiéndote estar abierto a lo que aparezca. Los espíritus pueden comunicarse a través de imágenes, símbolos o pensamientos susurrados. Tómese el tiempo para escuchar, absorber y registrar cualquier información que surja.

Regresando de la Senda Espectral:

Cuando hayas terminado tu viaje, párate y vuelve a mirar al espejo o a la piedra pulida. Agradece a los espíritus y guías que te ayudaron en el camino espectral. Decir:

"Espíritus de la antigüedad, os doy las gracias,
Por guiarme en todo lo que hago.
El camino se cierra, el velo se corre,
Vuelvo a la tierra hasta el amanecer de la próxima luna.

Toque la campana o el timbre tres veces para indicar el cierre del portal. A medida que suena la campanada final, visualiza la vía espectral disolviéndose y el velo entre los mundos cerrándose.

Apagar las luces:
Apaga cada una de las velas blancas, una por una, en orden inverso a cómo las encendiste. A medida que apaga cada llama, diga:
"La luz se desvanece, el camino está sellado,
El reino espectral ya no se revela".

Seguimiento:
Después de viajar a través del reino espectral, es esencial volver a conectarse con el mundo físico. Sostenga una piedra de conexión a tierra, como hematita o turmalina negra, y respire profundamente varias veces. También puede comer algo terroso como pan o tubérculos para anclarse.

Limpieza:
Lávate las manos y la cara con agua salada o toma un baño de sal para limpiarte de cualquier energía espectral persistente.

Reflexión:
Escribe cualquier mensaje, visiones o experiencia que hayas encontrado en el camino espectral. A menudo, es posible que el significado de lo que vio no se aclare hasta más tarde, por lo que es importante documentarlo todo.

Advertencias:

Proceda con precaución:
El hechizo Caminos espectrales de Endor te lleva al reino de los espíritus, que puede ser impredecible. Siempre lanza amuletos protectores, como usar el velo y llevar el cristal de cuarzo, para evitar ser visto o seguido por espíritus malévolos.

No te demores demasiado:
Permanecer en el reino espectral durante un período prolongado puede desorientarte, lo que dificulta el regreso al mundo físico. Siempre establezca la intención de regresar antes de que comience el ritual y siga el camino de regreso con el mayor cuidado.

Respeta a los espíritus:

Los espíritus, especialmente los que se encuentran en los caminos espectrales, deben ser tratados con respeto. Si no se honran o se trata el viaje con ligereza, se podrían establecer vínculos espirituales no deseados.

Mira fantasma de Endor

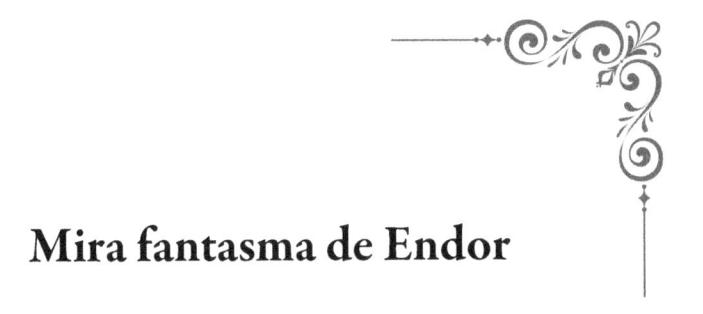

Propósito:
La Visión Fantasma de Endar otorga al lanzador la capacidad de ver e interactuar con espíritus, fantasmas y energías invisibles durante un breve período. Al canalizar los poderes espectrales de Endor, este hechizo aumenta tu conciencia espiritual, permitiéndote percibir los reinos fantasmales que normalmente permanecen ocultos a los ojos de los mortales. Es ideal para nigromantes, médiums o aquellos que buscan descubrir los secretos del mundo espiritual.

Ingredientes:

Un pedazo de piedra lunar o labradorita: mejora la visión psíquica y la conexión con el mundo espiritual.

Un pequeño espejo: actúa como una ventana al plano espectral.

Tres velas moradas – Representa el tercer ojo y la vista espiritual.

Artemisa seca: una hierba utilizada para mejorar las habilidades psíquicas e inducir visiones.

Un frasco de agua consagrada – Para limpiar y abrir el tercer ojo.

Un paño negro – Para cubrir el espejo hasta el momento de la revelación.

Una ramita de lavanda – Para protegerse durante el ritual.

Un cáliz o copa de plata – Para contener el agua consagrada.

Una pizca de sal – Para la conexión a tierra y la purificación.

Incienso de sándalo y enebro – Para abrir los caminos espirituales.

Conjuro:
"Por el velo levanto, la vista busco,
A través del poder de Endor, mi visión alcanza su punto máximo.
Espíritus, sombras, fantasmas cercanos,
Revélense a sí mismos, en la verdad, aparezcan".
Rendimiento:
Limpieza del Tercer Ojo:
Comienza ungiendo tu frente, específicamente el área de tu tercer ojo, con unas gotas de agua consagrada. Mientras haces esto, cierra los ojos y concéntrate en la intención de abrir tu visión interior. Decir:
"Con agua pura, limpio mi vista,
Ver el mundo más allá de la noche".
Preparando el Círculo Ritual:
Coloca las tres velas moradas en una formación triangular a tu alrededor, con el pequeño espejo en el centro, cubierto por la tela negra. Enciende las velas una por una, diciendo:
"Las llamas de la vista, arden brillantes y claras,
Abre el camino para los espíritus cercanos".
Quemando la artemisa:
Enciende un pequeño manojo de artemisa seca y agítalo por el espacio, concentrándote especialmente en el área cerca de los ojos y la frente. La artemisa te ayudará a activar tus sentidos psíquicos y te preparará para la visión. A medida que el humo se eleva, canta:
"Hierba de los sueños, de la visión clara,
Levanta el velo, acércate a los espíritus".
Cargando la piedra lunar:
Sostén la piedra lunar o labradorita en tu mano dominante, cargándola con tu intención de ver más allá de lo físico. Cierra los ojos y visualiza un tercer ojo que se abre en el centro de tu frente, brillando con luz. Mientras lo haces, canta el Conjuro:
"Por el velo levanto, la vista busco,

A través del poder de Endor, mi visión alcanza su punto máximo.
Espíritus, sombras, fantasmas cercanos,
Revélense a sí mismos, en la verdad, aparezcan".

A medida que la piedra se carga de energía, colócala frente al espejo cubierto.

Desvelando el espejo:

Retira la tela negra del espejo, simbolizando el levantamiento del velo entre los mundos. Mira profundamente en la superficie reflectante, permitiendo que tus ojos se suavicen y tu mente entre en un estado meditativo. Respira lenta y profundamente, concentrándote en tu conexión con lo invisible.

Invocando la Mira Fantasma de Endor:

Coloca una pizca de sal en el cáliz de plata y llénalo con unas gotas de agua consagrada. Sostenga el cáliz con ambas manos y diga:

"Por la sal y el agua, pura y brillante,
Invoco la visión fantasmal.
Espíritus y sombras, a ti llamo,
Muéstrame ahora lo que no puedo ver.

Bebe del cáliz, simbolizando la activación interna de tus sentidos psíquicos. Visualiza la energía de la sal y el agua despejando las barreras entre tú y el reino espiritual.

Abriendo los Caminos Espirituales:

Enciende el incienso de sándalo y enebro, permitiendo que su humo suba y llene la habitación. Este humo actúa como un puente entre el mundo físico y el espiritual, acercando a los espíritus. Mientras arde el incienso, di:

"Incienso de espíritu, sube y baja,
Abre el camino, escucha mi llamado.
Visión fantasmal, ahora veo,
Espíritus de Endor, venid a mí.

A medida que el humo se espesa, es posible que comience a notar cambios sutiles en la atmósfera: brisas frescas, luces parpadeantes o movimientos sombríos. Estas son señales de que los espíritus están cerca.

Adivinando con el espejo:

Enfoca tu atención en el espejo una vez más, usándolo como una ventana al plano espectral. Mira profundamente en el reflejo, permitiendo que tus ojos se suavicen y tu mente se calme. Los espíritus pueden comenzar a aparecer en el espejo, ya sea como sombras fugaces, imágenes tenues o incluso figuras claras, dependiendo de su sensibilidad. Mantente abierto a cualquier forma que aparezca y sé paciente.

Si buscas respuestas u orientación, ahora es el momento de hacer preguntas a los espíritus. Pueden comunicarse a través de símbolos, imágenes en el espejo o susurros que resuenan en su mente.

Cerrando el Ritual:

Cuando sientas que has visto lo que se necesitaba, es hora de cerrar el camino. Toca suavemente el espejo con las yemas de los dedos, sintiendo la superficie fría como una forma de volver a conectarte con el mundo físico. Decir:

"A la vista de los espíritus, te agradezco mucho,

Cierro el camino, rompo el hechizo.

Regresa ahora, a las sombras profundas,

No busco más, termino este salto".

Cubre el espejo una vez más con la tela negra, que simboliza el cierre de la puerta.

Apagar las velas:

Apaga cada una de las velas moradas una por una, diciendo:

"Llama de la vista, cierro tu luz,

La visión del Espíritu, se desvanece de la noche".

Seguimiento:

Tierra:

Después de asomarse al reino espectral, es importante conectarse a tierra. Sostenga una piedra de conexión a tierra, como turmalina negra o hematita, y respire profundamente. Comer algo abundante, como pan o fruta, también te ayudará a anclarte de nuevo al mundo físico.

Llevar un diario de la experiencia:

Inmediatamente después del ritual, escribe todo lo que viste, sentiste o escuchaste durante tu experiencia de vista fantasma. Los espíritus a menudo se comunican de manera críptica, y sus mensajes pueden no ser claros hasta que reflexiones sobre ellos más tarde.

Limpieza del espacio:

Para limpiar cualquier energía espiritual residual, espolvorea sal alrededor del área ritual o quema un poco de salvia o palo santo.

Advertencias:

Cuidado con la sobreestimulación:

Mirar hacia el reino espectral puede ser abrumador, especialmente si tu tercer ojo no está acostumbrado a la intensidad de las visiones espirituales. Si te sientes mareado, desorientado o inquieto, cierra el ritual de inmediato y conéctate a tierra.

Protección de uso:

Incluya siempre elementos protectores como sal, lavanda o agua consagrada cuando trabaje con espíritus para asegurarse de estar protegido de cualquier entidad negativa o dañina.

No prolongue la vista:

Extender el ritual por mucho tiempo puede causar apegos espirituales no deseados o visiones persistentes que son difíciles de sacudir. Siempre termina el hechizo una vez que hayas logrado tu objetivo.

El rito de caminar espiritualmente de la bruja

Propósito:
El Rito de Caminar Espiritualmente de la Bruja permite al lanzador abandonar temporalmente su cuerpo físico y viajar en el reino de los espíritus. Este ritual se utiliza para explorar dimensiones espirituales, comunicarse con espíritus, buscar orientación en el otro mundo o descubrir verdades ocultas. Proporciona la capacidad de moverse libremente entre los espíritus mientras mantiene el cuerpo físico seguro y anclado.

Ingredientes:

Una daga ceremonial o athame: para crear un círculo protector y cortar simbólicamente el velo entre los reinos.

Una vela negra: representa lo desconocido y el viaje a la oscuridad del reino espiritual.

Una vela blanca: simboliza la pureza y la protección durante el paseo espiritual.

Un cuenco de sal – Para purificación y puesta a tierra.

Un cuenco con agua: para simbolizar la fluidez y la facilidad de viaje del espíritu.

Un pedazo de obsidiana – Para la conexión a tierra y la protección contra entidades malévolas.

Una ramita de artemisa: mejora los estados de sueño y la conciencia psíquica.

Una almohada o cojín pequeño y cómodo: para que el cuerpo físico descanse durante el paseo espiritual.

Un talismán o amuleto personal: para garantizar un regreso seguro al cuerpo físico.

Un pedazo de pergamino y bolígrafo: para registrar cualquier mensaje o información recibida.

Conjuro:
"A través del velo sombrío y el reino invisible,
Voy más allá de donde he estado.
Por el poder de la bruja, la gracia del espíritu,
Camino por los reinos y encuentro mi lugar".

Rendimiento:

Preparación del Espacio Ritual:

Busque un espacio tranquilo y tranquilo donde no lo interrumpan. Coloca la almohada o cojín donde descansarás durante el ritual. Coloca las velas blancas y negras en cada extremo del espacio, creando un camino de luz. Enciende las velas, enfocándote en el contraste entre la oscuridad y la luz, simbolizando el equilibrio entre el mundo físico y el espiritual. Al encender las velas, diga:

"Luz y oscuridad, yo establezco la escena,
Caminar donde las sombras yacen invisibles".

Creación del círculo protector:

Usando la daga ceremonial o athame, traza un círculo alrededor del área donde vas a mentir. Al hacerlo, visualiza una barrera protectora que se forma alrededor del espacio, protegiéndote de cualquier entidad no deseada. Decir:

"Círculo de poder, escudo y guardia,
Protege mi camino, el guardián de mi espíritu".

Purificación y puesta a tierra:

Coloque una pequeña cantidad de sal en el recipiente con agua. Revuelve la sal en el agua mientras la visualizas purificando y

energizando el espacio. Espolvorea la mezcla alrededor del perímetro del círculo para limpiar y santificar la zona. Al hacerlo, canta:
"Sal y agua, purifica esta tierra,
Guárdame a salvo, donde se encuentran los espíritus".
Mejora de la conciencia psíquica:
Enciende la artemisa y deja que su humo llene el espacio. Inhala profundamente para mejorar tu conciencia psíquica y preparar tu mente para el paseo espiritual. Sostenga la pieza de obsidiana en sus manos y concéntrese en su energía de conexión a tierra. A medida que inhala el humo de la artemisa, diga:
"Hierba de los sueños, guíame a través,
La fuerza de la obsidiana, mantenme fiel".
Establecer la intención:
Siéntese cómodamente en la almohada y sostenga su talismán o amuleto personal en sus manos. Concéntrate en la intención de tu caminar espiritual, ya sea para buscar orientación, descubrir verdades ocultas o simplemente explorar el reino espiritual. Cierra los ojos y visualiza una puerta o portal que se abre frente a ti. Mientras lo haces, recita el Conjuro:
"A través del velo sombrío y el reino invisible,
Voy más allá de donde he estado.
Por el poder de la bruja, la gracia del espíritu,
Camino por los reinos y encuentro mi lugar".
Entrando en el Reino de los Espíritus:
Túmbate en la almohada y permítete relajarte profundamente. Imagina que tu espíritu se eleva desde tu cuerpo físico y atraviesa el portal que visualizaste. Imagínate moviéndote libremente entre los espíritus, explorando los reinos de lo invisible. Confía en tu talismán para mantenerte conectado con tu ser físico y garantizar tu regreso seguro.
Explorando y comulgando:

Mientras estás en el reino de los espíritus, puedes encontrarte con espíritus, guías u otras entidades. Acércate a ellos con respeto y apertura. Usa tu pedazo de pergamino y bolígrafo para anotar cualquier mensaje, visión o percepción que te llegue. Permítete experimentar plenamente el viaje y sé receptivo a lo que se te presente.

Volviendo al Reino Físico:

Cuando estés listo para regresar, visualízate a ti mismo moviéndote de regreso a través del portal y volviendo a entrar en tu cuerpo físico. Concéntrate en reconectarte con tus sentidos físicos y conectarte a tierra. Al regresar, diga:

"De vuelta a través del velo y el vuelo del espíritu,
Vuelvo a la tierra, a la luz de vigilia.
Sano y salvo, termino este vagabundeo,
Vuelve a unirte a mi cuerpo, vuelve a casa".

Conexión a tierra y reflexión:

Siéntate lentamente y respira profundamente unas cuantas veces para conectarte a tierra. Sostén la obsidiana para ayudar a estabilizar tu energía. Reflexiona sobre las experiencias y mensajes recibidos durante tu caminar espiritual. Registre sus ideas en el pedazo de pergamino para futuras referencias.

Cerrando el Ritual:

Apaga las velas blancas y negras una por una, diciendo:

"Llama de espíritu, cierro tu luz,
Termina este paseo, trae de vuelta la noche".

Si usaste incienso, asegúrate de apagarlo por completo también.

Seguimiento:

Es crucial conectarse completamente a tierra después de una caminata espiritual. Además de sostener la obsidiana, coma una comida pequeña o un refrigerio para ayudar a restablecer su conexión con el mundo físico.

Limpieza:

Limpia tu espacio y a ti mismo de cualquier energía espiritual persistente. Puedes hacerlo rociando sal alrededor de tu habitación o tomando un baño de sal.

Diario:

Escribe cualquier visión, mensaje o sentimiento que hayas experimentado durante el paseo espiritual. Esto le ayudará a procesar y comprender los conocimientos obtenidos.

Reposo:

Permítete un tiempo para descansar y recuperarte después del ritual. Caminar espiritualmente puede ser mental y físicamente agotador, así que asegúrate de descansar lo suficiente.

Advertencias:

Garantice la seguridad:

El reino de los espíritus puede ser impredecible. Utilice siempre medidas de protección, como el círculo protector y el talismán, para protegerse.

Evite las ausencias prolongadas:

Caminar espiritualmente durante mucho tiempo puede hacer que tu cuerpo físico sea vulnerable. Limite la duración de su viaje espiritual para evitar riesgos potenciales.

Respeta a los espíritus:

Interactúa con los espíritus de manera respetuosa y cautelosa. Evite hacer demandas o actuar de manera agresiva, ya que esto puede atraer entidades negativas.

El conjuro de los perdidos de Endor

Propósito:
El Conjuro de los Perdidos de Endor es un hechizo diseñado para invocar espíritus que se han perdido en el más allá o que han quedado atrapados entre reinos. Este hechizo se utiliza para contactar con almas errantes, buscar su guía y ayudarlas a encontrar la paz o descubrir conocimientos ocultos. Se puede emplear para comunicarse con espíritus que pueden tener asuntos pendientes o necesitar ayuda en la transición a la próxima vida.

Ingredientes:

Una pluma negra: simboliza la conexión del alma perdida con el reino espiritual.

Un puñado de tierra de cementerio – Representa el umbral entre la vida y la muerte.

Una pieza de cuarzo transparente – Para mejorar la comunicación con los espíritus.

Tres velas negras: para atraer a los espíritus perdidos y guiarlos a tu círculo.

Un cuenco de plata: para contener ofrendas para los espíritus.

Romero seco – Para protegerse durante la invocación.

Un pequeño frasco de agua de lluvia – El agua como medio para la comunicación espiritual.

Un objeto personal o ficha del difunto (si corresponde): para anclar el espíritu que está tratando de invocar.

Un anillo de sal: para proteger al lanzador de cualquier espíritu malicioso o no deseado.

Incienso de mirra e incienso – Para abrir las puertas espirituales y llamar a los perdidos.

Conjuro:

"Espíritus errantes, perdidos en la noche,

Oye mi voz y presta atención a mi vista.

Por la llamada de Endor, te convoco,

Ven ahora y háblame.

Rendimiento:

Limpieza del espacio:

Comienza espolvoreando un anillo de sal alrededor del área donde realizarás el ritual. Esto creará un límite protector, asegurando que solo el espíritu que invoques pueda entrar en el círculo. Mientras espolvorea la sal, diga:

"Por sal, por círculo, ordeno,

Sólo los espíritus verdaderos permanecerán".

Encendido de las velas:

Coloque las tres velas negras en una formación triangular alrededor de su área de trabajo. Ilumina cada uno lentamente mientras te enfocas en atraer a las almas perdidas del reino espiritual. Al encender cada vela, diga:

"Llama para guiar al alma errante,

Ilumina su camino, hazlos íntegros".

Consagrar el espacio con incienso:

Enciende la mirra y el incienso de incienso y haz flotar el humo sobre la zona. El humo actúa como un puente entre los mundos, ayudando a acercar a los espíritus perdidos. A medida que el humo se eleva, visualiza las puertas espirituales abriéndose. Decir:

"El incienso se eleva, el velo ahora es delgado,

Los perdidos, venid, sed atraídos hacia adentro".

Colocación de la ofrenda:

En el cuenco de plata, coloca la tierra del cementerio, que simboliza la conexión con los difuntos. Agregue unas gotas de agua de lluvia a la tierra, mezclando los elementos de tierra y agua para crear un medio fuerte para el contacto con el espíritu. Coloca una pluma negra en la parte superior como ofrenda a los espíritus. Si tienes un objeto personal que pertenezca al espíritu perdido, colócalo cerca del tazón. Decir:

"La tierra y el agua, la vida y la muerte,
Pluma de espíritu, guía su respiración".

Cargando el cuarzo:

Sostén el cuarzo transparente en tu mano dominante, infundiéndole tu intención de comunicarte con los perdidos. Visualiza la piedra brillando con una luz etérea que actuará como un faro para el espíritu errante. Decir:

"Cuarzo de claridad, piedra de vista,
Saca a los perdidos de la noche sin fin".

Llamando a los Perdidos:

Siéntate en el centro de tu círculo protector. Cierra los ojos y concéntrate en los espíritus perdidos, ya sea en general o en el espíritu específico con el que deseas contactar. Comienza a cantar el Conjuro, hablando claramente y con intención:

"Espíritus errantes, perdidos en la noche,
Oye mi voz y presta atención a mi vista.
Por la llamada de Endor, te convoco,
Ven ahora y háblame.

Repite el Conjuro tres veces, y luego siéntate en silencio, permaneciendo abierto a cualquier señal de la llegada del espíritu. Es posible que sientas un escalofrío, escuches susurros débiles o veas destellos de luz, estas son señales de que el espíritu está cerca.

Comulgar con el Espíritu:

Una vez que sienta la presencia del espíritu, puede hacer preguntas o solicitar orientación. Habla en voz alta, ya que el espíritu puede comunicarse a través de movimientos sutiles, cambios en el entorno o incluso mensajes telepáticos. Mantén el cuarzo transparente cerca de ti, ya que amplificará tu capacidad para recibir la comunicación del espíritu.

Ayudando a los perdidos:

Si el espíritu parece atrapado o confundido, ofrécele paz diciendo:

"Perdí a uno, escucha mi llamado,
Encuentra tu descanso más allá del muro.
El camino está abierto, toma tu vuelo,
Deja este mundo, a la luz".

Puede ofrecer el romero como una hierba protectora para ayudar al espíritu a encontrar su camino.

Cerrando el Ritual:

Cuando esté listo para cerrar la conexión, rocíe suavemente un poco de agua de lluvia sobre la tierra del cementerio, simbolizando el final de la invocación. Decir:

"Espíritu, te doy gracias, ahora vuelve,
Este hechizo termino, las llamas ardo".

Apaga las velas negras una por una, cerrando la puerta entre los mundos mientras lo haces. Finalmente, toma la pluma negra y entiérrala cerca de un árbol o en un jardín como ofrenda a los espíritus.

Seguimiento:

Limpiar el espacio y a ti mismo:

Después de invocar a un espíritu perdido, es esencial limpiar el espacio para eliminar cualquier energía persistente. Quema salvia o palo santo y espolvorea más sal alrededor de la habitación. Por tu parte, toma un baño limpiador con sal marina o lavanda para eliminar cualquier energía espiritual residual.

Tierra:

Al igual que con todo trabajo espiritual, la conexión a tierra es vital. Sostenga una piedra de conexión a tierra como la turmalina negra o coma una comida nutritiva para regresar completamente al mundo físico.

Ofrece gratitud:

Si el espíritu te brindó orientación o ayuda, ofrécele una pequeña muestra de gratitud, como una vela encendida en su nombre o un pedazo de pan que se dejó afuera para las criaturas de la naturaleza.

Advertencias:

La protección es clave:

Nunca realice este hechizo sin el círculo de sal u otras medidas de protección. Los espíritus pueden ser impredecibles, y algunos pueden ser traviesos o malévolos.

Respeta a los espíritus:

Trata a los espíritus que invoques con respeto. A menudo están perdidos, confundidos o buscando ayuda. Acércate a ellos con amabilidad y paciencia, o pueden agitarse.

Sepa cuándo detenerse:

Si te sientes abrumado, mareado o notas que entra energía negativa en el espacio, termina el ritual de inmediato. Apaga las velas, cierra el ritual y realiza una limpieza a fondo.

Sombras de los ancestros

Propósito:
El hechizo Sombras de los ancestros invoca a los espíritus de antepasados olvidados hace mucho tiempo para ofrecer sabiduría, orientación y protección. Estos espíritus antiguos, aunque distantes, poseen un vasto conocimiento y llevan el poder de épocas pasadas. Este ritual permite al lanzador conectarse con las energías profundas y ancestrales, revelando verdades ocultas y aprovechando la fuerza de aquellos que vinieron antes.

Ingredientes:

Hueso o piedra antigua: representa la conexión con los antepasados antiguos.

Un manto o velo oscuro – Simboliza la sombra de los antepasados y el paso del tiempo.

Tres velas de color púrpura oscuro – Para invocar el misterio y la sabiduría de los antiguos.

Un cuenco de tierra – De un sitio sagrado o ancestral, para anclar las energías.

Hojas secas de tejo o roble: árboles sagrados vinculados al conocimiento antiguo y a los muertos.

Un frasco de agua de luna – Cargado bajo la luna llena para la intuición y la conexión espiritual.

Un trozo de cuarzo u obsidiana ahumada – Para ayudar a abrir los caminos a las sombras antiguas.

Una campana o carillón – Para llamar a las sombras del más allá.

Un espejo de plata – Para mirar al pasado y recibir visiones de la sabiduría ancestral.

Una reliquia personal o un objeto relacionado con tu linaje: fortalece la conexión con los espíritus antiguos.

Conjuro:

"Espíritus de antaño, sombras del tiempo,
Los antiguos, más allá de los mejores.
A través del velo y de la noche, te llamo,
Sombras de los Antiguos, venid a mí.
Rendimiento:

Preparación del Espacio Ritual:

En un espacio tranquilo y sagrado, coloque las tres velas moradas en un triángulo alrededor de su área de trabajo. En el centro del triángulo, coloca el cuenco de tierra, que representa la conexión a tierra con los espíritus ancestrales. El espejo de plata debe colocarse frente a ti para que lo veas, y tu reliquia personal debe estar cerca como un vínculo con tus antepasados.

Encendido de las velas:

Enciende las velas moradas una por una, invocando la presencia de las antiguas con cada llama. Al encender cada vela, diga:

"Por la llama, por la sombra, por la vista antigua,
Trae a los antepasados a esta noche".

Llevar el manto o velo:

Cubre tus hombros con la capa o velo oscuro, simbolizando tu viaje a las sombras del pasado. A medida que te lo pones, imagina que los siglos se desvanecen y los espíritus de los antiguos se agitan en respuesta a tu llamado. Decir:

"Capa de noche, sombra de sabiduría,
Camino con los que han venido antes".

Ofrenda a los Antiguos:

Coloque las hojas secas de tejo o roble en el cuenco de tierra como ofrenda a los espíritus antiguos. Añade unas gotas de agua de luna en la tierra, simbolizando la unión de la intuición espiritual con las energías del pasado. Decir:

"La tierra y el árbol, el agua y la piedra,
Ofrezco este regalo a aquellos que se conocen desde hace mucho tiempo".

Cargando el cuarzo ahumado u obsidiana:

Sostenga el cuarzo ahumado o la obsidiana en sus manos y concéntrese en abrir los caminos entre su mundo y el de los espíritus antiguos. Visualiza la piedra dibujando en la energía de tus antepasados, llamando a sus sombras a la superficie. Decir:

"Piedra de sombras, puerta al pasado,
Abre el velo, deja que su sabiduría dure".

Llamando a las sombras:

Toca la campana o el timbre tres veces, dejando que el sonido resuene en el espacio. A medida que las vibraciones de la campana persisten en el aire, comienza a cantar el Conjuro:

"Espíritus de antaño, sombras del tiempo,
Los antiguos, más allá de los mejores.
A través del velo y de la noche, te llamo,
Sombras de los Antiguos, venid a mí.

Repite el Conjuro hasta que sientas la presencia de las antiguas sombras que crecen a tu alrededor. Puede sentir un escalofrío, ver sombras cambiantes o sentir un peso de energía atemporal en la habitación.

Comulgando con los Antiguos:

Una vez que sientas la presencia de los antiguos, sostén el espejo plateado y mira su superficie. Concéntrese en las sombras, observando si hay movimiento o visiones. Habla con los espíritus, pidiéndoles su sabiduría o guía. Es posible que vea símbolos, imágenes o escuche susurros débiles. Permite que las sombras antiguas se comuniquen a su manera, ya sea a través de la visión o la sensación.

Recibir el conocimiento:

A medida que se comunica con los espíritus antiguos, sostenga su reliquia o artículo personal, sintiendo que la conexión se profundiza. Presta atención a cualquier información o mensaje de las sombras, ya que pueden venir en forma de símbolos crípticos o respuestas directas. Cuando sientas que has recibido su sabiduría, expresa tu gratitud diciendo:

"Ancianos de la sombra, os doy las gracias ahora,
Por la sabiduría concedida, al terminar mi voto".

Cerrando el Ritual:

Cuando esté listo, sople suavemente las velas una por una, agradeciendo a cada espíritu a medida que las suelta. Decir:

"La llama al humo, la sombra a la noche,
Antiguos, os deseo un vuelo pacífico.

Deja el cuenco de tierra con la ofrenda en tu altar o entiérralo cerca de un árbol antiguo como último gesto de respeto.

Seguimiento:

Después de trabajar con energías tan profundas y poderosas, es esencial conectarse a tierra. Coma algo nutritivo y sostenga un cristal de conexión a tierra como hematita o turmalina negra para estabilizar su energía.

Limpieza del espacio:

Quema salvia o palo santo para limpiar el espacio y eliminar cualquier energía persistente de las sombras antiguas. Esto restablecerá el equilibrio y asegurará que no queden espíritus no deseados.

Reflexión y Diario:

Tómese el tiempo para anotar cualquier visión o percepción recibida durante el ritual. Los mensajes de los antiguos pueden desarrollarse con el tiempo, por lo que es importante documentarlos para futuras reflexiones.

Advertencias:

Respeto a los antiguos:

Los espíritus antiguos no deben ser convocados a la ligera. Acércate a ellos con reverencia y respeto, ya que llevan el peso de muchas vidas y pueden ser impredecibles si no se les respeta.

Medidas de protección:

El cuarzo u obsidiana ahumado y el manto sirven de protección durante el ritual. Asegúrate de permanecer dentro de tu círculo de velas y ten en cuenta cualquier energía inesperada o signos de espíritus malévolos. Si algo se siente mal, cierre el ritual de inmediato.

Evite el uso repetido en poco tiempo:

Este hechizo aprovecha poderosas energías ancestrales y no debe usarse en exceso. Dé tiempo entre los rituales para evitar recurrir demasiado a estos espíritus antiguos.

Invocación del Ocaso de Endor

Propósito:
La Invocación del Ocaso de Endor es un poderoso ritual que se utiliza para invocar las profundas y misteriosas fuerzas de la noche y la sombra. Invoca las energías de la oscuridad para brindar protección, perspicacia y poder al lanzador, lo que les permite manejar las antiguas fuerzas de lo invisible y acceder al conocimiento oculto. Este hechizo se realiza mejor al anochecer o durante la oscuridad de la luna, cuando el velo entre los mundos es más delgado.

Ingredientes:

Un paño de seda negra: simboliza la noche y el envoltorio de fuerzas ocultas.

Siete velas negras: para representar las siete etapas de la noche y guiar el poder de la oscuridad.

Un puñado de flores solanáceas – Para canalizar la potencia de la noche.

Un frasco de tinta negra: para escribir sigilos y dibujar en las fuerzas oscuras.

Cristal de obsidiana o ónix negro: una piedra de protección y energía de sombra.

Un cuenco de plata lleno de agua de luna - Agua cargada bajo la luna nueva, para la limpieza y la conexión con la noche.

Una ramita de artemisa: para mejorar la visión psíquica y abrir el tercer ojo.

Incienso de pachulí y mirra – Para crear un espacio para que las sombras se reúnan.

Una llave o pieza de hierro: simboliza la apertura de puertas y la protección contra entidades más oscuras.

Un anillo de sal o arena negra: para formar una barrera protectora durante la invocación.

Conjuro:
"El descenso de la noche, el ascenso de la sombra,
La llamada de Endor bajo un cielo oscuro.
Al anochecer y al anochecer, te convoco,
El poder de la sombra, ven a mí."

Rendimiento:
Preparación del espacio:
Comience por establecer su área ritual en un lugar oscuro y tranquilo, preferiblemente al aire libre o en un espacio iluminado solo por la luz de las velas. Coloca las siete velas negras en un círculo a tu alrededor, simbolizando las etapas de la noche. Coloca el paño de seda negra en el centro del círculo como foco de tu espacio de trabajo.

Creación del círculo protector:
Espolvorea el anillo de sal o arena negra alrededor de tu área de trabajo para formar una barrera protectora. Esto mantendrá alejadas a las entidades y energías no deseadas. A medida que creas el círculo, canta:

"Por el borde del círculo, trajo la línea,
Protégeme ahora, esta noche es mía".

Encendido de las velas:
Encienda las velas negras una por una, comenzando desde el este y moviéndose en el sentido de las agujas del reloj. Al encender cada vela, diga:

"Canario de noche, saca la sombra,
Con la llamada de Endor, la noche está hecha.

Consagración del espacio:

Enciende el pachulí y el incienso de mirra y deja que el humo suba y llene el espacio. A medida que el incienso se quema, usa la obsidiana o el ónix negro para trazar un sello de protección en el aire sobre ti, visualizando las sombras que se reúnen y se arremolinan alrededor del espacio. Decir:
"Humo y piedra, protege este rito,
Por el velo de la sombra, invoco a la noche".

Invocación de las fuerzas del Ocaso:
Coloque las flores de solanáceas sobre la tela de seda negra como ofrenda a los espíritus de la noche. Vierte unas gotas de agua de luna del cuenco de plata sobre las flores, consagrándolas en nombre de la oscuridad. Sostén la obsidiana en tu mano dominante, concentrándote en las sombras que se acumulan en los bordes de tu visión. Comienza a cantar el Conjuro:
"El descenso de la noche, el ascenso de la sombra,
La llamada de Endor bajo un cielo oscuro.
Al anochecer y al anochecer, te convoco,
El poder de la sombra, ven a mí."

Repite el Conjuro tres veces, visualizando las energías del anochecer que se hacen más fuertes con cada repetición.

Canalizando la energía:
Mientras cantas, visualiza las fuerzas de la oscuridad reuniéndose a tu alrededor, arremolinándose en forma de sombras y niebla. Estas energías no son malévolas, sino antiguas, poderosas y misteriosas. A medida que se reúnen, siente su poder protector y perspicaz entrando en tu cuerpo, llenándote con el conocimiento de la noche. Es posible que sientas una quietud cada vez más profunda, una presencia refrescante o incluso escuches susurros transportados por el aire nocturno.

Escribir el sigilo:
Sumerge tu dedo o una pluma en la tinta negra y dibuja un sello de noche y protección en la tela de seda negra. Este sigilo servirá

como punto focal para tu conexión con las energías del anochecer. A medida que dibujas, concéntrate en sellar el poder que has invocado dentro del sigilo. Decir:

"Sello de la noche, sostén el poder,
Oscuridad sellada en esta hora sagrada".

Mirando a las sombras:

Toma la obsidiana y colócala frente a ti, mirando su superficie oscura como si miraras las profundidades de la noche misma. Permite que tu mente divague en las sombras, abriéndose a cualquier visión o mensaje que la noche pueda revelar. La ramita de artemisa se puede colocar cerca de la frente o sostener en la mano para mejorar la visión psíquica. Quédate quieto, permitiendo que las sombras hablen y revelen sus secretos.

Cierre de la invocación:

Una vez que sientas que te has comunicado con las fuerzas del anochecer y has recibido su poder o guía, es hora de cerrar el ritual. Vierta el agua de luna restante sobre las flores solanáceas como signo de gratitud. Decir:

"Poderes del anochecer, te lo agradezco ahora,
Por la luna y la sombra, termino mi voto".

Apaga las velas negras una por una, imaginando que las sombras se retiran y sellan el poder dentro de ti y tu sigilo.

Seguimiento:

Tierra:

Trabajar con las fuerzas oscuras de la noche puede ser intenso. Después del ritual, conéctate comiendo algo abundante o sosteniendo una piedra de conexión a tierra como la hematita. Esto te ayudará a volver completamente al presente.

Limpieza del espacio:

Quema salvia o palo santo para limpiar el espacio de cualquier energía persistente, asegurándote de que las sombras que invocaste no permanezcan más allá de su bienvenida.

Sellado del sello:

Guarda el paño de seda negra con el sello en un lugar seguro, como debajo de la almohada o en el espacio del altar. El sello ahora tiene el poder de la noche y se puede usar para futuros trabajos de protección o perspicacia.

Advertencias:

Precaución con las solanáceas:

La solanácea es una planta tóxica, así que manéjala con cuidado. Use flores secas o representaciones simbólicas si es necesario.

Mantente dentro del círculo:

El círculo protector de sal o arena negra es crucial. No salgas de ella hasta que estés listo para cerrar el ritual, ya que las energías del anochecer pueden atraer espíritus o fuerzas no deseadas si no se contienen adecuadamente.

Respeta el poder de la noche:

Este hechizo apela a las fuerzas brutas de la oscuridad, que no son ni buenas ni malas, pero requieren respeto. Acércate a las energías del anochecer con humildad y precaución, ya que pueden revelar verdades poderosas, pero también pueden desafiarte.

Maldición vinculante del espectro

Propósito:
La Maldición Vinculante del Espectro es un poderoso ritual diseñado para atar a espíritus errantes o malévolos, evitando que causen daño o escapen al mundo material. Esta maldición se basa en las fuerzas oscuras de la energía espectral, encadenando el espíritu a un lugar u objeto específico. Es una maldición protectora que se usa cuando se trata de entidades inquietas, fantasmas malévolos o espíritus vengativos, asegurándose de que permanezcan contenidos e impotentes.

Ingredientes:

Un cordón o cadena negra: representa la fuerza de unión utilizada para atrapar al espectro.

Un fragmento de hueso o tierra de cementerio: una conexión con el mundo de los espíritus, que representa la muerte y la presencia del espectro.

Cuatro velas negras: para formar un cuadrado de confinamiento y convocar energía oscura.

Un trozo de obsidiana – Para proteger y sellar la maldición.

Un frasco de sal – Para crear una barrera que el espectro no pueda cruzar.

Un pedazo de pergamino y tinta negra: para inscribir el nombre o símbolo del espectro.

Una campana o un pequeño timbre – Para invocar al espectro para que se ata.

Un frasco de tu propia sangre o una ofrenda sustitutiva: para potenciar la maldición y hacer que la atadura sea permanente.

Un espejo: para reflejar la energía del espectro y atraparlo dentro de los límites de la maldición.

Incienso ardiente de mirra y sangre de dragón: para purificar el espacio y atraer fuerzas espectrales.

Conjuro:
"Por hueso y cadena, por sal y llama,
Espectro, te ato a este nombre.
Por el puño de la sombra, tu voluntad es mía,
Atado y encadenado para siempre".

Rendimiento:
Preparando el espacio ritual:

En un área tranquila y poco iluminada, coloque las cuatro velas negras en forma de cuadrado, formando los límites de la maldición. Coloca el espejo en el centro del cuadrado para que actúe como reflejo y trampa para la energía del espectro. Espolvorea un anillo de sal alrededor de la plaza para crear una barrera protectora que contendrá al espectro durante el ritual.

Encendido de las velas:

Enciende cada una de las velas negras, comenzando desde la vela en el norte y moviéndote en el sentido de las agujas del reloj. A medida que enciendes cada vela, canta:

"Llama de sombra, llama de noche,
Ata este espíritu a tu luz".

Llamando al espectro:

Toca la campana o el carillón tres veces para llamar al espectro. A medida que el sonido resuena en el espacio, siente la presencia del espectro atraído por el círculo ritual. Sostenga el fragmento de hueso o tierra de cementerio en su mano para fortalecer la conexión con el mundo espiritual. Decir:

"Por el hueso y la tierra, por el vuelo de la sombra,
Te llamo, espectro de la noche.

Nombrando al espectro:

En el pedazo de pergamino, escriba el nombre del espectro o inscriba un símbolo que represente al espíritu si su nombre es desconocido. Usa tinta negra para dibujar el sello de encuadernación. A medida que escribas, concéntrate en la energía y la intención del espectro, atrayéndolo hacia el sigilo. Si no conoces el nombre, visualiza el espíritu claramente y escribe la palabra "Espectro" como sustituto.

La atadura con el cordón o la cadena:

Toma el cordón o cadena negra y envuélvelo alrededor del pedazo de pergamino con fuerza, simbolizando que el espectro está atado a tu voluntad. Mientras envuelves el pergamino, canta el Conjuro:

"Por hueso y cadena, por sal y llama,
Espectro, te ato a este nombre.
Por el puño de la sombra, tu voluntad es mía,
Atado y encadenado para siempre".

Visualiza al espíritu encadenado, su movimiento restringido por la fuerza de tu voluntad. Es posible que sienta una pesadez o frialdad en el aire a medida que el espectro es atraído hacia la atadura.

Sellar la atadura con sangre:

Gotea unas gotas de tu sangre o de la ofrenda sobre el pergamino envuelto, sellando la maldición y haciendo que la atadura sea permanente. A medida que la sangre toca el pergamino, diga:

"Por la sangre, por la vida, por el sello sagrado,
Esta maldición está atada, este destino es real".

Visualiza el poder del espectro sellado dentro de la atadura, incapaz de liberarse.

Fortaleciendo la maldición con obsidiana:

Coloca la obsidiana encima del pergamino envuelto, solidificando la unión y protegiéndote de las represalias del espectro. La obsidiana actúa como un escudo, asegurando que la maldición se mantenga y que el espíritu no pueda dañarte a ti ni a otros. Decir:

"Piedra de la noche, aférrate firme y fuerte,

Mantén este espectro donde pertenece".

Cerrando el Ritual:

Una vez que el espectro esté completamente atado, apague cada vela una por una, moviéndose en sentido contrario a las agujas del reloj. Con cada vela que apagues, di:

"Llama a las tinieblas, espectro a la cadena,

Atado en la sombra, por mi reinado".

Después de que se hayan apagado todas las velas, tome el pergamino envuelto y entiérrelo en un lugar de poder, como debajo de un árbol o en un cruce de caminos, para finalizar la encuadernación. Asegúrate de que el círculo de sal permanezca intacto hasta que abandones el espacio para mantener el espíritu confinado durante todo el ritual.

Seguimiento:

Limpieza:

Una vez que se complete la unión, límpiese a sí mismo y a su espacio con salvia o palo santo para eliminar cualquier energía persistente del espectro. Esto también ayudará a restaurar el equilibrio y asegurará que no queden rastros del espíritu.

Protección:

Lleva contigo un trozo de obsidiana o turmalina negra durante varios días después del ritual para protegerte de cualquier energía espectral residual.

Eliminación del pergamino:

Si no es posible enterrar el pergamino, guárdelo en un lugar seguro y oculto. Bajo ninguna circunstancia se debe quemar el pergamino, ya que esto podría liberar al espectro de la encuadernación.

Advertencias:

No invoque sin necesidad:

La maldición vinculante del espectro solo debe usarse en situaciones en las que un espíritu esté causando daño o inquietud. Atar a un espíritu inofensivo o benigno puede causar consecuencias no deseadas, incluido el espíritu que se vuelve vengativo.

Asegure protecciones sólidas:

Antes de comenzar la maldición, asegúrese de que sus medidas de protección (como el círculo de sal y la obsidiana) estén en su lugar. Los espíritus pueden volverse agresivos cuando sienten que están a punto de ser atados, y sin protecciones fuertes, puedes ser vulnerable.

Nunca rompas la encuadernación:

Una vez que el espectro está atado, debe permanecer así. Intentar romper la atadura o liberar al espectro sin realizar un ritual de liberación adecuado puede hacer que regrese aún más fuerte y peligroso.

Maneja la ofrenda con cuidado:

Si eliges usar sangre como parte del ritual, asegúrate de que se haga de manera segura y con moderación. La ofrenda de sangre fortalece la maldición, pero no debe usarse imprudentemente.

Hechizo Canto Espectral de Endor

Propósito:
El Hechizo Canto Espectral del Endor es una invocación inquietante que invoca los lamentos y las voces de los antiguos espectros para que otorguen perspicacia, protección o invoquen aliados espectrales. El canto de los espectros, llevado a través del reino invisible, resuena con el poder de los muertos, proporcionando al lanzador visiones o guía de otro mundo, al tiempo que sirve como advertencia a los espíritus malévolos que se atreven a acercarse.

Ingredientes:

Una campana de plata – Para resonar con las voces de los espectros y canalizar su canto.

Una pluma negra: simboliza el vuelo de los espíritus y su conexión con el viento.

Un frasco de agua de luna – Se recoge bajo la luna llena, para mejorar la conexión con el reino etéreo.

Tres velas blancas: representan la luz pura que guía a los espectros.

Una ramita de lavanda seca: para protegerse contra los espíritus dañinos y atraer espectros benévolos.

Un fragmento de obsidiana: para actuar como foco del hechizo y proteger al lanzador.

Hilo o cordón de plata: para tejer la energía de los espectros en un símbolo físico.

Tierra de cementerio: para mejorar la conexión con el mundo de los muertos.

Quemar incienso de sándalo y artemisa – Para abrir el espacio para la comunicación espiritual.

Un espejo: se utiliza para reflejar el canto de los espectros y amplificar su mensaje.

Conjuro:
"Por la llamada de Endor y el lamento de los espectros,
A través del velo de la muerte, vuestras voces enviaron.
Con canto de dolor, canto de poder,
Llamo a los espectros en esta noche oscura.

Rendimiento:
Preparación del Espacio Ritual:
En una habitación tranquila y con poca luz, coloca las tres velas blancas en forma de triángulo, con el espejo en el centro. Enciende las velas una por una, visualizando sus llamas como faros para guiar a los espectros hacia tu llamado. El espejo actuará como un portal para que el canto de los espectros entre en el reino físico.

Creando el Círculo Sagrado:
Espolvorea un pequeño anillo de tierra de cementerio alrededor del arreglo de las velas. Este círculo actuará como un conducto entre los reinos de los vivos y los muertos. A medida que forme el círculo, diga:

"Tierra de muerte, puente de vida,
Abre ahora el velo de la noche".

Encendido del incienso:
Quema el sándalo y el incienso de artemisa, permitiendo que el humo suba y purifique el espacio. La fragancia del sándalo atraerá a los espíritus, mientras que la artemisa mejora la visión espiritual. A medida que el humo llena el aire, canta:

"Espectros de Endor, atended a mi llamado,
A través del humo y el velo, doy la bienvenida a todos".

Invocando a los Espectros:

Sostén la campana de plata en una mano y la pluma negra en la otra. Toca la campana suavemente tres veces, cada sonido resonando en el mundo invisible. El sonido de la campana sirve como una llamada a los espectros, convocándolos a prestar sus voces al hechizo. Mientras tocas la campana, visualiza a los espectros reuniéndose a tu alrededor, sus formas espectrales llevadas por el viento. Decir:

"Espectros que vagan, espectros que lloran,

Ven a mí, desde el sueño sombrío".

Infundir la pluma con la canción:

Sumerge la pluma negra en el agua de luna para impregnarla de la esencia de la noche. La pluma ahora actúa como conductora para el canto de los espectros. Sostén la pluma sobre el fragmento de obsidiana y concentra tu intención en atraer las voces de los espectros. Canta el Conjuro:

"Por la llamada de Endor y el lamento de los espectros,

A través del velo de la muerte, vuestras voces enviaron.

Con canto de dolor, canto de poder,

Llamo a los espectros en esta noche oscura.

Siente la energía del canto de los espectros fluyendo en la pluma y el fragmento de obsidiana, capturando sus voces etéreas.

Encuadernación de la canción:

Toma el hilo de plata y envuélvelo firmemente alrededor de la pluma negra, creando un recipiente físico para el canto de los espectros. A medida que ata la pluma, visualice la canción espectral entretejida en el hilo, capturada y sostenida por el poder del hilo y la obsidiana. Decir:

"Canción de los espectros, ahora te ato,

Dentro de esta pluma, selló mi voto".

Recibiendo el Canto Espectral:

Sostén la pluma atada cerca de tu corazón y siéntate en silencio, escuchando el canto de los espectros. Es posible que escuche susurros suaves, sienta una brisa fresca o vea visiones en el espejo. Permite que los espectros se comuniquen a través de su canto, guiándote con sabiduría desde el otro lado. Si buscas un mensaje u orientación específica, enfoca tu pregunta mientras sostienes la pluma.

Cerrando el hechizo:

Una vez que los espectros han impartido su mensaje o han completado su canto, es hora de cerrar el ritual. Espolvorea unas gotas de agua lunar alrededor del triángulo de la vela para liberar a los espectros de vuelta a su reino. Toca la campana de plata una vez más, señalando el final de la invocación. Decir:

"Espectros de Endor, tu canción ahora termina,

Regresa a la sombra, a los espíritus y a los amigos".

Apaga las velas

El ritual de invocación de la bruja

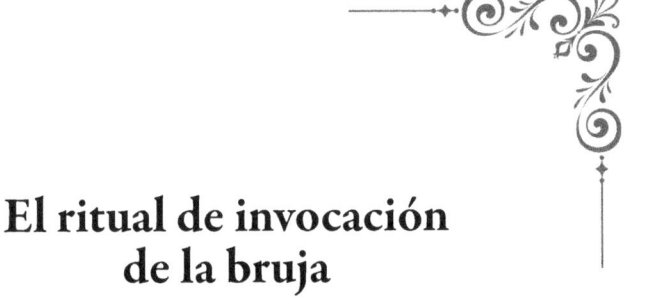

Propósito:
El Ritual de Invocación de la Bruja está diseñado para invocar espíritus, entidades o seres de más allá del velo. Este antiguo hechizo aprovecha profundas energías mágicas, lo que permite a la bruja convocar y comunicarse con fuerzas de otro mundo para obtener orientación, protección o conocimiento. La entidad convocada debe ser abordada con respeto y cuidado, ya que traerá sabiduría o peligro dependiendo de su naturaleza e intención.

Ingredientes:

Una vela negra: representa el vacío y la llamada de las fuerzas del más allá.

Un cuenco de plata lleno de agua – Simboliza el espejo del otro mundo y la puerta de entrada a través de la cual llega el espíritu convocado.

Un pedazo de pergamino y tinta negra: para inscribir el nombre o el sello de la entidad que se va a invocar.

Un pedazo de hematita o llave de hierro: brinda protección y mantiene a raya a los espíritus malévolos.

Una ramita de romero – Para la purificación y la comunicación segura con el ser convocado.

Tierra de cementerio o una ficha ancestral: un vínculo con el mundo de los espíritus y la vida después de la muerte.

Sal o arena negra: para crear un círculo protector y protegerse de las entidades dañinas.

Incienso de mirra y sándalo – Para purificar el espacio y hacerlo acogedor para la entidad convocada.

Un espejo: un portal para la aparición y el reflejo del espíritu.

Una ofrenda (vino, pan o miel) – Para honrar y complacer al espíritu convocado.

Conjuro:
"Por la luz de la luna y el abismo de la sombra,
A través del velo, llamo y busco.
Espíritu, escucha la súplica de esta bruja,
Sal y dime tu verdad".

Rendimiento:
Creando el Espacio Sagrado:
Elija un área tranquila y poco iluminada, preferiblemente por la noche o durante la hora de las brujas. Coloca el cuenco de plata lleno de agua en el centro de tu espacio ritual. Coloca la vela negra detrás del tazón, de modo que su llama se refleje en la superficie del agua, creando un brillo etéreo. Espolvorea un círculo de sal o arena negra alrededor de tu espacio ritual para formar una barrera de protección.

Encendido de las velas y el incienso:
Enciende la vela negra y el incienso de mirra y sándalo. A medida que el humo se eleva, imagínalo abriendo un camino entre los reinos físico y espiritual. Canto:
"El humo al cielo, la llama a la noche,
Abre el camino, revela la luz".

Consagrando el Espacio de Invocación:
Toma la llave de hematita o hierro y colócala frente al cuenco de plata. Este es tu talismán protector. Sumerge la ramita de romero en el agua y espolvorea el líquido alrededor del borde del círculo mientras cantas:
"Por la hierba y el agua, por la tierra y el fuego,

Consagro este espacio en tu nombre".

Preparando el sello de invocación:
En el pergamino, inscribe el nombre o el sello de la entidad que deseas invocar. Si no conoces el nombre de la especie, dibuja un símbolo que represente el tipo de entidad que buscas, ya sea un espíritu ancestral, un guardián o un guía. Dobla el pergamino y colócalo debajo del cuenco de plata. El agua actúa como una puerta de entrada a través de la cual aparecerá la entidad.

Ofrenda al Espíritu:
Coloque la ofrenda (vino, pan o miel) frente al tazón. Esto es para honrar a la entidad convocada y fomentar su buena voluntad. Decir:

"A ti te ofrezco, de corazón y de alma,
Espíritu, sal y toma tu papel".

Cantando el Conjuro de Invocación:
Mantén tus manos sobre el recipiente de agua y comienza a cantar el Conjuro de invocación. Mientras cantas, visualiza a la entidad siendo llamada a través del velo, su presencia se hace más fuerte. Siente cómo cambia el aire a tu alrededor a medida que el ser invocado se acerca:

"Por la luz de la luna y el abismo de la sombra,
A través del velo, llamo y busco.
Espíritu, escucha la súplica de esta bruja,
Sal y dime tu verdad".

Repite el Conjuro tres veces, concentrándote en la energía del ser invocado que entra en tu espacio.

Mirándose en el espejo:
Una vez que sientas la presencia de la entidad, sostén el espejo frente al recipiente con agua para que el reflejo de la llama de la vela baile en su superficie. Mírate en el espejo, atento a cualquier señal o imagen que pueda indicar la llegada de la entidad. Los espíritus a

menudo se comunican a través de reflejos, sombras o cambios sutiles en la llama de la vela.

Comunicándose con el Espíritu Invocado:

Cuando la entidad aparece o se siente su presencia, puede hacer sus preguntas o solicitar orientación. Mantén un tono respetuoso y una intención clara. La entidad puede responder a través de visiones, palabras o impresiones que recibes en tu mente. Ten paciencia, ya que los espíritus a menudo se comunican de maneras sutiles.

Cerrando el Ritual:

Una vez que se complete su comunicación, agradezca al espíritu convocado por su presencia y guía. Ofrece palabras de respeto:

"Te doy gracias, espíritu, por tu gracia,

Vuelve a las sombras, sal de este lugar".

Apaga la vela negra para cerrar la puerta entre los mundos, sellando el ritual. Mientras lo haces, imagina a la entidad regresando a su reino. Deja la ofrenda toda la noche en señal de gratitud.

Seguimiento:

Limpieza:

Después del ritual, limpia tu espacio con salvia o palo santo para asegurarte de que no quede energía residual. Espolvorea sal adicional alrededor del área si sientes la presencia de espíritus no deseados.

Conéctate comiendo algo terroso, como pan o nueces, para regresar completamente al mundo material. Los espíritus a veces pueden drenar energía, por lo que la conexión a tierra es esencial.

Eliminación del sigilo:

Entierra el pergamino o guárdalo en un lugar seguro si deseas volver a invocar a la entidad. Nunca quemes el sigilo, ya que puede romper el vínculo y permitir que la entidad deambule libremente.

Advertencias:

Elija sabiamente:

Sé consciente del espíritu o entidad que invocas. Apelar a seres o fuerzas malévolas que no puedes controlar puede conducir a resultados peligrosos. Asegúrate de conocer la naturaleza del espíritu o entidad que buscas invocar.

Respeta los límites:

Mantén siempre un círculo protector durante el ritual. Romper el círculo o no cerrar la invocación correctamente puede dejar al espíritu libre para vagar o incluso seguirte después del ritual.

Las ofrendas deben ser honradas:

No dejar una ofrenda o faltar el respeto a la entidad convocada puede enfurecerla. Los espíritus esperan un decoro ritual y un aprecio adecuados.

Consejo sombrío de Endor

Propósito:
El Consejo Sombrío de Endor es un hechizo de invocación utilizado por la bruja de Endor para convocar a una reunión de consejeros espectrales o espíritus antiguos. Estos seres sombríos proporcionan perspicacia, sabiduría y guía desde el más allá. Los miembros del consejo son a menudo espíritus de sabios, ancianos o maestros ocultistas fallecidos, cada uno de los cuales ofrece sus conocimientos sobre diferentes asuntos. Este ritual es particularmente potente cuando se buscan respuestas a dilemas espirituales o místicos complejos.

Ingredientes:

Siete velas negras: representan a los siete miembros del consejo y crean el límite para el ritual.

Un cáliz de plata u obsidiana lleno de agua de luna – Simboliza la naturaleza reflexiva de la sabiduría del consejo y la conexión con el reino espiritual.

Un pedazo de carboncillo o tinta negra – Para inscribir el sello del consejo.

Un pedazo de hueso o un artefacto antiguo: un conducto al pasado, que permite el acceso a la sabiduría de aquellos que han fallecido.

Un pequeño espejo plateado o negro: actúa como puerta de entrada para que los miembros del consejo manifiesten su presencia.

Hierbas: Artemisa y ajenjo: se utilizan para quemar para mejorar la comunicación con los espíritus y aumentar la visión psíquica.

Una campana o bastón: para señalar la llegada del consejo.

Limaduras de sal y hierro: para proteger y contener las fuerzas espirituales dentro del círculo.

Una ofrenda de vino, pan o leche: un regalo a los espíritus como gesto de respeto y gratitud.

Un círculo de tiza blanca o ceniza: se dibuja para formar una barrera protectora alrededor del espacio de invocación.

Conjuro:

"Sombras del pasado antiguo,
A través del velo, te llamo rápido.
Consejo de sabiduría, espíritus de la antigüedad,
Di tu verdad, deja que se desarrolle".

Rendimiento:

Preparando el espacio ritual:

En una habitación oscura y silenciosa, dibuja un círculo con tiza blanca o ceniza lo suficientemente grande como para que puedas sentarte adentro. Coloca las siete velas negras en puntos iguales alrededor del círculo, creando un heptágono. Las velas representan los siete asientos del Consejo Sombrío. Espolvorea una mezcla de sal y limaduras de hierro fuera del círculo de tiza para formar un límite protector.

Colocación del altar:

En el centro del círculo, coloca el cáliz de plata u obsidiana lleno de agua de luna. Junto a él, coloque el pequeño espejo y el hueso o artefacto antiguo, que actúan como puerta de entrada y conducto para los espíritus. Incienso ligero hecho de artemisa y ajenjo para mejorar tu conexión psíquica con el mundo espiritual.

Encender las velas y abrir el camino:

Enciende las velas negras una por una, moviéndote en el sentido de las agujas del reloj. Al encender cada vela, invoca la antigua sabiduría de los espíritus con este canto:
"Llama de noche, espíritu de luz,
Sal ahora, a la vista más oscura.
Siente cómo el espacio a tu alrededor se oscurece a medida que el velo entre los mundos comienza a adelgazarse.

Inscripción del Sello del Consejo:
En un pedazo de pergamino, inscriba el sello del consejo con carbón o tinta negra. Si no tienes el sigilo, dibuja un símbolo que represente la comunicación y la sabiduría de los muertos. Coloque el pergamino debajo del cáliz para anclar el ritual y convocar la presencia del consejo.

Invocando al Consejo Sombrío:
Toque el timbre o golpee a su personal tres veces para señalar la llegada del consejo. Mantén tus manos sobre el cáliz y el espejo, enfocando tu energía en convocar a los antiguos espíritus que una vez tuvieron una gran sabiduría. Comienza a cantar el Conjuro de invocación:
"Sombras del pasado antiguo,
A través del velo, te llamo rápido.
Consejo de sabiduría, espíritus de la antigüedad,
Di tu verdad, deja que se desarrolle".
Canta esto tres veces, permitiendo que la energía del consejo se manifieste en el círculo.

El Espejo de la Manifestación:
Sostén el pequeño espejo frente al cáliz y mira hacia sus profundidades. Los espíritus del Consejo Sombrío comenzarán a aparecer como figuras tenues, sombras o impresiones simbólicas en el reflejo. Es posible que sienta un escalofrío en el aire o vea las llamas de las velas parpadear mientras ocupan su lugar.

Ahora que el consejo está reunido, haga sus preguntas o presente su dilema. Los espíritus pueden responder en forma de susurros, visiones o pensamientos que surgen en tu mente. Cada espíritu se comunicará a su manera, estará abierto a recibir su guía, ya sea en formas sutiles o abiertas.

Ofreciendo el homenaje:

A medida que recibas la sabiduría del consejo, ofrece el vino, el pan o la leche para mostrar respeto y honor por su presencia. Vierte la ofrenda en el cáliz o colócalo en el centro del círculo, diciendo:

"A ti te ofrezco con gratitud pura,

Tu sabiduría y tu verdad, siempre seguras".

Sellando la salida del Consejo:

Una vez que hayas terminado de comunicarte con los espíritus, agradéceles por su guía y libéralos respetuosamente. Decir:

"Consejo de las sombras, vuelve a tu reposo,

Por mi voluntad, ahora lo pido.

Las sombras se desvanecen, vuelven a la noche,

Vete en paz, lejos de la vista".

Apaga las velas una por una, moviéndote en sentido contrario a las agujas del reloj, sellando el portal entre los mundos mientras extingues cada llama.

Seguimiento:

Limpieza:

Una vez finalizado el ritual, limpia tu espacio con salvia o lavanda para eliminar cualquier energía residual del mundo espiritual. Espolvorea un poco de sal en las cuatro esquinas de la habitación para sellar la energía.

Tierra:

Después de interactuar con espíritus tan poderosos, es importante conectarse a tierra. Come algo o sostén una piedra de hematita para llevar tu energía de vuelta al mundo físico.

Eliminación del sigilo:

El sello debe guardarse en un lugar seguro si deseas convocar al consejo de nuevo. Enterrar el sigilo debajo de un árbol o en una encrucijada también puede actuar como una ofrenda final a los espíritus si ya no deseas contactarlos.

Advertencias:

La protección es esencial:

Convocar un consejo de espíritus requiere fuertes medidas de protección. Asegúrese de que las limaduras de sal y hierro estén colocadas correctamente y que el círculo no se rompa antes de comenzar. Esto te protegerá de entidades malévolas que podrían intentar interferir.

Respeto y precaución:

El Consejo Sombrío son espíritus antiguos, a menudo sabios pero a veces impredecibles. Acércate a ellos con el máximo respeto y nunca exijas respuestas. En su lugar, solicite su orientación con humildad.

Nunca convoque sin necesidad:

Esta invocación está destinada a asuntos serios que requieren una profunda comprensión espiritual. Convocar al consejo para asuntos triviales puede enfurecer a los espíritus o atraer la atención no deseada de fuerzas más oscuras.

Cadenas de almas de Endor

Propósito:
El hechizo Cadenas de almas de Endor está diseñado para atar espíritus inquietos, entidades malévolas o almas perdidas a un lugar u objeto específico, evitando que causen daño o deambulen libremente. Este hechizo invoca los antiguos poderes de la bruja de Endor, utilizando cadenas arcanas para someter y controlar las fuerzas espirituales. A menudo se utiliza para protegerse de espíritus vengativos o para atrapar a una entidad para realizar más rituales o interrogatorios.

Ingredientes:

Cadena de hierro o eslabones de hierro: el hierro se ha asociado durante mucho tiempo con la protección y la contención de espíritus, simbolizando la fuerza vinculante del hechizo.

Una vela negra: representa la oscuridad y el control sobre las fuerzas etéreas.

Un pequeño espejo: sirve como un portal para el alma y ayuda a enfocar la energía vinculante.

Tierra o cenizas del cementerio: un vínculo directo con el mundo de los espíritus y el reino de los muertos.

Una gota de tu sangre o un objeto personal: para formar un vínculo de control sobre el espíritu.

Un cordón o hilo negro: simboliza las cadenas que mantendrán al espíritu en su lugar.

Un pedazo de hueso o hierba seca (salvia o romero): se usa para anclar el espíritu a un objeto o lugar específico.

Una campana o carillón: para convocar y atar al espíritu a la cadena.

Limaduras de sal y hierro: para la protección y contención del licor atado.

Un sello de unión (dibujado en pergamino) - Para concentrar la energía de la unión y fortalecer las cadenas.

Conjuro:
"Con cadena y fuego está atada tu voluntad,
Por la mano de hierro, eres encontrado, hacia la tierra.
Alma de las sombras, cesa tu vagabundeo,
En cadenas de hierro, estás en casa".

Rendimiento:

Creación del círculo de unión:

En un espacio aislado y tranquilo, dibuja un círculo de limaduras de sal y hierro en el suelo, lo suficientemente grande para ti y tus herramientas rituales. Este círculo forma un límite protector, manteniendo el espíritu contenido dentro del área una vez invocado.

Colocando el Altar de la Encuadernación:

Coloca la vela negra en el centro del círculo. Frente a la vela, coloque la cadena o los eslabones de hierro. Junto a la cadena, coloca el espejo para que refleje la llama de la vela. Espolvorea tierra de cementerio o cenizas alrededor de la cadena para reforzar la conexión con el mundo de los espíritus.

Encender la vela y preparar el ancla espiritual:

Enciende la vela negra, que representa tu control sobre la entidad invocada. Toma el hueso o la hierba y el cordón negro y átalos juntos, creando un ancla para el espíritu. Este elemento mantendrá el alma en su lugar una vez que esté atada por las cadenas.

Invocando al Espíritu:

Toca la campana o el carillón para abrir la conexión con el reino de los espíritus. Enfoca tu energía en invocar al espíritu o entidad específica que deseas atar. Di su nombre si lo sabes, o llama al alma perdida que buscas controlar. Canto:

"Espíritu de noche, escucha mi llamado,
A través de un velo sombrío, te ato a todos.
Ven ahora, escucha mi voluntad,
Alma de las tinieblas, quédate quieta".

Mientras cantas, mírate en el espejo y busca señales de la llegada del espíritu, ya sea un cambio de temperatura, el parpadeo de la vela o la formación de una sombra en el reflejo.

Atando el Alma con la Cadena:

Una vez que se sienta la presencia del espíritu, tome la cadena de hierro y envuélvala lentamente alrededor del hueso o ancla de hierba, atando simbólicamente la esencia del espíritu. Con cada bobina de la cadena, recita el Conjuro vinculante:

"Con cadena y fuego está atada tu voluntad,
Por la mano de hierro, eres encontrado, hacia la tierra.
Alma de las sombras, cesa tu vagabundeo,
En cadenas de hierro, estás en casa".

Visualiza al alma atada a la cadena, incapaz de escapar.

Sellar la encuadernación con sangre u objeto personal:

Para solidificar el vínculo entre tú y el espíritu, coloca una gota de tu sangre o un objeto personal (como un mechón de cabello o una prenda de vestir) en la cadena atada. Este acto forja un vínculo de control, asegurando que el espíritu no pueda liberarse sin tu permiso.

Concluyendo la vinculación:

Coloque el sello de unión debajo de la cadena de hierro, solidificando la conexión. Decir:

"Alma de sombra, descansa en este lugar,
Tu vagabundeo termina, estás contenido en la gracia.
Por el hierro y la llama, por la sal y la arena,

Te tengo aquí, por mis órdenes.
Apaga la vela negra, lo que significa que la atadura está completa y que el espíritu ahora está atado al objeto o ubicación.

Seguimiento:
Sellar el espíritu atado: Una vez completado el ritual, la cadena de hierro (o el objeto al que está atada) debe colocarse en un lugar seguro. Si deseas atar al espíritu a un lugar, entierra la cadena en el sitio o déjala en un lugar oculto cercano. Si está atado a un objeto, manténgalo en un lugar protegido, lejos de manos indiscretas.

Limpieza del espacio: Quema salvia o romero para limpiar cualquier energía persistente del ritual. Los espíritus a veces pueden dejar atrás energía residual, y esto ayudará a que su espacio vuelva a la normalidad.

Cierre de la puerta de entrada: Después del ritual, cierre la puerta de entrada al mundo de los espíritus esparciendo sal alrededor de la habitación y diciendo un conjuro final para cerrar el velo:

"El velo está sellado, la puerta cerrada,
Vuelve al descanso, tu camino está congelado".

Advertencias:
Es necesaria una fuerte protección:
Atar espíritus puede ser peligroso, especialmente si son malévolos. Asegúrate siempre de que tu círculo protector esté intacto antes de invocar al espíritu, y nunca lo rompas durante el ritual.

No subestimes la voluntad del espíritu:
Los espíritus pueden resistirse a atarse, especialmente si son fuertes o no están dispuestos. Si la atadura no se siente completa o el espíritu continúa manifestándose fuera de la cadena, es posible que deba repetir el ritual o usar elementos protectores más fuertes (como hierro, sal o talismanes adicionales).

Respeta el espíritu:
Aunque este hechizo ata al espíritu, es importante tratar a la entidad con respeto. El mal uso de este poder puede tener

consecuencias negativas, como atraer fuerzas malévolas o que el espíritu busque venganza cuando sea liberado.

El regreso del fantasma

Propósito:
El Regreso del Fantasma es un hechizo de invocación que permite a la bruja llamar a un espíritu o fantasma del reino de los muertos. Este hechizo se puede usar para reunirse con seres queridos perdidos, buscar la guía de antepasados fallecidos o recuperar un alma que se ha desviado de su camino. Es una invocación poderosa que debe realizarse con respeto e intención.

Ingredientes:

Una vela blanca – Representa la pureza y la luz del espíritu.

Un espejo: actúa como un portal para que el espíritu regrese.

Un objeto personal del espíritu (si está disponible): ayuda a crear una conexión más fuerte.

Lavanda o romero seco: para purificar e invitar a energías suaves.

Un pequeño cuenco de agua: simboliza la conexión emocional y el flujo entre mundos.

Sal - Para la protección y para enraizar las energías durante la invocación.

Un pedazo de pergamino: para escribir el nombre del espíritu o un mensaje.

Una campana o campanilla: para señalar la llegada del espíritu.

Un círculo de tiza blanca o sal – Para definir el espacio sagrado para el ritual.

Conjuro:

"Desde las sombras, te llamo a acercarte,

Espíritu de luz, te atraigo aquí.
Por la llama de la vela y el resplandor del espejo,
Vuelve a mí, deja fluir tu esencia".

Rendimiento:

Creando el Espacio Sagrado:

En un área tranquila y poco iluminada, usa la tiza o la sal para dibujar un círculo en el suelo. Este círculo servirá como tu espacio sagrado, protegiéndote de cualquier energía no deseada durante la invocación.

Montaje del altar:

Coloca la vela blanca en el centro del círculo. Coloca el espejo frente a la vela para que su reflejo capture la luz de la vela. Junto al espejo, coloca el cuenco con agua. Rodea estos artículos con lavanda o romero seco para purificarlos y invitarlos a la energía positiva.

Encendido de la vela:

Enciende la vela blanca, concentrándote en su llama. Tómate un momento para centrarte y preparar tu mente para la conexión con el espíritu. A medida que haces esto, visualiza la luz cada vez más brillante, iluminando el camino para que el fantasma regrese.

Llamando al Espíritu:

Sostenga el objeto personal (si tiene uno) y concéntrese en el espíritu que desea invocar. Si no tienes un artículo personal, simplemente concéntrate en el nombre del espíritu. Cuando esté listo, toque la campana o el timbre para indicar la invitación.

Cantando el Conjuro:

Con la vela encendida y el objeto en la mano, recita el Conjuro:
"Desde las sombras, te llamo a acercarte,
Espíritu de luz, te atraigo aquí.
Por la llama de la vela y el resplandor del espejo,
Vuelve a mí, deja fluir tu esencia".

Repite el Conjuro tres veces, permitiendo que tu voz resuene con intención y claridad.

Creación de la conexión:

Después de recitar el Conjuro, mírate en el espejo, invitando al espíritu a manifestarse. Es posible que veas sombras o reflejos que no sean los tuyos, mantente abierto a cualquier señal que aparezca.

Recibir el Fantasma:

A medida que el espíritu comienza a regresar, concéntrate en el recipiente de agua, permitiendo que actúe como un canal para la conexión emocional. Visualiza al espíritu entrando en el agua y luego emergiendo del espejo. Esté abierto a cualquier mensaje, sentimiento o visión que pueda surgir.

Escribir un mensaje:

Si tienes preguntas o mensajes específicos para el espíritu, escríbelos en el pedazo de pergamino. Una vez que hayas terminado de escribir, sostén el pergamino sobre la llama de la vela brevemente (teniendo cuidado de no prenderle fuego) para enviar tus palabras al éter como una ofrenda.

Cerrando el Ritual:

Una vez que tu comunicación esté completa, agradece al espíritu por su presencia. Toca la campana o el timbre para indicar la partida del espíritu. Decir:

"Gratitud por su visita de hoy,
Ahora eres libre, sigue tu camino.
A la luz de esta vela, te envío a casa,
Vuelve a descansar, ya no deambules".

Apaga la vela blanca para indicar el final del ritual.

Seguimiento:

Limpieza del espacio:

Después del ritual, limpia el área con humo de salvia o lavanda para eliminar cualquier energía persistente. Esto ayuda a enraizar el espacio y restablecer el equilibrio.

Enraizándose:

Tómese un momento para conectarse a tierra comiendo algo o sosteniendo una piedra de conexión a tierra, como hematita o turmalina negra. Esto ayuda a traer tu energía de vuelta al presente.

Eliminación del agua:
Vierte el agua en el exterior o en una planta, simbolizando el regreso del espíritu a la naturaleza y la conexión emocional que se libera.

Advertencias:
La intención es crucial:
Aborda siempre el trabajo espiritual con una intención clara y positiva. Las emociones negativas o las intenciones poco claras pueden atraer espíritus o energías no deseadas.

Medidas de protección:
Asegúrate de contar con medidas de protección antes de realizar este ritual. El círculo y la sal actúan como barreras, pero tu mentalidad también es clave para crear un espacio seguro.

Respeto al Espíritu:
Recuerde tratar al espíritu con respeto y gratitud. Evita exigir respuestas o tratar de controlar la voluntad del espíritu, ya que esto puede llevar a la discordia o a resultados negativos.

Juramento del caminante espiritual de Endor

El susurro de la bruja a los perdidos

Propósito:
El Susurro de la Bruja a los Perdidos es un suave hechizo de invocación diseñado para llegar a las almas perdidas o a los seres queridos fallecidos, lo que permite a la bruja enviar mensajes, ofrecer consuelo o buscar orientación. Este hechizo enfatiza la compasión y la conexión, creando un puente entre el mundo de los vivos y el espiritual.

Ingredientes:

Una vela azul pálido o blanca: simboliza la paz, la tranquilidad y la comunicación.

Un pedazo de pergamino o papel: para escribir tu mensaje al alma perdida.

Una pluma o flor (preferiblemente blanca) – Representa la pureza y la fragilidad de la vida.

Un pequeño cuenco de agua: simboliza las emociones y el flujo de la conexión.

Lavanda o manzanilla: hierbas secas para calmar la energía e invitar a los espíritus suaves.

Sal – Para protección y purificación.

Una campana o timbre suave: para señalar el comienzo y el final de la comunicación.

Un espejo: para reflejar la intención y conectarse con el mundo espiritual.

Un círculo de tiza blanca o sal – Para crear un espacio sagrado.
Conjuro:
"Te susurro, oh alma perdida cercana,
A la luz de las velas, te llamo aquí.
A través del fluir del agua y la gracia de las plumas,
Ven ahora, encuentra tu lugar".
Rendimiento:
Creando el Espacio Sagrado:
En un área tranquila, use tiza o sal para dibujar un círculo en el suelo, lo suficientemente grande como para que pueda sentarse cómodamente. Este círculo te protegerá durante el ritual.
Montaje del altar:
Coloca la vela azul pálido o blanca en el centro del círculo. Coloca el espejo frente a la vela para reflejar su luz. Coloca el recipiente con agua junto a la vela y espolvorea lavanda o manzanilla alrededor del espacio para crear un ambiente relajante.
Encendido de la vela:
Enciende la vela, enfocándote en la llama como un faro para el alma perdida. Visualiza la luz expandiéndose, creando un espacio seguro para la comunicación.
Escribiendo el mensaje:
Toma el pedazo de pergamino y escribe un mensaje sincero para el alma perdida. Puede ser una expresión de amor, una pregunta o un simple saludo. Mantén tu intención clara y compasiva.
Llamando al Alma:
Sostenga la pluma o la flor en sus manos como símbolo de su mensaje. Agítalo suavemente sobre el recipiente con agua, susurrando:
"Te susurro, oh alma perdida cercana,
A la luz de las velas, te llamo aquí".
Enfoca tu intención:

Mientras pronuncias el Conjuro, mírate en el espejo, permitiendo que la conexión se profundice. Visualiza el espíritu siendo atraído hacia la luz de la vela y la energía de tus palabras.

Recibiendo el susurro:
Después de cantar, coloque la pluma o la flor al lado de la vela y sostenga sus manos sobre el recipiente con agua, permitiendo que sus emociones fluyan libremente. Esté abierto a cualquier sentimiento, mensaje o señal que pueda surgir. Es posible que escuches susurros, veas imágenes o sientas una presencia.

Concluyendo el ritual:
Una vez que sientas que has recibido el mensaje o la conexión, agradécele al espíritu por su presencia. Toque el timbre o el timbre suavemente para indicar el final de la comunicación. Decir:

"Gratitud por su visita de hoy,
Ahora eres libre, sigue tu camino.
Con amor y luz, te envío a casa,
Vuelve a la paz, ya no deambules".

Apaga la vela para indicar la conclusión del ritual.

Seguimiento:

Limpieza del espacio:
Después del ritual, limpia el área con humo de salvia o lavanda para disipar cualquier energía persistente y devolver el equilibrio al espacio.

Enraizándose:
Tómese un momento para conectarse a tierra comiendo algo o sosteniendo una piedra de conexión a tierra, como cuarzo transparente o turmalina negra.

Eliminación del agua:
Vierte el agua en la tierra o en una planta, simbolizando el regreso del espíritu a la naturaleza y la conexión emocional que se libera.

Advertencias:

Mantén una intención positiva:

Aborda siempre el trabajo espiritual con una mentalidad positiva y compasiva. Las emociones negativas pueden atraer energías no deseadas.

Medidas de protección:

Asegúrate de que el círculo protector se mantenga durante todo el ritual. Si siente alguna molestia o energía negativa, concluya el ritual de inmediato.

Respeta el espíritu:

Trata el espíritu con amabilidad y respeto. Evite respuestas exigentes; En su lugar, expresa gratitud por su presencia y sus percepciones.

Círculo fantasmal de Endor

Propósito:
El Círculo Fantasmal de Endor es un poderoso ritual de invocación diseñado para invocar la presencia de espíritus para obtener orientación, protección o comunicación. Este hechizo crea un espacio sagrado que facilita el contacto con el mundo de los espíritus al tiempo que proporciona seguridad al practicante.

Ingredientes:

Una vela negra o morada oscura – Representa la conexión con el mundo espiritual y la protección.

Una vela blanca: simboliza la pureza y la comunicación con los espíritus benévolos.

Un círculo de sal o tiza: para crear una barrera protectora.

Un espejo: actúa como un portal al reino de los espíritus.

Salvia seca o lavanda: para purificar e invitar a energías suaves.

Un cuenco de agua: representa las emociones y el flujo entre mundos.

Una ofrenda (como un pequeño trozo de comida o una flor): para honrar a los espíritus e invitar a su presencia.

Una campana o carillón: para señalar el inicio y el final del ritual.

Un pedazo de pergamino y un bolígrafo – Para escribir mensajes o preguntas para los espíritus.

Conjuro:
"En el círculo trazado, te llamo,

Espíritus de luz, venid, libérenme.
Por la llama de la vela y el fluir del agua,
Te convoco, que se muestre tu presencia".

Rendimiento:

Creación del círculo protector:

En un espacio tranquilo, usa sal o tiza para dibujar un círculo grande en el suelo, lo suficientemente grande como para que puedas sentarte cómodamente. Este círculo te servirá como barrera protectora durante el ritual.

Montaje del altar:

Coloca la vela negra y la vela blanca en el centro del círculo. Enciende primero la vela negra, seguida de la vela blanca. Coloca el espejo frente a las velas, reflejando su luz, y coloca el recipiente con agua cerca. Espolvorea la salvia seca o lavanda alrededor de las velas para purificar el espacio.

Encendido de las velas:

A medida que enciendas cada vela, concéntrate en el propósito del ritual. La vela negra invita a la protección, mientras que la vela blanca abre el camino para la comunicación con los espíritus.

Llamando a los Espíritus:

Sostén la ofrenda en tus manos y visualízala como un gesto de respeto e invitación a los espíritus. Coloque la ofrenda en el suelo dentro del círculo, luego toque la campana o el carillón para señalar el inicio de la invocación.

Recitando el Conjuro:

Párate en el centro del círculo y canta el Conjuro:
"En el círculo trazado, te llamo,
Espíritus de luz, venid, libérenme.
Por la llama de la vela y el fluir del agua,
Te convoco, que se muestre tu presencia".

Repite el Conjuro tres veces, enfocándote en la energía y la intención detrás de tus palabras.

Enfoca tu intención:

Después de cantar, cierra los ojos y visualiza el reino espiritual que se abre ante ti. Siente la energía de las velas y el agua fluyendo, creando un puente entre tú y los espíritus.

Recepción de comunicaciones:

Permita que sus pensamientos se calmen y esté abierto a cualquier mensaje, sensación o visión que pueda surgir. Es posible que sienta un cambio de temperatura, escuche susurros o reciba información intuitiva. Si tienes preguntas, escríbelas en el pedazo de pergamino.

Concluyendo el ritual:

Una vez que sientas que has recibido orientación o comunicación, agradece a los espíritus por su presencia. Toque la campana o el carillón suavemente para señalar el final del ritual. Decir:

"Gratitud por su visita de hoy,

Ahora eres libre, sigue tu camino.

Con respeto y amor, te envío a casa,

Vuelve a la paz, ya no deambules".

Deje que las velas se apaguen de manera segura o apáguelas, comenzando con la vela blanca y luego la vela negra.

Seguimiento:

Limpieza del espacio:

Después del ritual, limpie el área con humo de salvia para disipar cualquier energía persistente y restaurar el equilibrio.

Enraizándose:

Tómese un momento para conectarse a tierra sosteniendo una piedra de conexión a tierra, como turmalina negra o cuarzo ahumado, y respire profundamente.

Disposición de la ofrenda:

Deseche la ofrenda respetuosamente, ya sea enterrándola en la tierra o dejándola en la naturaleza como muestra de gratitud a los espíritus.

Advertencias:

La intención es la clave:

Aborda siempre el trabajo espiritual con intenciones claras y positivas. La negatividad puede atraer energías no deseadas.

Medidas de protección:

Asegúrate de que el círculo protector se mantenga durante todo el ritual. Si siente alguna molestia, concluya el ritual de inmediato.

Respeta a los espíritus:

Trata a los espíritus con amabilidad y gratitud. Evite exigir respuestas; En su lugar, expresa agradecimiento por su presencia.

La invocación de las sombras

Propósito:
La Invocación de las Sombras es un ritual diseñado para invocar la energía de las sombras y los espíritus que habitan en los reinos invisibles. Este hechizo se puede usar para protección, guía o para aprovechar el poder de lo invisible. Enfatiza el respeto por los aspectos sombríos de la existencia y la sabiduría que tienen.

Ingredientes:

Una vela negra – Representa las sombras y la protección.

Una vela plateada o gris: simboliza el equilibrio y la fusión de la luz y la oscuridad.

Un cuenco de sal – Para purificación y puesta a tierra.

Un trozo de tela negra – Para crear un espacio para la energía de la sombra.

Un pequeño espejo: actúa como puerta de entrada al reino de las sombras.

Artemisa seca o ajenjo: para mejorar la intuición y conectarse con el mundo espiritual.

Un pedazo de pergamino y un bolígrafo: para escribir intenciones o mensajes.

Una campana o carillón: para señalar el inicio y el final del ritual.

Un círculo de tiza o sal – Para crear un espacio sagrado.

Conjuro:
"Desde las profundidades, llamo a la noche,

Las sombras se juntan, traen tu luz.
Por la llama de la vela y el abrazo de la sal,
Te convoco a este sagrado espacio".

Rendimiento:

Creando el Espacio Sagrado:

En un área tranquila y poco iluminada, use tiza o sal para dibujar un círculo en el suelo. Este círculo servirá como barrera protectora durante el ritual.

Montaje del altar:

Coloca la vela negra y la vela plateada en el centro del círculo. Enciende primero la vela negra, seguida de la vela plateada. Coloca el espejo frente a las velas, reflejando su luz. Coloque el tazón de sal y artemisa seca o ajenjo cerca.

Encendido de las velas:

A medida que enciendas cada vela, concéntrate en el propósito del ritual. La vela negra invita a las energías de la sombra, mientras que la vela plateada simboliza el equilibrio y la protección.

Llamando a las sombras:

Sostén las hierbas secas en tus manos y visualízalas mejorando tu conexión con las sombras. Colócalos cerca de las velas, luego toca la campana o el carillón para señalar el inicio de la invocación.

Recitando el Conjuro:

Párate en el centro del círculo y canta el Conjuro:

"Desde las profundidades, llamo a la noche,
Las sombras se juntan, traen tu luz.
Por la llama de la vela y el abrazo de la sal,
Te convoco a este sagrado espacio".

Repite el Conjuro tres veces, sintiendo cómo la energía se acumula con cada repetición.

Enfoca tu intención:

Después de cantar, cierra los ojos y visualiza las sombras que se arremolinan a tu alrededor, formando una barrera protectora. Permítete sentir la energía de las sombras y la sabiduría que llevan.

Recibir orientación:

Esté abierto a cualquier mensaje, sensación o visión que pueda surgir. Es posible que sienta una brisa fresca, escuche susurros o reciba información intuitiva. Si tienes preguntas o intenciones específicas, escríbelas en el pedazo de pergamino.

Concluyendo el ritual:

Una vez que sientas que has recibido orientación o conocimiento, agradece a las sombras por su presencia. Toque la campana o el carillón suavemente para señalar el final del ritual. Decir:

"Gratitud por su visita esta noche,

Las sombras se van, regresa a tu vuelo.

Con respeto y amor, te envío a casa,

En paz y silencio, ya no deambula".

Deje que las velas se quemen de manera segura o apáguelas, comenzando con la vela plateada y luego la vela negra.

Seguimiento:

Limpieza del espacio:

Después del ritual, limpie el área con humo de salvia o una pizca de sal para disipar cualquier energía persistente y restaurar el equilibrio.

Enraizándose:

Tómese un momento para conectarse a tierra comiendo algo o sosteniendo una piedra de conexión a tierra, como obsidiana o turmalina negra.

Disposición de las ofrendas:

Deseche las hierbas y los restos con respeto, ya sea enterrándolos o devolviéndolos a la naturaleza como gesto de gratitud.

Advertencias:

La intención es vital:

Acércate siempre al trabajo espiritual y a la energía de la sombra con intenciones claras y positivas. La negatividad puede atraer energías no deseadas.

Medidas de protección:

Mantén el círculo protector durante todo el ritual. Si siente alguna molestia o energía negativa, concluya el ritual de inmediato.

Respeta las sombras:

Trata a las sombras con amabilidad y respeto. Evite exigir respuestas; En su lugar, expresa gratitud por su presencia y sus percepciones.

Renacido maldito de Endor

Propósito:
El Retornado Maldito de Endor es un poderoso ritual diseñado para invocar a un retornado, el espíritu de una persona fallecida que ha regresado, a menudo con un propósito o mensaje específico. Este hechizo se puede usar para buscar conocimiento, resolución o para abordar asuntos pendientes del pasado.

Ingredientes:
Una vela negra: representa la conexión con el mundo espiritual y la protección.

Una vela roja: simboliza la fuerza vital y la energía del renacido.

Un cuenco de sal – Para purificación y puesta a tierra.

Un pedazo de pergamino: para escribir el nombre o el mensaje del retornado.

Salvia seca o mirra: para purificar e invitar a la claridad.

Un espejo: actúa como un portal para el regreso del retornado.

Una pequeña ofrenda (como una comida o flor favorita del difunto) – Para honrar el espíritu.

Una campana o carillón: para señalar el inicio y el final del ritual.

Un círculo de tiza o sal – Para crear un espacio protector.

Conjuro:
"Desde las profundidades, te llamo de vuelta,
Renacido de la noche, a través de las sombras, rastreo.
Por la llama de la vela y el abrazo de la sal,

Regresa a mí en este espacio sagrado".

Rendimiento:

Creando el Espacio Sagrado:

En un área tranquila y poco iluminada, use tiza o sal para dibujar un círculo grande en el suelo, proporcionando una barrera protectora durante el ritual.

Montaje del altar:

Coloca la vela negra y la vela roja en el centro del círculo. Enciende primero la vela negra para protegerte, seguida de la vela roja para simbolizar la fuerza vital del retornado. Coloca el espejo frente a las velas y coloca el cuenco de sal cerca. Espolvorea salvia seca o mirra alrededor de las velas para purificarlas.

Encendido de las velas:

Concéntrate en el propósito del ritual mientras enciendes las velas. Visualiza las energías que fluyen entre las velas y el espejo, creando un puente hacia el fantasma.

Ofrenda al fantasma:

Sostén la pequeña ofrenda en tus manos, visualizándola como un gesto de respeto e invitación. Coloque la ofrenda en el suelo dentro del círculo, luego toque la campana o el carillón para señalar el inicio de la invocación.

Recitando el Conjuro:

Párate en el centro del círculo y canta el Conjuro:

"Desde las profundidades, te llamo de vuelta,
Renacido de la noche, a través de las sombras, rastreo.
Por la llama de la vela y el abrazo de la sal,
Regresa a mí en este espacio sagrado".

Repite el Conjuro tres veces, sintiendo que la energía se acumula con cada repetición.

Enfoca tu intención:

Después de cantar, cierra los ojos y visualiza el espíritu del retornado moviéndose hacia ti a través del espejo. Permítete sentir la energía y la presencia del retornado.

Recepción de comunicaciones:
Esté abierto a cualquier mensaje, sensación o visión que pueda surgir. Es posible que escuches susurros, veas sombras en el espejo o sientas un cambio de temperatura. Si tienes preguntas o mensajes específicos, escríbelos en el pedazo de pergamino.

Concluyendo el ritual:
Una vez que sientas que has recibido orientación o perspicacia del retornado, agradece al espíritu por su presencia. Toque la campana o el carillón suavemente para señalar el final del ritual.
Decir:
"Gratitud por su visita esta noche,
fantasma, parte, regresa a tu vuelo.
Con respeto y amor, te envío a casa,
En paz y silencio, ya no deambula".
Deje que las velas se apaguen de manera segura o apáguelas, comenzando con la vela roja y luego la vela negra.

Seguimiento:
Limpieza del espacio:
Después del ritual, limpie el área con humo de salvia para disipar cualquier energía persistente y restaurar el equilibrio.

Enraizándose:
Tómese un momento para conectarse a tierra comiendo algo o sosteniendo una piedra de conexión a tierra, como hematita o turmalina negra.

Disposición de la ofrenda:
Deshazte de la ofrenda respetuosamente, ya sea enterrándola o devolviéndola a la naturaleza como un gesto de gratitud al retornado.

Advertencias:
La intención es esencial:

Aborda siempre el trabajo espiritual con intenciones claras y positivas. Las emociones negativas pueden atraer energías no deseadas.

Medidas de protección:

Asegúrate de que el círculo protector se mantenga durante todo el ritual. Si siente alguna molestia o energía negativa, concluya el ritual de inmediato.

Trata al retornado con amabilidad y respeto. Evite exigir respuestas; En su lugar, expresa gratitud por su presencia y sus percepciones.

Comando de la Reina Fantasma

Propósito:
Es un poderoso ritual que busca invocar la presencia y la sabiduría de la Reina Fantasma, un espíritu que encarna el conocimiento, el poder y la autoridad en el reino de lo sobrenatural. Este hechizo se puede utilizar para orientación, empoderamiento o para afirmar el control sobre el viaje espiritual de uno.

Ingredientes:

Una vela negra: representa la protección y la conexión con el reino espiritual.

Una vela morada – Simboliza el poder espiritual y la sabiduría.

Un cuenco de sal – Para purificación y puesta a tierra.

Un pedazo de pergamino y un bolígrafo: para escribir órdenes o intenciones.

Pétalos de rosa secos: para honrar la gracia y el poder de la Reina Fantasma.

Un pequeño espejo: actúa como un portal para la energía de la Reina Fantasma.

Una campana o carillón: para señalar el inicio y el final del ritual.

Un círculo de tiza o sal – Para crear un espacio protector sagrado.

Conjuro:
"Reina Fantasma, llamo a tu poder,
Guía mi camino a través de la oscuridad hacia la luz.
Por la llama de la vela y el abrazo de la sal,

Te convoco a este sagrado espacio".
Rendimiento:
Creando el Espacio Sagrado:
En un área tranquila, use tiza o sal para dibujar un círculo grande en el suelo, proporcionando una barrera protectora durante el ritual.
Montaje del altar:
Coloca la vela negra y la vela morada en el centro del círculo. Enciende primero la vela negra para protegerte, seguida de la vela morada para simbolizar el empoderamiento y la sabiduría. Coloca el espejo frente a las velas y coloca el cuenco de sal y pétalos de rosa secos cerca.
Encendido de las velas:
A medida que enciendas cada vela, concéntrate en la intención detrás del ritual. Visualiza la energía de las velas fusionándose para crear una poderosa conexión con la Reina Fantasma.
Preparación del comando:
Escribe tu orden o intención específica en el pedazo de pergamino. Sé claro y asertivo sobre lo que buscas de la Reina Fantasma.
Llamando a la Reina Fantasma:
Sostén los pétalos de rosa secos en tus manos como ofrenda y visualízalos como un gesto de respeto. Coloca los pétalos en el suelo dentro del círculo, luego toca la campana o el carillón para señalar el inicio de la invocación.
Recitando el Conjuro:
Párate en el centro del círculo y canta el Conjuro:
"Reina Fantasma, llamo a tu poder,
Guía mi camino a través de la oscuridad hacia la luz.
Por la llama de la vela y el abrazo de la sal,
Te convoco a este sagrado espacio".
Repite el Conjuro tres veces, sintiendo cómo la energía se acumula con cada repetición.

Enfoca tu intención:
Después de cantar, cierra los ojos y visualiza a la Reina Fantasma saliendo del espejo. Siente su presencia rodeándote, empoderándote con su sabiduría y fuerza.

Recibir orientación:
Esté abierto a cualquier mensaje, sensación o visión que pueda surgir. Es posible que sientas un cambio en la energía, escuches susurros o recibas percepciones intuitivas. Confía en cualquier sentimiento que surja como respuesta a tu mandato.

Concluyendo el ritual:
Una vez que sientas que has recibido orientación o empoderamiento de la Reina Fantasma, agradécele por su presencia. Toque la campana o el carillón suavemente para señalar el final del ritual. Decir:

"Gratitud por su presencia aquí,
Reina Fantasma, te tengo en gran estima.
Con respeto y amor, te envío a casa,
En la paz y el poder, ya no deambulan".

Deje que las velas se apaguen de manera segura o apáguelas, comenzando con la vela morada y luego la vela negra.

Seguimiento:
Limpieza del espacio:
Después del ritual, limpie el área con humo de salvia para disipar cualquier energía persistente y restaurar el equilibrio.

Enraizándose:
Tómese un momento para conectarse a tierra comiendo algo o sosteniendo una piedra de conexión a tierra, como amatista o cuarzo ahumado.

Disposición de la ofrenda:
Deshazte de los pétalos de rosa con respeto, ya sea enterrándolos o devolviéndolos a la naturaleza como gesto de gratitud a la Reina Fantasma.

Advertencias:

La intención es la clave:

Aborda siempre el trabajo espiritual con intenciones claras y positivas. Las emociones negativas pueden atraer energías no deseadas.

Medidas de protección:

Asegúrate de que el círculo protector se mantenga durante todo el ritual. Si siente alguna molestia o energía negativa, concluya el ritual de inmediato.

Respeta a la Reina Fantasma:

Trata a la Reina Fantasma con amabilidad y respeto. Evite exigir respuestas; En lugar de eso, expresa gratitud por su guía.

Invocación de la sombra de Endor

Propósito:
La Invocación de la Sombra de Endor es un ritual diseñado para invocar las energías de un tono o espíritu específico, lo que permite la comunicación y la guía del difunto o un aspecto sombrío de uno mismo. Este hechizo se puede usar para la reflexión, la comprensión o el cierre de eventos pasados.

Ingredientes:

Una vela negra: representa la conexión con el reino de las sombras y la protección.

Una vela blanca – Simboliza la claridad y la pureza de la intención.

Un tazón pequeño de sal: para purificación y conexión a tierra.

Un pedazo de pergamino: para escribir el nombre o la intención de la sombra.

Lavanda o romero seco: para limpiar e invitar a energías pacíficas.

Un espejo: sirve como un portal al reino de los espíritus.

Una campana o carillón: para señalar el inicio y el final del ritual.

Un círculo de tiza o sal – Para crear un espacio protector.

Conjuro:

"Desde las sombras profundas, llamo tu nombre,
Sombra del pasado, busco tu llama.
A la luz de la vela y al abrazo de la sal,

Ven ahora a este sagrado espacio".

Rendimiento:

Creando el Espacio Sagrado:

En un área tranquila, use tiza o sal para dibujar un círculo en el suelo, creando una barrera protectora.

Montaje del altar:

Coloca la vela negra y la vela blanca en el centro del círculo. Enciende primero la vela negra para protegerte, seguida de la vela blanca para simbolizar la claridad y la orientación. Coloca el espejo frente a las velas y coloca el cuenco de sal y lavanda o romero seco cerca.

Encendido de las velas:

Concéntrate en tu intención mientras enciendes cada vela, visualizando las energías que fluyen y creando un puente hacia la sombra que deseas invocar.

Preparación de la invocación:

Escribe el nombre de la sombra o tu intención en el pedazo de pergamino. Ten claro lo que buscas de la sombra.

Invocando la sombra:

Sostenga las hierbas secas en sus manos y visualícelas mejorando la conexión. Coloque las hierbas cerca de las velas, luego toque la campana o el carillón para señalar el inicio de la invocación.

Recitando el Conjuro:

Párate en el centro del círculo y canta el Conjuro:

"Desde las sombras profundas, llamo tu nombre,

Sombra del pasado, busco tu llama.

A la luz de la vela y al abrazo de la sal,

Ven ahora a este sagrado espacio".

Repite el Conjuro tres veces, sintiendo cómo la energía se acumula con cada repetición.

Enfoca tu intención:

Después de cantar, cierra los ojos y visualiza la sombra que emerge del espejo, lista para ofrecer orientación o comprensión.

Recepción de comunicaciones:

Esté abierto a cualquier mensaje, sensación o visión que pueda surgir. Es posible que sientas una presencia, veas movimientos en el espejo o recibas información intuitiva. Confía en tu intuición y en cualquier mensaje que te llegue.

Concluyendo el ritual:

Una vez que sientas que has recibido orientación de la sombra, agradece al espíritu por su presencia. Toque la campana o el carillón suavemente para señalar el final del ritual. Decir:

"Gratitud por su visita esta noche,
Sombra, vuelve a tu vuelo tranquilo.
Con respeto y amor, te envío a casa,
En paz y silencio, ya no deambula".

Deje que las velas se apaguen de manera segura o apáguelas, comenzando con la vela blanca y luego la vela negra.

Seguimiento:

Limpieza del espacio:

Después del ritual, limpie el área con humo de salvia para disipar cualquier energía persistente y restaurar el equilibrio.

Enraizándose:

Tómese un momento para conectarse a tierra sosteniendo una piedra de conexión a tierra, como turmalina negra o cuarzo ahumado, y respire profundamente.

Disposición de la ofrenda:

Deseche las hierbas y los restos con respeto, ya sea enterrándolos o devolviéndolos a la naturaleza como gesto de gratitud.

Advertencias:

La intención es importante:

Aborda siempre el trabajo espiritual con intenciones claras y positivas. Las emociones negativas pueden atraer energías no deseadas.

Medidas de protección:

Mantén el círculo protector durante todo el ritual. Si siente alguna molestia o energía negativa, concluya el ritual de inmediato.

Respeta la sombra:

Trata la sombra con amabilidad y respeto. Evite exigir respuestas; En su lugar, expresa gratitud por su presencia.

Llamando al espectro de los reyes

Propósito:
Llamar al Espectro de los Reyes es un poderoso ritual destinado a invocar el espíritu de un líder venerado o una figura real. Este hechizo se puede usar para obtener guía, sabiduría y para obtener información sobre el liderazgo y la autoridad, aprovechando la fuerza y el conocimiento de aquellos que han gobernado.

Ingredientes:
Una vela de oro: representa el poder, la riqueza y la autoridad.

Una vela azul: simboliza la sabiduría, la tranquilidad y la comunicación.

Un cuenco de sal – Para purificación y puesta a tierra.

Un pedazo de pergamino y un bolígrafo: para escribir el nombre o el mensaje del espectro.

Salvia seca o incienso: para limpiar e invitar a la claridad.

Una pequeña estatua o imagen de un rey/reina: para representar el espíritu que desea invocar.

Un espejo: actúa como un portal para que entre el espíritu.

Una campana o carillón: para señalar el inicio y el final del ritual.

Un círculo de tiza o sal – Para crear un espacio protector.

Conjuro:
"Espectro de Reyes, a ti te llamo,
Guía mi camino, libera mi espíritu.
Por la llama de la vela y el abrazo de la sal,

Ven ahora a este sagrado espacio".
Rendimiento:
Creando el Espacio Sagrado:
En un área tranquila, use tiza o sal para dibujar un círculo en el suelo, proporcionando una barrera protectora durante el ritual.
Montaje del altar:
Coloca la vela dorada y la vela azul en el centro del círculo. Enciende primero la vela dorada para obtener poder y autoridad, seguida de la vela azul para obtener sabiduría y claridad. Coloca el espejo frente a las velas y coloca el tazón de sal, las hierbas secas y la estatua o imagen cerca.
Encendido de las velas:
A medida que enciendas cada vela, concéntrate en tu intención para el ritual. Visualiza las energías de las velas fusionándose para crear una conexión con el Espectro de los Reyes.
Preparación de la invocación:
Escribe el nombre del rey o líder que deseas invocar en el pedazo de pergamino. Expresa claramente tu intención y lo que buscas de su guía.
Llamando al espectro:
Sostenga las hierbas secas en sus manos y visualícelas mejorando la conexión. Coloque las hierbas cerca de las velas, luego toque la campana o el carillón para señalar el inicio de la invocación.
Recitando el Conjuro:
Párate en el centro del círculo y canta el Conjuro:
"Espectro de Reyes, a ti te llamo,
Guía mi camino, libera mi espíritu.
Por la llama de la vela y el abrazo de la sal,
Ven ahora a este sagrado espacio".
Repite el Conjuro tres veces, permitiendo que la energía crezca con cada repetición.
Enfoca tu intención:

Después de cantar, cierra los ojos y visualiza al espectro emergiendo del espejo, listo para impartir sabiduría y guía.

Recepción de comunicaciones:

Esté abierto a cualquier mensaje, sensación o visión que pueda surgir. Es posible que sientas un cambio en la energía, escuches susurros o recibas percepciones intuitivas. Confía en tus instintos y en cualquier mensaje que surja.

Concluyendo el ritual:

Una vez que sientas que has recibido la guía del Espectro de los Reyes, agradece al espíritu por su presencia. Toque la campana o el carillón suavemente para señalar el final del ritual. Decir:

"Gratitud por su presencia aquí,

Espectro de Reyes, te tengo en gran estima.

Con respeto y amor, te envío a casa,

En la paz y el poder, ya no deambulan".

Deje que las velas se apaguen de manera segura o apáguelas, comenzando con la vela azul y luego la vela dorada.

Seguimiento:

Limpieza del espacio:

Después del ritual, limpie el área con humo de salvia para disipar cualquier energía persistente y restaurar el equilibrio.

Enraizándose:

Tómese un momento para conectarse a tierra sosteniendo una piedra de conexión a tierra, como citrino o turmalina negra, y respirando profundamente.

Disposición de la ofrenda:

Deshazte de las ofrendas con respeto, ya sea enterrándolas o devolviéndolas a la naturaleza como gesto de gratitud.

Advertencias:

La intención es esencial:

Aborda siempre el trabajo espiritual con intenciones claras y positivas. Las emociones negativas pueden atraer energías no deseadas.

Medidas de protección:
Mantén el círculo protector durante todo el ritual. Si siente alguna molestia o energía negativa, concluya el ritual de inmediato.

Respeta al espectro:
Trata al Espectro de los Reyes con amabilidad y respeto. Evite exigir respuestas; En su lugar, expresa gratitud por su presencia y sus percepciones.

Velo Negro de Endor

Propósito:
El Velo Negro de Endor es un ritual diseñado para crear una barrera protectora que envuelve al practicante de energías negativas e influencias espirituales no deseadas. Este hechizo también puede servir como un medio para explorar los aspectos más profundos de la psique y el yo de la sombra, proporcionando claridad y protección en el proceso.

Ingredientes:

Una vela negra: representa la protección y la absorción de la negatividad.

Una vela morada: simboliza la comprensión espiritual y la transformación.

Un pedazo de tela o tela negra: para representar el velo y crear una barrera física.

Un cuenco de sal – Para purificación y puesta a tierra.

Salvia seca o sal negra: para limpiar y mejorar la protección.

Un espejo: actúa como un portal para reflejar energías.

Una campana o carillón: para señalar el inicio y el final del ritual.

Un círculo de tiza o sal – Para crear un espacio protector.

Conjuro:
"Velo de sombras, a ti llamo,
Envuélveme en tu misterio.
Por la llama de la vela y el abrazo de la sal,
Protégeme ahora en este espacio sagrado".

Rendimiento:
Creando el Espacio Sagrado:
En un área tranquila, use tiza o sal para dibujar un círculo en el suelo, creando una barrera protectora para el ritual.

Montaje del altar:
Coloca la vela negra y la vela morada en el centro del círculo. Enciende primero la vela negra para protegerte, seguida de la vela morada para obtener una visión espiritual. Coloca el tazón de sal, las hierbas secas y el espejo alrededor de las velas.

Encendido de las velas:
A medida que enciendas cada vela, concéntrate en tu intención de crear un velo protector. Visualiza la vela negra absorbiendo energías negativas y la vela púrpura mejorando tu visión espiritual.

Preparando el velo:
Sostén el trozo de tela negra en tus manos, visualizándolo como un escudo contra influencias no deseadas. Coloca la tela cerca de las velas como punto focal para el ritual.

Llamando al Velo:
Espolvorea salvia seca o sal negra alrededor de las velas para mejorar las energías protectoras. Toque la campana o el carillón para señalar el inicio de la invocación.

Recitando el Conjuro:
Párate en el centro del círculo y canta el Conjuro:
"Velo de sombras, a ti llamo,
Envuélveme en tu misterio.
Por la llama de la vela y el abrazo de la sal,
Protégeme ahora en este espacio sagrado".
Repite el Conjuro tres veces, sintiendo cómo la energía se acumula con cada repetición.

Visualizando el Velo Negro:
Después de cantar, cierra los ojos y visualiza la tela negra expandiéndose en un velo protector, rodeándote a ti y al círculo.

Imagínalo bloqueando las energías negativas y permitiendo solo las influencias positivas.

Recepción de información:
Esté abierto a cualquier mensaje o información que pueda surgir durante este tiempo de protección. Es posible que sientas una sensación de calma, claridad o conciencia de tu yo en la sombra.

Concluyendo el ritual:
Una vez que sientas que la protección está establecida y que se han recibido las percepciones, agradece a las energías por su presencia. Toque la campana o el carillón suavemente para señalar el final del ritual. Decir:
"Gratitud por tu luz protectora,
Velo de Endor, te doy las gracias esta noche.
Con respeto y amor, te envío a casa,
En paz y silencio, ya no deambula".

Deje que las velas se apaguen de manera segura o apáguelas, comenzando con la vela morada y luego la vela negra.

Seguimiento:
Limpieza del espacio:
Después del ritual, limpie el área con humo de salvia para disipar cualquier energía persistente y restaurar el equilibrio.

Enraizándose:
Tómese un momento para conectarse a tierra sosteniendo una piedra de conexión a tierra, como turmalina negra u obsidiana, y respirando profundamente.

Disposición de la ofrenda:
Deshágase de las ofrendas con respeto, ya sea enterrándolas o devolviéndolas a la naturaleza.

Advertencias:
La intención es crucial:

Aborda siempre el trabajo espiritual con intenciones claras y positivas. Las emociones negativas pueden atraer energías no deseadas.

Medidas de protección:
Mantén el círculo protector durante todo el ritual. Si siente alguna molestia o energía negativa, concluya el ritual de inmediato.

Respeta el proceso:
Trata las energías invocadas con amabilidad y respeto. Evite exigir respuestas; En su lugar, expresa gratitud por su orientación.

La invocación oscurecida de la bruja

Propósito:
La Invocación Oscurecida de la Bruja es un ritual diseñado para invocar energías del reino de las sombras, lo que permite al practicante conectarse con fuerzas más oscuras para obtener información, fuerza o transformación. Este hechizo se puede usar para enfrentar miedos, descubrir verdades ocultas o empoderarse a través del abrazo de la sombra.

Ingredientes:
Una vela negra – Simboliza la protección y la atracción de las energías oscuras.
Una vela roja: representa el poder, la pasión y la transformación.
Un tazón pequeño de sal: para purificación y conexión a tierra.
Un pedazo de tela o tela negra: para representar el velo entre los reinos.
Artemisa seca o sal negra: para mejorar las habilidades psíquicas y la protección.
Un espejo: actúa como un portal al reino de las sombras.
Una campana o carillón: para señalar el inicio y el final del ritual.
Un círculo de tiza o sal – Para crear un espacio protector.

Conjuro:
"Desde las sombras profundas, llamo a la noche,
Espíritus oscurecidos, salen a la luz.
Por la llama de la vela y el abrazo de la sal,

Te convoco a este sagrado espacio".

Rendimiento:

Creando el Espacio Sagrado:

En un área tranquila, use tiza o sal para dibujar un círculo en el suelo, creando una barrera protectora para el ritual.

Montaje del altar:

Coloca la vela negra y la vela roja en el centro del círculo. Enciende primero la vela negra para protegerte, seguida de la vela roja para simbolizar el poder y la transformación. Coloca el espejo frente a las velas y coloca el cuenco con sal y hierbas secas cerca.

Encendido de las velas:

A medida que enciendes cada vela, concéntrate en tu intención de convocar energías oscuras. Visualiza la vela negra absorbiendo energías negativas mientras que la vela roja enciende tu poder interior.

Preparación de la citación:

Sostén el trozo de tela negra en tus manos, visualizándolo como un puente hacia el reino de las sombras. Coloca la tela cerca de las velas para enfocar las energías.

Llamando a los espíritus oscurecidos:

Espolvorea artemisa seca o sal negra alrededor de las velas para mejorar las energías protectoras y psíquicas. Toque la campana o el carillón para señalar el inicio de la invocación.

Recitando el Conjuro:

Párate en el centro del círculo y canta el Conjuro:

"Desde las sombras profundas, llamo a la noche,

Espíritus oscurecidos, salen a la luz.

Por la llama de la vela y el abrazo de la sal,

Te convoco a este sagrado espacio".

Repite el Conjuro tres veces, permitiendo que la energía crezca con cada repetición.

Visualizando las Invocaciones Oscurecidas:

Después de cantar, cierra los ojos y visualiza las energías oscuras que se arremolinan a tu alrededor, fusionándose con la tela negra y las llamas de las velas. Siente su presencia y poder envolviéndote.

Recepción de perspectivas:
Esté abierto a cualquier mensaje, sensación o visión que pueda surgir. Es posible que sientas un cambio en la energía, escuches susurros o recibas percepciones intuitivas. Confía en el proceso y en los mensajes que surjan.

Concluyendo el ritual:
Una vez que sientas que has recibido la guía o el poder de los espíritus oscurecidos, agradéceles por su presencia. Toque la campana o el carillón suavemente para señalar el final del ritual. Decir:
"Gratitud por tu presencia cerca,
Espíritus oscurecidos, os tengo mucho cariño.
Con respeto y amor, te envío a casa,
En la paz y el poder, ya no deambulan".

Deje que las velas se apaguen de manera segura o apáguelas, comenzando con la vela roja y luego la vela negra.

Seguimiento:
Limpieza del espacio:
Después del ritual, limpie el área con humo de salvia o agua salada para disipar cualquier energía persistente.

Enraizándose:
Tómese un momento para conectarse a tierra sosteniendo una piedra de conexión a tierra, como hematita o turmalina negra, y respirando profundamente.

Disposición de la ofrenda:
Deshazte de las ofrendas con respeto, ya sea enterrándolas o devolviéndolas a la naturaleza como gesto de gratitud.

Advertencias:
La intención es crucial:

Aborda siempre el trabajo espiritual con intenciones claras y positivas. Las emociones negativas pueden atraer energías no deseadas.

Medidas de protección:
Mantén el círculo protector durante todo el ritual. Si siente alguna molestia o energía negativa, concluya el ritual de inmediato.

Respeta el proceso:
Trata las energías invocadas con amabilidad y respeto. Evite exigir respuestas; En su lugar, expresa gratitud por su orientación.

Heraldo fantasma de Endor

Propósito:
El Heraldo Fantasma de Endor es un ritual diseñado para convocar a un guía espiritual o mensajero del reino de las sombras. Este hechizo puede proporcionar orientación, comprensión y advertencias del mundo invisible, lo que permite al practicante recibir mensajes del más allá.

Ingredientes:

Una vela negra: representa la protección y la invocación de los espíritus.

Una vela de plata: simboliza la claridad, la comunicación y el reino etéreo.

Un tazón pequeño de sal: para purificación y conexión a tierra.

Un pedazo de pergamino y bolígrafo – Para escribir mensajes o intenciones.

Romero seco o lavanda: para limpiar e invitar a energías pacíficas.

Un espejo: actúa como un portal para conectarse con el mundo espiritual.

Una campana o carillón: para señalar el inicio y el final del ritual.

Un círculo de tiza o sal – Para crear un espacio protector.

Conjuro:
"Heraldo Fantasma, a ti te llamo,
Trae los mensajes destinados a mí.

Por la llama de la vela y el abrazo de la sal,
Guíame ahora en este sagrado espacio".

Rendimiento:

Creando el Espacio Sagrado:

En un área tranquila, usa tiza o sal para dibujar un círculo en el suelo, estableciendo una barrera protectora para el ritual.

Montaje del altar:

Coloca la vela negra y la vela plateada en el centro del círculo. Enciende primero la vela negra para protegerte, seguida de la vela plateada para mejorar la comunicación con el reino de los espíritus. Coloca el tazón de sal, las hierbas secas y el espejo alrededor de las velas.

Encendido de las velas:

A medida que enciendes cada vela, concéntrate en tu intención de convocar a un guía espiritual. Visualiza la vela negra absorbiendo energías negativas, mientras que la vela plateada abre un canal para una comunicación clara.

Preparándose para la citación:

Sostenga el romero o la lavanda secos en sus manos, visualizándolos mejorando la conexión con los espíritus pacíficos. Coloca las hierbas cerca de las velas.

Llamando al Heraldo Fantasma:

Toque la campana o el carillón para señalar el inicio de la invocación.

Recitando el Conjuro:

Párate en el centro del círculo y canta el Conjuro:

"Heraldo Fantasma, a ti te llamo,
Trae los mensajes destinados a mí.
Por la llama de la vela y el abrazo de la sal,
Guíame ahora en este sagrado espacio".

Repite el Conjuro tres veces, permitiendo que la energía crezca con cada repetición.

Visualizando al Heraldo:

Después de cantar, cierra los ojos y visualiza al Heraldo Fantasma emergiendo del espejo, listo para impartir sabiduría y mensajes.

Recepción de mensajes:

Mantente abierto a cualquier sensación, pensamiento o visión que pueda surgir. Es posible que sientas una presencia, escuches susurros o recibas información intuitiva. Confía en tu intuición y sé receptivo a los mensajes.

Concluyendo el ritual:

Una vez que sientas que has recibido orientación del Heraldo Fantasma, agradece al espíritu por su presencia. Toque la campana o el carillón suavemente para señalar el final del ritual. Decir:

"Gratitud por su presencia aquí,

Heraldo Fantasma, te tengo muy querido.

Con respeto y amor, te envío a casa,

En paz y silencio, ya no deambula".

Deje que las velas se apaguen de manera segura o apáguelas, comenzando con la vela plateada y luego la vela negra.

Seguimiento:

Limpieza del espacio:

Después del ritual, limpie el área con humo de salvia o agua salada para disipar cualquier energía persistente.

Enraizándose:

Tómese un momento para conectarse a tierra sosteniendo una piedra de conexión a tierra, como la amatista o la turmalina negra, y respire profundamente.

Disposición de la ofrenda:

Deshágase de las ofrendas con respeto, ya sea enterrándolas o devolviéndolas a la naturaleza.

Advertencias:

La intención es esencial:

Aborda siempre el trabajo espiritual con intenciones claras y positivas. Las emociones negativas pueden atraer energías no deseadas.

Medidas de protección:

Mantén el círculo protector durante todo el ritual. Si siente alguna molestia o energía negativa, concluya el ritual de inmediato.

Respete al Heraldo:

Trata al Heraldo Fantasma con amabilidad y respeto. Evite exigir respuestas; En su lugar, expresa gratitud por sus percepciones.

El lamento del Rey Espíritu

Propósito:
El Lamento del Rey Espíritu es un ritual diseñado para honrar y comunicarse con los espíritus de poderosos gobernantes o líderes que han fallecido. Este hechizo puede ayudar a buscar sabiduría, reflexionar sobre el liderazgo pasado y obtener información sobre su propio camino o decisiones.

Ingredientes:

Una vela de oro: representa la autoridad, el poder y el respeto.

Una vela blanca: simboliza la pureza, la claridad y la conexión con el reino espiritual.

Un tazón pequeño de sal: para purificación y conexión a tierra.

Un pedazo de pergamino y bolígrafo – Para escribir mensajes o reflexiones.

Pétalos de rosa secos o lavanda: para honrar e invitar a las energías pacíficas.

Una pequeña corona o representación de un rey – Para honrar al Rey Espíritu.

Una campana o carillón: para señalar el inicio y el final del ritual.

Un círculo de tiza o sal – Para crear un espacio protector.

Conjuro:

"Rey Espíritu, te llamo por tu nombre,
En este espacio, honro tu llama.
A la luz de la vela y al abrazo de la sal,

Guíame ahora en este sagrado espacio".

Rendimiento:

Creando el Espacio Sagrado:

En un área tranquila, use tiza o sal para dibujar un círculo en el suelo, creando una barrera protectora para el ritual.

Montaje del altar:

Coloca la vela dorada y la vela blanca en el centro del círculo. Enciende primero la vela dorada para representar la autoridad, seguida de la vela blanca para mejorar la comunicación con el reino espiritual. Coloca el recipiente con sal, los pétalos secos y la corona alrededor de las velas.

Encendido de las velas:

Al encender cada vela, concéntrate en tu intención de honrar al Rey Espíritu e invitar a su sabiduría. Visualiza las llamas conectándote con las energías del liderazgo y la perspicacia.

Preparándose para el lamento:

Sostén los pétalos secos en tus manos, visualizándolos como ofrendas de respeto. Coloca los pétalos cerca de las velas como punto focal para el ritual.

Llamando al Rey Espíritu:

Toque la campana o el carillón para señalar el inicio de la invocación.

Recitando el Conjuro:

Párate en el centro del círculo y canta el Conjuro:

"Rey Espíritu, te llamo por tu nombre,
En este espacio, honro tu llama.
A la luz de la vela y al abrazo de la sal,
Guíame ahora en este sagrado espacio".

Repite el Conjuro tres veces, permitiendo que la energía crezca con cada repetición.

Visualizando al Rey Espíritu:

Después de cantar, cierra los ojos y visualiza al Espíritu-Rey manifestándose en el espacio frente a ti, listo para impartir sabiduría y guía.

Recepción de perspectivas:
Esté abierto a cualquier mensaje, sensación o visión que pueda surgir. Es posible que sientas un cambio en la energía, escuches susurros o recibas percepciones intuitivas. Confía en tu intuición y sé receptivo a los mensajes.

Concluyendo el ritual:
Una vez que sientas que has recibido la guía del Rey Espíritu, agradécele por su presencia. Toque la campana o el carillón suavemente para señalar el final del ritual. Decir:
"Gratitud por su presencia aquí,
Rey Espíritu, te tengo en gran estima.
Con respeto y amor, te envío a casa,
En paz y honor, ya no deambulan".

Deje que las velas se apaguen de manera segura o apáguelas, comenzando con la vela blanca y luego la vela dorada.

Seguimiento:
Limpieza del espacio:
Después del ritual, limpie el área con humo de salvia o agua salada para disipar cualquier energía persistente.

Enraizándose:
Tómese un momento para conectarse a tierra sosteniendo una piedra de conexión a tierra, como el citrino o el cuarzo ahumado, y respire profundamente.

Disposición de la ofrenda:
Deshágase de las ofrendas con respeto, ya sea enterrándolas o devolviéndolas a la naturaleza.

Advertencias:
La intención es esencial:

Aborda siempre el trabajo espiritual con intenciones claras y positivas. Las emociones negativas pueden atraer energías no deseadas.

Medidas de protección:

Mantén el círculo protector durante todo el ritual. Si siente alguna molestia o energía negativa, concluya el ritual de inmediato.

Respeta al Rey Espíritu:

Trata al Rey Espíritu con amabilidad y respeto. Evite exigir respuestas; En lugar de eso, expresa gratitud por sus ideas.

Grimorio necrótico de Endor

Propósito:
El grimorio necrótico de Endor es un poderoso ritual diseñado para conectarse con el conocimiento del difunto y aprovechar la sabiduría contenida en las sombras de la muerte. Este hechizo permite a los practicantes acceder a conocimientos antiguos, aprender de experiencias pasadas y obtener ideas para el crecimiento personal.

Ingredientes:

Una vela negra: representa la protección y la conexión con el reino espiritual.

Una vela gris: simboliza el equilibrio entre la vida y la muerte, uniendo los mundos.

Un tazón pequeño de sal: para purificación y conexión a tierra.

Un diario o un libro en blanco: para que sirva como grimorio para registrar ideas.

Salvia seca o artemisa: para limpiar y mejorar la conexión espiritual.

Una pluma: representa la comunicación con el mundo de los espíritus.

Una campana o carillón: para señalar el inicio y el final del ritual.

Un círculo de tiza o sal – Para crear un espacio protector.

Conjuro:
"De las sombras profundas, busco la luz,

Conocimiento de los muertos, ven a mi vista.
Por la llama de la vela y el abrazo de la sal,
Guía mi mano en este espacio sagrado".

Rendimiento:
Creando el Espacio Sagrado:
En un área tranquila, usa tiza o sal para dibujar un círculo en el suelo, estableciendo una barrera protectora para el ritual.

Montaje del altar:
Coloca la vela negra y la vela gris en el centro del círculo. Enciende primero la vela negra para protegerte, seguida de la vela gris para simbolizar el equilibrio de la vida y la muerte. Coloca el recipiente con sal, hierbas secas y la pluma alrededor de las velas.

Encendido de las velas:
A medida que enciendes cada vela, concéntrate en tu intención de conectarte con la sabiduría del difunto. Visualiza la vela negra absorbiendo energías negativas mientras que la vela gris abre un canal para el conocimiento.

Preparando el grimorio:
Sostenga la salvia seca o la artemisa en sus manos, visualizándola mejorando su conexión con el reino espiritual. Coloca las hierbas cerca de las velas.

Llamando a los Ancestros:
Toque la campana o el carillón para señalar el inicio de la invocación.

Recitando el Conjuro:
Párate en el centro del círculo y canta el Conjuro:
"De las sombras profundas, busco la luz,
Conocimiento de los muertos, ven a mi vista.
Por la llama de la vela y el abrazo de la sal,
Guía mi mano en este espacio sagrado".
Repite el Conjuro tres veces, permitiendo que la energía crezca con cada repetición.

Visualizando el conocimiento:

Después de cantar, cierra los ojos y visualiza el antiguo conocimiento que fluye hacia ti desde las profundidades de las sombras, listo para ser grabado en tu grimorio.

Estadísticas de grabación:

Abre los ojos y toma el diario o el libro en blanco. Anota cualquier percepción, mensaje o visión que recibas. Confía en tu intuición y permite que las palabras fluyan libremente.

Concluyendo el ritual:

Una vez que sientas que has reunido el conocimiento que necesitas, agradece a los espíritus por su guía. Toque la campana o el carillón suavemente para señalar el final del ritual. Decir:

"Gratitud por tu sabiduría aquí,

Espíritus del pasado, os tengo mucho cariño.

Con respeto y amor, te envío a casa,

En paz y silencio, ya no deambula".

Deje que las velas se apaguen de manera segura o apáguelas, comenzando con la vela gris y luego la vela negra.

Seguimiento:

Limpieza del espacio:

Después del ritual, limpie el área con humo de salvia o agua salada para disipar cualquier energía persistente.

Enraizándose:

Tómese un momento para conectarse a tierra sosteniendo una piedra de conexión a tierra, como turmalina negra o cuarzo ahumado, y respire profundamente.

Registro de información continua:

Continúa agregando a tu grimorio con el tiempo, registrando cualquier información o mensaje adicional que te llegue.

Advertencias:

La intención es esencial:

Aborda siempre el trabajo espiritual con intenciones claras y positivas. Las emociones negativas pueden atraer energías no deseadas.

Medidas de protección:
Mantén el círculo protector durante todo el ritual. Si siente alguna molestia o energía negativa, concluya el ritual de inmediato.

Respeta a los espíritus:
Trata las energías invocadas con amabilidad y respeto. Evite exigir respuestas; En su lugar, expresa gratitud por su orientación.

Hechizo de aprobación para el éxito en Magic

Propósito: Mejorar tus habilidades mágicas y atraer el éxito en tus prácticas.

Ingredientes:

Un pequeño espejo

Una vela verde (para la prosperidad)

Una pizca de sal (para protección)

Una ramita de romero (para mayor claridad)

Invocación: "A la luz de esta llama y al poder de mi voluntad,

Llamo a las fuerzas, a mi magia para que se cumpla.

Con este espejo, veo mi camino por delante,

Éxito y sabiduría en cada palabra dicha".

Rendimiento:

Prepárate: Busca un espacio tranquilo donde no te molesten. Coloca el espejo frente a ti.

Vela: Enciende la vela verde y colócala junto al espejo.

Sal y romero: Espolvorea una pizca de sal alrededor de la vela para protegerla y coloca el romero cerca de la base de la vela.

Meditación: Siéntate cómodamente y concéntrate en la llama. Visualiza tus habilidades mágicas mejorando y tus éxitos manifestándose.

Canto: Recita la invocación tres veces, cada vez con más convicción. Siente cómo se acumula la energía.

Cierre: Permita que la vela se queme de manera segura, manteniendo el espejo como un recordatorio de su compromiso con su práctica mágica.

Conclusión

El viaje a través de la nigromancia de Endor ha iluminado el intrincado tapiz de la vida, la muerte y la sabiduría que se esconde más allá del velo. Cada uno de los 100 hechizos de esta colección sirve como testimonio de las profundas conexiones que podemos forjar con el mundo de los espíritus, ofreciéndonos herramientas para buscar orientación, curación y comprensión de aquellos que han venido antes.

A medida que explores estos rituales, recuerda que la nigromancia no es simplemente un acto de invocación; Es una invitación a comprometerse con las energías del pasado de una manera respetuosa e intencional. Al honrar a los espíritus y los legados que dejan atrás, cultivamos un aprecio más profundo por nuestras propias vidas y las decisiones que tomamos.

La práctica de la nigromancia en Endor nos enseña que la sabiduría de los difuntos siempre está al alcance de la mano, esperando para guiarnos en nuestros caminos. Aproveche los conocimientos obtenidos y permita que enriquezcan su viaje. Ya sea que busques claridad, cierre o una conexión con la sabiduría ancestral, los hechizos de Endor ofrecen una experiencia profunda y transformadora.

Que tu exploración de estas prácticas profundice tu comprensión de la existencia, empodere tus decisiones y fortalezca tu conexión con el reino espiritual. Mientras caminas por este camino, lleva contigo el conocimiento de Endor, sabiendo que los ecos del pasado pueden iluminar el camino a seguir.